Anglais

lonely planet™

guide de conversation

Guide de conversation *Anglais* 5
© Lonely Planet Publications Pty Ltd et Place des éditeurs 2012

© Lonely Planet 2012,
12 avenue d'Italie, 75627 Paris cedex 13
☎ 01 44 16 05 00
lonelyplanet@placedesediteurs.com
www.lonelyplanet.fr

Dépôt légal
Février 2012
ISBN 978-2-81612-080-6

Illustration de couverture
Éric Giriat

texte © Lonely Planet Publications Pty Ltd 2012

Imprimé par
Laballery, Clamecy, France

Direction éditorial : Didier Férat

Coordination éditoriale : Cécile Bertolissio

Responsable pré-presse : Jean-Noël Doan

Adaptation et traduction : Géraldine Masson

Adaptation graphique : Alexandre Marchand

Illustrations : Éric Giriat

Un grand merci à Gayle Welburn pour ses conseils avisés sur la langue anglaise, son travail sur l'accentuation et sur l'index. Merci à Jean-Victor Rebuffet pour sa contribution au texte et à Marjorie Bensaada pour sa relecture perspicace du français.

Mille mercis à Dominique Spaety qui a apporté une aide précieuse à toutes les étapes de la réalisation de ce livre.

La maquette de la collection a été créée par Yukiyoshi Kamimura. La couverture de l'édition française a été réalisée par Jean-Noël Doan.

La carte des langues, créée par EDT (Italie), a été adaptée en français par Nicolas Chauveau.

Sachez tirer parti de votre guide ...

Nous pouvons tous parler une langue étrangère ! Tout est question de confiance en soi. Peu importe si vous n'avez rien gardé de vos cours de langue à l'école. Si vous assimilez aujourd'hui ne serait-ce que les expressions de base reproduites sur la couverture de ce guide, votre voyage en sera métamorphosé. N'hésitez pas, profitez de cette porte ouverte sur le monde anglo-saxon, lancez-vous dans l'aventure de la communication !

comment se repérer

Ce guide est divisé en sections, matérialisées par des couleurs différentes. Le chapitre **basiques** expose les bases de l'anglais. Il sera votre référence permanente. La partie **pratique** présente les situations de la vie quotidienne. Celle intitulée **en société** vous offre les clés des rapports sociaux : comment engager une conversation, tester son pouvoir de séduction ou exprimer une opinion. Une section entière, **à table**, est consacrée à l'alimentation, avec des rubriques gastronomie, plats végétariens et spécialités locales. La partie **urgences** aborde les problèmes de sécurité en voyage et de santé. Un index détaillé, situé en fin d'ouvrage, répertorie les différentes questions abordées. Il est précédé d'un dictionnaire bilingue.

pour vous exprimer

Chaque phrase et expression de ce guide est présentée en anglais, accompagnée de sa transcription phonétique (matérialisée par des phrases de couleur dans la partie droite de chaque page) et de sa traduction en français. Notre système de transcription est expliqué en détail dans le chapitre **prononciation** de la partie **basiques**. Il ne requiert pas d'apprentissage spécifique.

les petits plus

Les encadrés *expressions courantes* vous offrent un aperçu de l'anglais tel qu'il est parlé dans la rue. N'hésitez pas à vous en inspirer. Ceux intitulés *parler local* réunissent des phrases qui reviennent souvent dans une situation spécifique. Pour faciliter votre compréhension, la phonétique est alors employée avant l'anglais.

sommaire

5

en société 95

sommaire

anglais

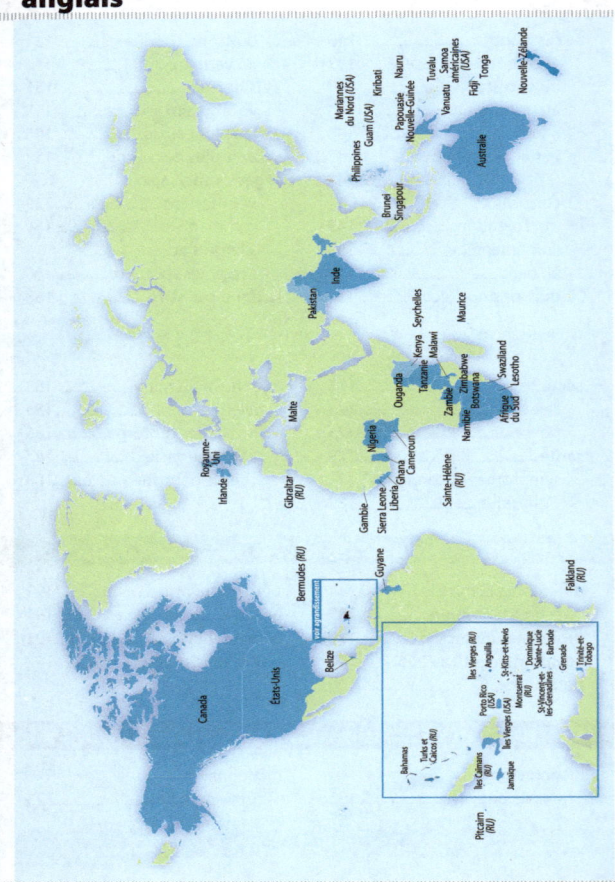

■ **langue officielle**   ■ **langue largement comprise**
Pour plus de détails, reportez-vous à l'**introduction**.

Parlé aujourd'hui par quelque 400 millions de personnes dans le monde, l'anglais est la langue officielle ou semi-officielle de plus de 60 pays répartis sur les cinq continents. Mondialisation oblige, il s'est notamment imposé dans la finance et les échanges commerciaux, les sciences, l'informatique, ou encore l'aviation et de nombreux sports. Nul doute par conséquent que vous en connaissiez déjà quelques mots ou expressions, ne serait-ce que pour les avoir entendus dans une chanson ou un film.

Fort logiquement, l'évolution de la langue anglaise est liée à l'histoire de son pays d'origine, l'Angleterre. Les îles britanniques adoptèrent l'alphabet romain à la fin du VIe siècle, avec l'arrivée des Angles et des Saxons. Le vieil anglais, composé essentiellement de mots germaniques, apparut ainsi avec eux. Il s'enrichit de mots latins, sous l'influence de la religion chrétienne. Au XIe siècle, les Normands fondèrent leur royaume. L'anglais devint alors la langue du peuple, tandis que le français s'imposait comme celle des érudits et de la cour. L'anglais actuel compte encore de nombreux mots de notre langue, plus ou moins déformés. C'est à partir du XVIe siècle que, parlé par un nombre croissant de locuteurs, il se standardisa. Sa diffusion dans le monde s'effectua par le biais de la colonisation et du Commonwealth, à partir du XVIIIe siècle. D'une grande richesse et en constante évolution, il compte près de 500 000 mots et foisonne de suffixes ou de prépositions qui permettent d'exprimer d'infinies nuances. Rassurez-vous,

---

en bref...

langue : anglais

nom anglais :
english inn·glich

famille linguistique :
langues germaniques

pays : Royaume-Uni,
États-Unis, Australie,
Nouvelle-Zélande
notamment

**nombre approximatif de
locuteurs :** 400 millions

langue proche : allemand

emprunts à l'anglais :
bar, camping, flipper, OK,
parking, pull, rock, rocking-
chair, rodéo, sandwich,
surf, tennis, ticket, etc.

vous parviendrez parfaitement à vous faire comprendre au quotidien sans maîtriser toutes ces subtilités, d'autant que la structure grammaticale de l'anglais est, d'une manière générale, assez proche de celle du français.

Nous avons opté dans cet ouvrage pour un vocabulaire standard, en indiquant au besoin les variantes britanniques et américaines des termes les plus courants. Ainsi, un Américain risque-t-il de ne pas vous comprendre si vous lui parlez de *lift* au lieu d'*elevator* (ascenseur) ! Sachez que l'anglais américain comptent de nombreuses particularités, tant lexicales qu'orthographiques. Nation de colons, les États-Unis ont emprunté de nombreux termes aux langues de leurs premiers immigrants : Français, Allemands, Hollandais, Espagnols et Africains. Le yiddish a apporté une multitude d'expressions culinaires. Enfin, bien que leur culture tende largement à disparaître, les Amérindiens ont transmis quelques mots de leur langue à l'anglais américain, comme *moccasin* et *toboggan*, par exemple.

L'anglais est aussi la langue officielle de l'Inde, avec le hindi et 18 autres langues, selon les États. L'anglais britannique s'est vu influencé par les différentes structures de ces langues, tout en conservant parfois certaines formes remontant à l'époque de la colonisation et totalement archaïques aujourd'hui. De quoi dérouter fortement les apprentis anglicistes !

Enfin, terminons par l'anglais australien et néo-zélandais, qui se distingue surtout par une prononciation unique, un phrasé très rapide et "avalé" et quelques déformations grammaticales pour pimenter le tout !

Que ces remarques ne vous découragent pas. Ouvrez grands vos oreilles : vous vous familiariserez bien vite avec ces nouveaux accents et perdrez rapidement votre timidité !

> abréviations utilisées dans cet ouvrage

fam	familier	**pol**	politesse	**sg**	singulier
f	féminin	**m**	masculin	**pl**	pluriel

La prononciation anglaise peut dérouter un francophone, en particulier du fait que certains sons n'existent pas en français. Autre écueil : dans la conversation, les formes verbales sont abrégées et certaines syllabes "avalées", ce qui ne facilite pas la compréhension ! À cela s'ajoute la multiplicité des accents, régionaux, voire nationaux : il vous faudra un léger temps d'adaptation pour comprendre un Dublinois pure souche si vous n'avez croisé jusqu'alors que des Américains !

D'une façon générale, toutes les lettres se prononcent séparément. Dans certains cas toutefois, les sons *an* et *on* sont proches des nasales *an* et *on* françaises (comme dans "banc" et "front"). Quoi qu'il en soit, oubliez vos complexes sans crainte ! L'accent d'un francophone parlant anglais a autant de charme que celui d'un anglophone s'essayant à notre langue, alors lancez-vous !

lire et écrire

Les mots anglais s'écrivent rarement comme ils se prononcent et leur orthographe est parfois déroutante ! Vous aurez sans doute quelques surprises, mais avec un peu de pratique, vous acquerrez des automatismes.

voyelles

Les voyelles anglaises peuvent être courtes ou longues. Pour marquer l'allongement de ces dernières, nous les avons doublées.

Vous constaterez également qu'une même voyelle peut se prononcer de différentes façons. Nous avons recensé les principales dans le tableau ci-dessous.

lettre	symbole	équivalent français	exemple anglais
a	a	chat	*apple*
	â	âme – plus long et plus grave qu'un simple a	*calm*
	éï	oseille	*name*
	eu	le	*a (article)*
e	è	lait	*less*
	èè	è long	*there*
	eu	le	*seven*
ee	iieu	i long, suivi d'un léger e	*beer*
	ii	i long	*see*
i	i	livre	*pity*
	aï	aïe	*pilot*
o	ao	Laos	*now*
	o	donne	*on*
	wa	wasabi	*one*
	eo	prononcer un léger e (ouvert) avant le o	*no*
	oo	un o plus long et sourd qu'un simple o, à prononcer au fond de la gorge	*corn*
oo	ouou	houou – ou long	*soon*
u	œ	œufs	*burn*
	ou	fou	*full*
	you	youpi	*university/menu*
y	y	yaourt	*yes*
	i	vite	*pity*

combinaisons voyelles/consonnes

Autre particularité propre à l'anglais qui donne souvent du fil à retordre : les associations de voyelles et/ou de consonnes, notamment les diphtongues, des voyelles complexes dont le son se modifie en court d'émission. Voici les plus courantes :

ay	éï	è suivi d'un léger i	day
oa	ôw	o ouvert suivi d'un son doux proche du w	coat
oi	oï	cow-boy	voice
ou	aou	aouta	out
ough	ew	eu suivi d'un son doux proche du w	plough man
ought	ôwt	o fermé de "côté" suivi d'un son doux proche du w et d'un t	thought
uy	aï	aïe	buy

consonnes

Certaines consonnes (b, d, f, k, l, m, p, t, v et z) se prononcent comme en français. Mais le h, le r et le fameux th vous poseront certainement quelques problèmes. Le h est presque toujours aspiré : soufflez comme si vous vouliez nettoyer des lunettes ! D'une manière générale, imaginez avoir une pomme de terre chaude dans la bouche pour prononcer l'anglais. Suivez doublement ce conseil pour le "r", qui équivaut à un son doux proche du w. Notez qu'en fin de mot, le "r" est quasi inaudible.

Vous aurez certainement déjà entendu parler du th anglais, d'autant plus difficile à prononcer pour les francophones qu'il correspond à deux sons différents selon les mots ! Dans les deux cas, placez la pointe de la langue sur les dents du haut en prononçant z pour le th dur et s pour le th doux, un peu comme si vous aviez un cheveu sur la langue.

Dans les phonèmes -ng -nng, et -nk -nnk, toutes les lettres se prononcent distinctement, comme dans ping-pong et pink.

lettre	symbole	équivalent français	exemple anglais
c	s	**c**erise	*ri**c**e*
c	k	**c**anard	*coat*
ch	tch	**tch**in-**tch**in	*cheap*
g	g	**g**orille	***g**overnment/**g**iven*
h	h	**h** aspiré	*happy*
j	dj	**j**azz	*just*
n	nn	raci**n**e	*in*
r	r	la langue est recourbée au fond du palais pour un son doux proche du **w**	*red*
s	s	**s**irène	*sorry*
s	j	**j**aune	*measure*
s	ch	**ch**oc	*sugar*
sh	ch	**ch**emise	*shampoo*
th	S	dites **s** avec la pointe de la langue sur les dents du haut	*think*
th	Z	dites **z** avec la pointe de la langue sur les dents du haut	*this*
w	w	**w**hisky	*we*

accentuation

Très présent en anglais, l'accent tonique répond à des règles complexes (assorties de nombreuses exceptions) que nous ne tenterons pas d'expliquer ici ! À écouter vos interlocuteurs, vous remarquerez vite que l'intonation joue un rôle majeur. Dans ce guide, les syllabes accentuées figurent en italique. N'hésitez pas à les marquer particulièrement, même si vous avez l'impression d'exagérer un peu au début.

Ce chapitre, destiné aux débutants, présente la grammaire de base de l'anglais. Il vous aidera à former vos propres phrases et vous encouragera à dépasser le territoire restreint des expressions de ce guide, pour tenter l'aventure de la communication et des échanges interculturels. La grammaire anglaise est relativement simple, vous n'aurez donc pas d'excuses…

adjectifs

articles • noms

Les adjectifs qualificatifs sont invariables en genre et en nombre. Les épithètes se placent devant le nom.

un petit garçon	*a little boy*	eu li·*teul* boï
des petits garçons	*little boys*	li·*teul* boïz

articles

adjectifs • noms

Les articles sont invariables en genre et en nombre. L'article défini (le, la) est *the*, au singulier comme au pluriel.

la maison	*the house*	Zeu haous
les yeux	*the eyes*	Zi aïz
les fenêtres	*the windows*	Zeu *winn*·doz

Il existe cependant deux articles indéfinis (un, une) : *a* et *an*, invariables en genre. Il est *a* devant les noms commençant par une consonne ou commençant par les sons w et you.

un livre	*a book*	eu bouk
une université	*a university*	eu you·ni·*vœ*·si·ty
une rue à sens unique	*a one-way street*	eu *wann*·wéï strit
une aile	*a wing*	eu winng

On utilise *an* devant les noms commençant, réellement ou phonétiquement, par une voyelle.

| **un parapluie** | *an umbrella* | eunn eum·*brè*·la |
| **un député** | *an MP (Member of Parliament)* | eunn èmm·*pi, mèm*·bœ of *pâ*·leu·mènnt |

Au pluriel, l'article indéfini disparaît purement et simplement.

| **des bananes** | *bananas* | ba·*na*·nas |

auxiliaire

négation • questions • verbes

Il faut distinguer les auxiliaires de mode des auxiliaires servant à composer la négation, l'interrogation ou certains temps.

Pour exprimer la forme progressive, le passé et le futur, on utilise les auxiliaires *will* wil (futur), ainsi que les verbes *to be* tou bi (être), *to do* tou dou (faire) et *to have* tou hav (avoir), qui perdent leur sens habituel lorsqu'ils sont employés comme auxiliaires.

Nous prendrons le train.
We will take the train.   wi wil téïk Zeu tréïn

Ils n'ont pas dormi depuis trois jours.
They haven't slept for 3 days. Zéï *ha*·veunnt slèpt for Srii déïz

Veux-tu aller au zoo ?
Do you want to go to the zoo? dou you want tou go tou Zeu *zouou*

Les auxiliaires de mode les plus fréquemment employés sont *can* et *must*. Ils sont suivis d'un verbe à l'infinitif sans *to*. Ils ne prennent pas de *-s* à la 3ᵉ personne du singulier du présent et se conjuguent sans *do* à la forme interrogative et négative.

Can (*could* au conditionnel et au passé) indique la possibilité, la vraisemblance, ainsi que la capacité et la permission.

Tout peut arriver.
Anything can happen.   è·ni·Sinng kan ha·peunn

Peux-tu me prêter 10 livres ?
Can you lend me 10 pounds?   kan you lènd mi tèn *pa*·ondz

Vous ne pouvez pas fumer ici. (Il est interdit de fumer ici.)
You cannot/can't smoke here.   you ka·*not*/kant *smok* hiir

Must exprime une très forte probabilité et une obligation.

Tu dois avoir faim !
You must be hungry!   you meust bi *heu*·nngri

Je dois lire ce livre.
I must read this book.   aï *meust* riid Zis bouk

avoir

auxiliaire • possession • verbes

Le verbe "avoir" se dit *to have*. C'est un verbe irrégulier qui, tout comme en français, sert à exprimer la possession et tient aussi lieu d'auxiliaire (voir la rubrique **auxiliaire**).

Les tableaux suivants présentent les conjugaisons du verbe *to have* au présent et au passé :

j'	ai	un billet	I	have	a ticket
tu	as	l'addition	you	have	the bill
il/elle	a	de l'eau	he/she/it m/f/n	has	water
nous	avons	la clé	we	have	the key
vous	avez	une lettre	you pl/pol	have	a letter
ils/elles	ont	le menu	they	have	the menu

j'	avais	un billet	*I*	*had*	*a ticket*
tu	avais	l'addition	*you*	*had*	*the bill*
il/elle	avait	de l'eau	*he/she/it m/f/n*	*had*	*water*
nous	avions	la clé	*we*	*had*	*the key*
vous	aviez	une lettre	*you pl/ pol*	*had*	*a letter*
ils/elles	avaient	le menu	*they*	*had*	*the menu*

Nous avons une autre chambre.
  We have another room.   wi hav eu·*no*·Zeur roum

Ils avaient un chat.
  They had a cat.   Zéï had eu kat

comparaison

Le comparatif et le superlatif de supériorité se forment de deux manières différentes :
– si l'adjectif est court (jusqu'à 2 syllabes) : on ajoute les suffixes *-er* (comparatif) ou *-est* (superlatif)
– si l'adjectif est long : on place, devant l'adjectif, *more* (comparatif) ou *most* (superlatif)

adjectif	comparatif	superlatif
grand *tall* tool	**plus grand** *taller* *too*·leur	**le plus grand** *the tallest* Zeu *too*·lèst
joli *pretty* *prè*·ti	**plus joli** *prettier* *prè*·ti·eur	**le plus joli** *the prettiest* Zeu *prè*·ti·èst
intelligent *intelligent* inn·*tè*·li·djènnt	**plus intelligent** *more intelligent* moor inn·*tè*·li·djènnt	**le plus intelligent** *the most intelligent* Zeu most inn·*tè*·li·djènnt

Le comparatif et le superlatif d'infériorité se forment toujours de la même façon : avec *less* lès (moins…) et *the least* Zeu list (le moins…).

L'auberge de jeunesse est moins chère.

The youth hostel   Zeu youS *hos*·tèl
is less expensive.   iz lès èx·*pènn*·siv

C'était la chambre la moins confortable.

It was the least   it waz Zeu list
comfortable room.   *kom*·fteubl room

Pour comparer deux éléments, on utilise *than* (supériorité et infériorité) ou *as… as…* (égalité) :

Je suis moins fatigué que toi.

I am less tired than you.   aï am *lès* taï·rèd Zann you

C'est plus rapide de prendre le métro que d'y aller en voiture.

It is quicker to take the   it iz *kwi*·keur to téïk Zeu
underground than   *eunn*·deur·graounnd Zann
to go by car.   to go baï kâr

Ma valise est aussi lourde que la tienne.

My suitcase is   maï *sout*·kéïz iz
as heavy as yours.   az *hè*·vi az yourz

Exceptions !

adjectif	comparatif	superlatif
bon/bien *good/well* goud/wèl	**meilleur** *better* bè·teur	**mieux/le meilleur** *best* bèst
mauvais/malade *bad/ill* bad/il	**plus mauvais** *worse* woors	**le pire** *worst* woorst

démonstratifs

Pour désigner une personne ou un objet, on emploie les pronoms et adjectifs démonstratifs *this* Zis (proximité) et *that* Zat (éloignement) au singulier, et *these* Ziiz et *those* Zououz au pluriel.

singulier		pluriel	
this	that	these	those
ce, cette, ceci, celui-ci, celle-ci	ce, cette, cela, celui-là, celle-là	ces, ceux-ci, celles-ci	ces, ceux-là, celles-là

Je veux ce livre.
  I want this book.   aï want Zis bouk
Je préfèrerais ceux-là.
  I'd prefer those.   aï'd prè·*fœ* Zououz

L'expression *This is.../These are...* **sg/pl**, qui signifie littéralement "Ceci est.../Ceux-là sont...", permet de désigner quelque chose.

C'est mon sac.
  This is my bag.   Zis iz maï bag
Voici mes enfants.
  These are my children.   Ziiz âr maï *tchil*·drènn

être

Le verbe "être" se dit *to be* tou bi. C'est un verbe irrégulier qui, tout comme le verbe être en français, tient également lieu d'auxiliaire (voir la rubrique **auxiliaire**).

  Les tableaux suivants présentent les conjugaisons du verbe *to be* au présent et au passé. Il existe une forme abrégée au présent (voir la 5e colonne du tableau), couramment employée à l'oral.

je	suis	français	I	am ('m)	french
tu	es	en retard	you	are ('re)	late
il/elle	est	perdu(e)	he/she/it m/f/n	is ('s)	lost
nous	sommes	étudiants	we	are ('re)	students
vous	êtes	fou(s)	you pl/pol	are ('re)	crazy
ils/elles	sont	occupé(e)s	they	are ('re)	busy

j'	étais	en retard	I	was	late
tu	étais	malade	you	were	sick
il/elle	était	peintre	he/she/it m/f/n	was	a painter
nous	étions	étudiants	we	were	students
vous	étiez	malade(s)	you pl/pol	were	sick
ils/elles	étaient	occupé(e)s	they	were	busy

forme progressive

auxiliaire • être • verbes

La forme progressive existe à tous les temps. Elle indique que l'action est en train de se dérouler au moment où l'on parle. Elle est fréquemment utilisée dans la conversation.

   Elle se forme avec le verbe *to be* tou bi (être), conjugué au temps souhaité et suivi du verbe à l'infinitif sans *to* auquel on a ajouté le suffixe *-ing*.

Il pleut.   *It is raining.*   it iz *réï*·ninng

Nous étions en train de regarder la télévision.
   We were watching television.   wi weur wa·tchinng *tè*·li·vi·jeun

futur

Le futur se forme avec l'auxiliaire *will* wil (abrégé en *'ll* 'l) et le verbe à l'infinitif sans *to*. Le tableau ci-dessous présente la conjugaison du verbe *to come* tou kom (venir) au futur.

to come (venir)					
je	viendrai	*I*	*will ('ll)*	*come*	aï wil kom
tu	viendras	*you*	*will ('ll)*	*come*	you wil kom
il/elle	viendra	*he/she/it* m/f/n	*will ('ll)*	*come*	hi/chi/it wil kom
nous	viendrons	*we*	*will ('ll)*	*come*	wi wil kom
vous	viendrez	*you* pl/pol	*will ('ll)*	*come*	you wil kom
ils/elles	viendront	*they*	*will ('ll)*	*come*	Zéï wil kom

Pour exprimer le futur proche (lorsque le français utilise le présent), l'anglais emploie généralement le présent progressif :

Que fais-tu demain ?
What are you doing tomorrow?   wat âr you *dou*·inng tou·*mo*·ro

il y a

L'anglais utilise *there* Zèèr suivi du verbe *to be* tou bi (être) conjugué au temps voulu et à la 3e personne du singulier ou du pluriel, selon s'il introduit un nom singulier ou pluriel.

Il y a un petit jardin devant l'hôtel.
There is a little garden *in front of the hotel.*   Zèèr iz eu *li*·teul *gâr*·dènn i-nn front of Zi ho·*tèl*

Il y avait des bijoux dans mon sac.
There were jewels in my bag.   Zèèr weur *djou*·weuls inn maï bag

négation

L'anglais emploie *not* not (ne... pas...) pour exprimer la négation. Lorsque la phrase comporte un verbe au présent ou au prétérit, *not* est intercalé entre l'auxiliaire *do* dou – *does* daz à la 3ᵉ personne du singulier – au présent ou *did* did au passé, et le verbe non conjugué. Vous rencontrerez également les formes abrégées *doesn't* *da*·zeunnt pour *does not* daz not et *didn't* *di*·deunnt pour *did not* did not.

Nous sommes allés à Covent Garden.
We went to Covent Garden.   wi wènnt tou *co*·vènnt *gâr*·dènn

Nous ne sommes pas allés à Covent Garden.
We did not/didn't   wi did not/*di*·deunnt
go to Covent Garden.   go tou *co*·vènnt *gâr*·dènn

Il se lève de bonne heure.
He gets up early.   hi gèts eup *eur*·li

Il ne se lève pas de bonne heure.
He does not/doesn't   hi daz not/*da*·zeunnt
get up early.   get eup *eur*·li

Lorsque la phrase comporte un verbe conjugué avec un auxiliaire (*will, be, have, can, must*), *not* est simplement ajouté à celui-ci. Consultez également la rubrique **auxiliaire**.

Ils viennent avec nous.
They are coming with us.   Zéï âr *co*·minng wiZ eus

Ils ne viennent pas avec nous.
They are not (aren't)   Zéï âr not/*â*reunnt
coming with us.   *co*·minng wiZ eus

Je sais nager.
I can swim.   aï kann *swim*
(litt : je peux nager).

Je ne sais pas nager.
I cannot (can't) swim.   aï *kanot*/*kant* swim

Il l'a vue.
> *He has seen her.* hi haz siinn *heur*
> (litt : il a vu elle)

Il ne l'a pas vue.
> *He has not (hasn't) seen her.* hi haz *not/hazeunnt* siinn heur

ordre des mots

En anglais, l'ordre des mots est le même qu'en français : sujet-verbe-complément.

Nous allons aux États-Unis.
> *We are going* wi âr *go·*inng
> *to the United-States.* tou Zeu you·*naï·*tid stéïts

passé

avoir • être • verbes

Pour exprimer le passé, l'anglais utilise le prétérit, qui correspond, selon le contexte, à notre imparfait, passé composé ou passé simple, et le *present perfect*, équivalent à notre passé composé.

prétérit

Le prétérit s'emploie essentiellement pour parler d'actions totalement terminées. Il se forme en ajoutant *-ed* à la forme infinitive du verbe sans *to*.

Notez qu'il existe des verbes irréguliers, dont le radical change au prétérit et qui ne prennent généralement pas ce suffixe. Par exemple, le prétérit du verbe manger *to eat* tou iit est *ate* èt (voir la liste à la fin du chapitre). Dans tous les cas, la forme verbale du prétérit est la même à toutes les personnes.

J'ai appelé Marie hier.
> *I called Mary yesterday.* aï kold *mè·*ri *yès·*teur·dèï

Ils ont mangé avec nous hier soir
> *They ate with us last night.* Zéï èt wiZ eus *last* naït

present perfect

Le *present perfect* indique généralement que l'action a commencé dans le passé et se poursuit dans le présent. Il se compose toujours du verbe *to have* tout hav (avoir) conjugué au présent, suivi du verbe terminé en *-ed* ou, pour les verbes irréguliers, du participe passé (voir la liste à la fin du chapitre). Dans l'exemple suivant, *gone* est le participe passé de *to go*, verbe irrégulier.

Il est parti à New York.
He has gone to New York.   hi haz go-nn tou *nou* yoork

Nous avons joué au tennis.
We have played tennis.   wi hav pléïd *tèn*·nis

Pour exprimer la durée, l'anglais utilise toujours le present perfect et les conjonctions *for* ou *since*, qui signifient toutes deux "depuis", avec une légère différence toutefois :
– *for* désigne une période commencée dans le passé
– *since* indique le moment précis du passé où l'action a commencé

Il pleut depuis trois jours.
It has rained for three days.   it haz réïnd for *srii* déïz

Elle attend sa lettre depuis Noël.
She has waited for his   chi haz *wéï*·tèd for hiz
letter since Christmas.   lè·teur sinns *kris*·meus

pluriel

En général, le pluriel se forme en ajoutant un s à la forme du singulier. Retenez tout de même quelques exceptions utiles :

un mouton des moutons	*a sheep* *sheep*	eu chiip chiip
un poisson des poissons	*a fish* *fish*	eu fich fich
un enfant des enfants	*a child* *children*	eu tchaïld *tchil*·drènn
un homme des hommes	*a man* *men*	eu mann mènn
une femme des femmes	*a woman* *women*	eu *wou*·mann *wou*·mènn

possession

avoir · possessifs

En anglais, on exprime la possession, soit en ajoutant 's au nom du possesseur, si celui-ci est une personne – ou une simple apostrophe s'il se termine déjà par un s. L'ordre des mots est : possesseur's-possédé.

le mari de ma sœur
my sister's husband   maï sis·*teur*'z *heus*·bannd
(litt : ma sœur's mari)

la maison de nos amis
our friends' house   aour frènnd'z haous
(litt : nos amis's maison)

S'il se rapporte à un objet, on emploie *of* of entre le possesseur et le possédé :

les fenêtres de ma chambre
the windows of my bedroom   Zeu *winn*·doz of maï *bèd*·room

possessifs

Comme en français, les adjectifs possessifs (mon, ton, son, etc.) se conjuguent à toutes les personnes et se placent devant le nom. Les pronoms possessifs (le mien, le tien, etc.) s'emploient comme en français.

adjectifs possessifs		
mon/ma	*my*	maï
ton/ta	*your*	your
son/sa	*his/her/its* **m/f/n**	hiz/heur/its
notre/nos	*our*	aour
votre/vos	*your*	your
leur(s)	*their*	Zèr

pronoms possessifs		
le mien/la mienne/ les mien(ne)s	*mine*	*maï*-nn
le tien/la tienne/ les tien(ne)s	*yours*	yourz
le sien/la sienne/ les sien(ne)s	*his/ hers*	hiz/heurz
le nôtre/la nôtre/ les nôtres	*ours*	aourz
le vôtre/la vôtre/ les vôtres	*yours*	yourz
le leur/la leur/les leurs	*theirs*	Zèrz

À la 3ᵉ personne du singulier, l'adjectif et le pronom possessif s'accordent en genre avec le possesseur (et non avec l'objet possédé comme en français). Par exemple, on emploie *his* hiz si le possesseur est un homme, que l'élément possédé soit masculin ou féminin, singulier ou pluriel :

John a perdu sa montre.
John has lost his watch. djo-nn haz lost hiz watch

Marie est venue avec ses enfants.
Mary came with her children. mè·ri kéïm wiZ heur *tchil*·drènn

Cette maison est la sienne.
The house is hers. (à une femme) Zeu hous iz *heurs*
The house is his. (à un homme) Zeu hous iz *hiz*

présent

auxiliaires • avoir • être • verbes

Le présent se forme avec l'infinitif du verbe sans *to* à toutes les personnes, sauf à la 3e personne du singulier, où on ajoute un s au radical.

vouloir		to want
je veux	*I want*	aï wont
tu veux	*you want*	you wont
il/elle veut	*he/she/it wants* **m/f/n**	hi/chi/it wonts
nous voulons	*we want*	wi wont
vous voulez	*you want* **pol/pl**	you wont
ils veulent	*they want*	Zéï wont

pronoms personnels

tutoiement et vouvoiement

Les pronoms personnels en anglais se déclinent à toutes les personnes, comme en français. De plus, la forme du neutre *it* it s'emploie pour les objets et les animaux, ainsi que dans les phrases sans sujet réel (par exemple : *It is 5 o'clock,* it iz faïv oklok, "Il est 5h").

singulier			pluriel		
je	I	aï	nous	we	wi
tu	you	you	vous	you	you
il/elle	he/she/it m/f/n	he/chi/it	ils/elles	they m/f	Zéï

Notez que *I* aï (je) s'écrit toujours en majuscule et que l'anglais emploie la même forme *you* pour le tu et le vous de politesse.

questions

Dans le cas d'un verbe au présent ou au prétérit, on place, en tête de phrase, l'auxiliaire *do* dou – *does* daz à la 3e personne du singulier –, si l'action se déroule au présent, et *did* did, si l'action est passée, suivi du sujet et du verbe à l'infinitif sans *to*.

Veut-elle partir maintenant ?
Does she want to leave now?   daz chi wont tou liiv *nao*

Est-ce que vous vous êtes bien amusés ?
Did you have a nice time?   did you hav eu naïs *taïm*

Dans le cas d'un verbe conjugué avec un auxiliaire (*will, be, have, can, must*), c'est celui-ci qui est placé en tête de phrase pour marquer l'interrogation :

Est-ce qu'ils peuvent aller au cinéma avec toi ?
Can they go to   kan Zéï go tou
the movie with you?   Zeu *mou*·vi *wiZ* you

Est-ce que vous restez avec nous ce soir ?
Are you staying   âr you sté·ïinng
with us tonight?   wiZ eus tou·naït

La phrase interrogative peut également se construire avec un pronom ou un adverbe interrogatif. Il se place en tête de phrase et introduit les mêmes formes verbales que celles indiquées ci-dessus.

grammaire de A à Z

29

mots interrogatifs		
comment ?	how?	hao
Comment allez-vous ?	How are you?	hao âr you
combien ? (+ sing)	how much?	hao meutch
Combien ça coûte ?	How much is it?	hao meutch iz it
combien (+ plur)	How many?	hao mèni
Combien de cartes as-tu acheté ?	How many postcards did you buy?	hao mèni *post*-cârdz did you baï
combien de temps ?	how long?	hao long
Combien de temps dure la traversée ?	How long is the crossing?	hao long iz Zeu *kro*-sinng
à quelle distance ?	how far?	hao fâr
À quelle distance se trouve la gare ?	How far is the station?	hao fâr iz Zeu *stéï*-cheunn
où ?	where?	wèèr
Où habitez-vous ?	Where do you live?	wèèr dou you *liv*
quand ?	when?	wè-nn
Quand arrivent-ils ?	When do they arrive?	wè-nn dou Zéï eu-*raïv*
qui ?	who?	hou
Qui attendez-vous ?	Who are you waiting for?	hou âr you *wéï*-tinng for
que/quoi/quel ?	what?	wat
Que voulez-vous ?	What do you want?	*wat* dou you wont
pourquoi ?	why?	waï
Pourquoi nous arrêtons-nous ici ?	Why are we stopping here?	waï âr wi sto-pinng *hiir*

tutoiement et vouvoiement

L'anglais ne fait pas de différence entre vous et tu et emploie le pronom personnel *you* dans les deux cas.

verbes

À l'infinitif, le verbe comporte la particule *to* tou (par exemple : *to go* tou go, aller).

Il existe des verbes réguliers et des verbes irréguliers, qui présentent une forme particulière uniquement au prétérit et au participe passé. Voici la liste des plus courants :

infinitif	prétérit	participe passé	français
to beat tou biit	**beat** biit	**beaten** *bii* teunn	battre
to become tou bi-*kom*	**became** bi-*kéïm*	**become** bi-*kom*	devenir
to begin tou bi-*ginn*	**began** bi-*gann*	**begun** bi-*geunn*	commencer
to bet tou bèt	**bet** bèt	**bet** bèt	parier
to bite tou baït	**bit** bit	**bitten** *bi-*teunn	mordre
to bleed tou bliid	**bled** blèd	**bled** blèd	saigner
to bring tou brinng	**brought** broot	**brought** broot	apporter
to build tou bild	**built** bilt	**built** bilt	construire
to burn tou bœrn	**burnt** bœrnt	**burnt** bœrnt	brûler
to burst tou bœrst	**burst** bœrst	**burst** bœrst	éclater
to buy tou baï	**bought** boot	**bought** boot	acheter
to catch tou katch	**caught** koot	**caught** koot	attraper
to choose tou tchouz	**chose** tchoz	**chosen** *tcho-*zeunn	choisir
to come tou kom	**came** kéïm	**come** kom	venir
to cost tou kost	**cost** kost	**cost** kost	coûter
to cut tou keut	**cut** keut	**cut** keut	couper
to deal tou diil	**dealt** dèlt	**dealt** dèlt	distribuer
to do tou dou	**did** did	**done** donn	faire
to dream tou driim	**dreamt** drèmt	**dreamt** drèmt	rêver
to drink tou drinnk	**drank** drank	**drunk** dreun	boire
to drive tou draïv	**drove** drov	**driven** *dri-*veunn	conduire
to eat tou iit	**ate** èt	**eaten** *ii-*teunn	manger
to fall tou fool	**fell** fèl	**fallen** *foo-*leunn	tomber
to feed tou fiid	**fed** fèd	**fed** fèd	nourrir
to feel tou fiil	**felt** fèlt	**felt** fèlt	ressentir
to fight tou faït	**fought** foot	**fought** foot	combattre
to find tou faïnnd	**found** faond	**found** faond	trouver
to fly tou flaï	**flew** flouou	**flown** flonn	voler
to forbid tou for-bid	**forbade** for-*béïd*	**forbidden** for-*bi-*deunn	interdire
to forget tou for-gèt	**forgot** for-got	**forgotten** for-*go-*teunn	oublier
to forgive tou for-giv	**forgave** for-*géïv*	**forgiven** for-*gi-*veunn	pardonner
to freeze tou friiz	**froze** froz	**frozen** *fro-*zeunn	geler
to get tou gèt	**got** got	**got** got	obtenir
to give tou giv	**gave** géïv	**given** *gi-*veunn	donner
to go tou go	**went** wènnt	**gone** gonn	aller
to grow tou groo	**grew** grouou	**grown** gronn	grandir
to hear tou hiir	**heard** hœrd	**heard** hœrd	entendre

to hide tou haïd	hid hid	hidden hi·deunn	cacher
to hit tou hit	hit hit	hit hit	frapper
to hold tou hold	held hèld	held hèld	tenir
to hurt tou heurt	hurt heurt	hurt heurt	blesser
to keep tou kiip	kept kèpt	kept kèpt	garder
to know tou noo	knew nyou	known nonn	savoir
to learn tou lœrn	learnt lœrnt	learnt lœrnt	apprendre
to leave tou liiv	left lèft	left lèft	partir
to lend tou lènnd	lent lènnt	lent lènnt	prêter
to let tou lèt	let lèt	let lèt	laisser
to lose tou lououz	lost lost	lost lost	perdre
to make tou méïk	made méïd	made méïd	faire
to mean tou miin	meant mènnt	meant mènnt	signifier
to meet tou miit	met mèt	met mèt	rencontrer
to pay tou péï	paid péïd	paid péïd	payer
to put tou pout	put pout	put pout	mettre
to read tou riid	read rèd	read rèd	lire
to ring tou rinng	rang ranng	rung reunng	sonner
to rise tou raïz	rose roz	risen ri·seunn	se lever
to run tou reunn	ran rann	run reunn	courir
to say tou séï	said sèd	said sèd	dire
to see tou sii	saw soo	seen siinn	voir
to seek tou siik	sought soot	sought soot	chercher
to sell tou sèl	sold sold	sold sold	vendre
to send tou sènnd	sent sènnt	sent sènnt	envoyer
to shake tou chéïk	shook chouk	shaken chéï·keunn	secouer
to shoot tou chouout	shot chot	shot chot	tirer
to shut tou sheut	shut sheut	shut sheut	fermer
to sing tou sinng	sang sanng	sung seunng	chanter
to sit tou sit	sat sat	sat sat	s'asseoir
to sleep tou sliip	slept slèpt	slept slèpt	dormir
to smell tou smèl	smelt smèlt	smelt smèlt	sentir
to speak tou spiik	spoke spok	spoken spo·keunn	parler
to spend tou spènnd	spent spènnt	spent spènnt	dépenser
to steal tou stiil	stole stol	stolen sto·leunn	dérober
to sting tou stinng	stung steunng	stung steunng	piquer
to swell tou swèl	swelled swèld	swollen swo·leunn	enfler
to swim tou swimm	swam swamm	swum sweumm	nager
to swing tou swinng	swung sweunng	swung sweunng	se balancer
to take tou téïk	took touk	taken téï·keunn	prendre
to teach tou tiitch	taught toot	taught toot	enseigner
to tell tou tèl	told told	told told	dire
to think tou Sink	thought Soot	thought Soot	penser
to understand	understood	understood	comprendre
tou eunn·deur·stannd	eunn·deur·stoud	eunn·deur·stoud	
to wake tou wéïk	woke wok	woken wo·keunn	(se) réveiller
to wear tou wèr	wore wor	worn worn	porter
to weep tou wiip	wept wèpt	wept wèpt	pleurer
to win tou winn	won wonn	won wonn	gagner
to write tou raït	wrote rot	written ri·teunn	écrire

Parlez-vous français ?
Do you speak French?   dou you spik *frènnch*

Y a-t-il quelqu'un qui parle français ?
Does anyone speak French?   daz è·ni·wann spik *frènnch*

Vous me comprenez ?/Tu me comprends ? pol/fam
Do you understand?   dou you eunn·deur·*stand*

Je (vous/te) comprends. pol/fam
I understand.   aï eunn·deur·*stand*

Je ne comprends pas.
I don't understand.   aï *dont* eunn·deur·*stand*

Je parle un peu l'anglais.
I speak a little English.   aï spik a liteul *inn*·glich

---

faux amis

De nombreux mots anglais, appelés "faux amis", sont voisins du français, mais ont un sens différent.
  Voici quelques exemples courants :

actually   *ak*·tu·ali   en réalité
  et non "actuellement", qui se dit *currently* *keu*·rènn·tli

affair   afèr   liaison amoureuse
  et non "affaires", qui se dit *business* *biz*·nès

car   kàr   voiture
  et non "car" qui se dit *bus* beus

introduce   inn·tro·*dyous*   présenter
  et non "introduire", qui se dit *insert* inn·*sèrt*

library   *laï*·breu·ri   bibliothèque
  et non "librairie", qui se dit *bookshop* *bouk*·chop

miserable   *miz*·reu·beul   malheureux
  et non "misérable", qui se dit *poor* pouour

sensible   *sènn*·si·beul   raisonnable
  et non "sensible", qui se dit *sensitive* *sènn*·zi·tiv

Que veut dire *"forbidden"* ?
What does "forbidden" mean?   wat daz for·*bi*·dènn miinn

Comment… ?   *How do you …?*   *hao* dou you …
  prononce-t-on ceci   *pronounce this*   pro·*non*·se Zis
  écrit-on *"Scottish"*   *write 'Scottish'*   raït *sko*·tich

Pourriez-vous…,   *Could you …,*   koud you …
s'il vous plaît ?   *please?*   pliiz
  parler plus   *speak more*   spik moor
   lentement   *slowly*   *slao*·li
  répéter   *repeat*   ri·*piit*
  l'écrire   *write it down*   raït it *daonn*

---

parlez en abrégé !

En anglais, à l'oral, les formes verbales sont abrégées. Ainsi, direz-vous : *We're coming*, wir *ko*·minng, plutôt que *We are coming* (nous venons), ou encore *I don't understand*, aï dont eunn·deur·*stand*, plutôt que *I do not understand* (je ne comprends pas). Par contre, sachez qu'à l'écrit, la forme longue est d'usage.

nombres cardinaux

0	*zero*	*zi*·ro
1	*one*	wann
2	*two*	tou
3	*three*	Srii
4	*four*	foor
5	*five*	faïv
6	*six*	six
7	*seven*	*sè*·veunn
8	*eight*	eït
9	*nine*	naïnn
10	*ten*	tèn
11	*eleven*	*ilè*·veunn
12	*twelve*	twèlv
13	*thirteen*	*Sœr*·tiinn
14	*fourteen*	*foor*·tiinn
15	*fifteen*	*fif*·tiinn
16	*sixteen*	*six*·tiin
17	*seventeen*	*sè*·veunn·tiin
18	*eighteen*	*eït*·tiin
19	*nineteen*	*naïnn*·tiin
20	*twenty*	*twènn*·ti
21	*twenty-one*	twènn·ti·*wann*
22	*twenty-two*	twènn·ti·*tou*
30	*thirty*	*Sœr*·ti
40	*forty*	*foor*·ti
50	*fifty*	*fif*·ti
60	*sixty*	*six*·ti
70	*seventy*	*sè*·veunn·ti
80	*eighty*	*eït*·ti
90	*ninety*	*naïnn*·ti
91	*ninety-one*	naïnn·ti·*wann*
100	*hundred*	*heunn*·drèd
1 000	*thousand*	*Saou*·Zannd
1 000 000	*one million*	*wann* mil·ionn

nombres ordinaux

1er	*first*	fœrst
2e	*second*	sè·konnd
3e	*third*	Sœrd
4e	*fourth*	foorS
5e	*fifth*	fifS

fractions

fractions

un quart	*a quarter*	eu *kwâr*·teur
un tiers	*a third*	eu Sœrd
un demi	*a half*	eu hâf
trois quart	*three-quarters*	Srii·*kwâr*·teurz
tout	*all*	ool
rien	*none*	nonn

expression de la quantité

amounts

Combien ?	*How much/ many?* **sg/pl**	hao *mèni*/ meutch
Donnez-m'en..., s'il vous plaît.	*Please give me …*	pliz giv mi ...
(100) grammes	*(100) grams*	(wann heunn·drèd) *gramz*
une (demi-) douzaine	*(half a) dozen*	(hâf eu) do·zènn
un kilo	*a kilo*	eu *ki*·lo
un paquet	*a packet*	eu *pa*·kèt
une tranche	*a slice*	eu slaïs
une boîte	*a tin*	eu tinn
moins	*less*	lès
(juste) un peu	*(just) a little*	(djeust) eu *li*·teul
beaucoup de	*a lot of*	eu *lot* of
plus	*more*	moor
quelques (pommes)	*some (apples)*	som (apeulz)

BASIQUES

heure

L'anglais décompte les heures de 0 à 12 et ajoute en général *am* (*ante meridiem*, "du matin") ou *pm* (*post meridiem*, "de l'après-midi") pour préciser s'il s'agit du matin ou de l'après-midi.

Quelle heure est-il ?	*What time is it?*	wat *täim* iz it
Il est 10h.	*It's 10 o'clock (am/pm).*	its (tènn) ok*lok* (èï·èm/pi·èm)
Il est 13h.	*It's 1 o'clock (pm).*	its·(wann) ok*lok* (pi·èm)
14h15	*quarter past 2 (pm)*	*kwâr*·teur past *too* (pi·èm)
9h20	*twenty past 9 (am)*	twènn·ti past *naïnn* (èï·èm)
12h30	*half past 12 (pm)*	hâf past *twèlv* (pi·èm)
1 heure moins vingt	*twenty to 1 (am/pm)*	twènn·ti tou *wann* (èï·èm/pi·èm)
1 heure moins le quart	*quarter to 1 (am/pm)*	*kwâr*·teur tou wann (èï·èm/pi·èm)
du matin	*in the morning*	inn Zeu·*mor*·ninng
de l'après-midi	*in the afternoon*	inn Zi af·teu·*noun*
du soir	*in the evening*	inn Zi *iv*·ninng

jours de la semaine

lundi	*Monday*	*monn*·dèï
mardi	*Tuesday*	*tyous*·dèï
mercredi	*Wednesday*	*wènns*·dèï
jeudi	*Thursday*	*Sœurs*·dèï
vendredi	*Friday*	*fraï*·dèï
samedi	*Saturday*	*sa*·teu·dèï
dimanche	*Sunday*	*seunn*·dèï

calendrier

> mois

janvier	*January*	*dja*·nu·ari
février	*February*	*fè*·bru·ari
mars	*March*	*mâr*tch
avril	*April*	*ëï*·pril
mai	*May*	mèï
juin	*June*	djounn
juillet	*July*	djou·*laï*
août	*August*	*ao*·goust
septembre	*September*	sep·*tèmm*·beur
octobre	*October*	ok·*to*·beur
novembre	*November*	no·*vèmm*·beur
décembre	*December*	di·*cèmm*·beur

> saisons

été	*summer*	*seu*·meur
automne	*autumn*	*oo*·tomm
hiver	*winter*	*winn*·teur
printemps	*spring*	sprinng

dates

Quelle est la date d'aujourd'hui ?
What's the date? whats Zeu *dèït*

Quel jour sommes-nous ?
What's the day today? whats Ze *dèï* tou·dèï

Nous sommes le 18 octobre.
It's the 18th of October. its Zi ëï·*tiinnS* of ok·*to*·beur

présent

present

maintenant	*now*	nao
tout de suite	*right now*	raït *nao*
cet après-midi	*this afternoon*	Zis af·teu·*noun*
ce mois	*this month*	Zis *monnS*
ce matin	*this morning*	Zis *mor*·ninng
cette semaine	*this week*	Zis *wiik*
cette année	*this year*	Zis *yeur*
aujourd'hui	*today*	tou·*dèï*
ce soir	*tonight*	tou·*naït*

passé

past

il y a (3) jours	*(three) days ago*	(Srii) *dèïz* eugo
il y a une demi-heure	*half an hour ago*	hâf eun *aoueur* eugo
il y a un moment	*a while ago*	eu *waïl* eugo
il y a (5) ans	*(5) years ago*	(faïv) *yeurz* eugo
le mois dernier	*last month*	last *monnS*
hier soir	*last night*	last *naït*
avant-hier	*the day before yesterday*	Ze *dèï* bi·for *yès*·teu·dèï
la semaine dernière	*last week*	last *wiik*
l'année dernière	*last year*	last *yeur*
depuis (mai)	*since (May)*	sinns (*mèï*)
hier...	*yesterday ...*	*yès*·teu·dèï ...
après-midi	*afternoon*	af·teu·*noun*
soir	*evening*	*iv*·ninng
matin	*morning*	*mor*·ninng

heure et date

39

futur

après-demain	*the day after tomorrow*	Ze *dèï* afteu tou·*mo*·ro
dans…	*in …*	inn …
(6) jours	*(6) days*	*(six)* dèïz
(5) minutes	*(5) minutes*	*(faïv)* mi·nuts
le/la/l' … prochain(e)	*next …*	nèxt …
semaine	*week*	*wiik*
mois	*month*	*monnS*
année	*year*	*yeur*
demain…	*tomorrow …*	tou·*mo*·ro …
matin	*morning*	*mor*·ninng
après-midi	*afternoon*	af·teu·*noun*
soir	*evening*	*iv*·ninng
jusqu'à (lundi)	*until (Monday)*	eunn·*til* (monn·dèï)
d'ici une heure	*within an hour*	wi·Zinn eun *aoueur*

dans la journée

après-midi	*afternoon*	af·teu·*noun*
aube	*dawn*	daonn
jour	*day*	dèï
soir	*evening*	*iv*·ninng
midi	*midday*	*mid*·dèï
minuit	*midnight*	*mid*·naït
matin	*morning*	*mor*·ninng
nuit	*night*	naït
lever de soleil	*sunrise*	*seunn*·raïz
coucher de soleil	*sunset*	*seunn*·sèt

Combien cela coûte-t-il ?
How much is it? — hao *meutch* iz *it*

Pouvez-vous écrire le prix ?
Can you write down the price? — kan you raït daonn Ze *praïs*

Acceptez-vous… ? *Do you accept …?* dou you aksèpt …
les cartes *credit cards* krèdit *kârdz*
de crédit
les chèques *travellers* *trav*·leurz
de voyage *cheques* tchèks

Je voudrais… *I'd like to …* aïd laïk tou …
encaisser un *cash a cheque* kach eu *tchèk*
chèque
changer des *change* tchènndj
chèques *travellers* *trav*·leurz tchèks
de voyage *cheques*
changer de *change* tchènndj
l'argent *money* *mo*·nè

Où est le … le *Where's the* wèrz Zeu
plus proche ? *nearest …?* nirèst
distributeur *automatic* o to·*ma*·tik
automatique *teller machine* tè·leur ma·*chinn*
bureau *foreign exchange* fo·rèïn èx·*tchènndj*
de change *office* o-fis

Puis-je retirer de l'argent au guichet ?
Can I get a   kann aï gèt eu
cash advance?   *kach* ad·vans

À combien s'élève… ? *What's the …?*   wats Ze …
  la commission *charge*   tchardj
  le taux de change *exchange rate*   èx·*tchènndj* rèït

C'est… *It's…*   its …
  gratuit *free*   *frii*
  (12) pounds *(12) pounds*   *(twèlv)* paondz

---

expressions courantes

L'anglais compte nombre de mots et d'expressions populaires ou argotiques liés à l'argent. En voici quelques-uns que vous entendrez peut-être :

buck	beuk	**dollar**
quid	kwid	**livre sterling**
I'm broke.	aïm *brok*	**Je suis fauché.**
He's well-off.	hiz·wèl·*of*	**Il est riche.**
They've got	Zèïv got	**Ils ont beaucoup**
plenty of dough.	plènn·ti of *dow*	**de blé.**

Notez aussi l'expression suivante, plutôt imagée :

I feel like	aï fiil laïk	**Je me sens**
a million dollars.	eu mil·lionn dolarz	**en super forme.**

(litt : Je me sens comme un million de dollars.)

circuler

À quelle heure part… ?	What time does the … leave?	wat *taïm* daz Zeu … liiv
le bateau	boat	boot
le bus	bus	beus
l'avion	plane	plèïn
le train	train	tréin
le tramway	tram	tram

À quelle heure passe le … bus ?	What time's the … bus?	wat taïmz Zeu … *beus*
premier	first	fœrst
dernier	last	last
prochain	next	nèkst

De quel quai part-il ?
Which platform does it depart from? — witch *plat*·form daz it di·*paart* from

Quel bus va à… ?
Which bus goes to …? — witch *beus* goz tou …

Est-ce que cette place est prise ?
Is this seat taken? — iz Zis siit *téï*·keunn

---

les bus à impériale mis au rancart

Ne cherchez plus les célèbres bus à impériale rouges dans les rues de Londres. Ils ont été retirés du service quotidien en 2005. Ces fameux *double-decker* rouges, symboles de la ville et orgueil des Londoniens depuis 1958, avaient fait leur temps. Il sont aujourd'hui remplacés par des bus à accordéon, accessibles aux handicapés et assurant une plus grande sécurité des voyageurs, mais qui n'ont ni l'élégance ni le syle de leurs prédécesseurs.

C'est ma place.
That's my seat. Zats maï *siit*

Ce bateau transporte-t-il les voitures ?
Can I take my car kann aï téïk maï kâr
on the boat? onn Zeu boot

Puis-je apporter mon vélo ?
Can I take my bike? kann aï téïk maï *baïk*

Pouvez-vous me dire quand nous arrivons à… ?
Can you tell me kann you *tèl* mi
when we get to …? wènn wi gèt tou …

Je veux descendre… *I want to get off …* aï want tou gèt *of*
à (York) *at (York)* at (yoork) …
ici *here* hiir

Pour en savoir plus sur la douane, voir le chapitre **passer la frontière**, p. 55.

---

expressions courantes	
kan·sèld	
cancelled	**annulé**
pa·sèn·djeurz meust tchènndj tréïnz	
Passengers must	**Les voyageurs doivent**
change trains.	**changer de train.**
beus neum·beur …	
Bus number …	**Le bus numéro…**
di·*léïd*	
delayed	**en retard**
liivz from …	
leaves from …	**part de…**
Zis wann	
This one.	**Celui-ci.**
Zat wann	
That one.	**Celui-là.**

PRATIQUE

billets

Où peut-on acheter un billet ?
Where can I buy a ticket?
wèr kann aï baï eu *ti*·kèt

Faut-il réserver ?
Do I need to book?
dou aï niid tou *bouk*

Je voudrais… mon billet, s'il vous plaît.	*I'd like to … my ticket, please.*	aïd laïk tou … maï ti·kèt pliiz
annuler	*cancel*	*kan*·sèl
changer	*change*	tchènndj
confirmer	*confirm*	kon·*fœrm*

Combien ça coûte ?
How much is it?
hao *meutch* iz it

C'est complet.
It's full.
its *foul*

Un billet … (pour Londres), s'il vous plaît.	*One … ticket (to London), please.*	wann … *ti*·kèt (tou *lonn*·donn) pliiz
de 1ère classe	*1st-class*	fœrst *klas*
de 2de classe	*2nd-class*	sè·konnd *klas*
enfant	*child's*	tchaïldz
aller simple	*one-way*	wann wéï
aller et retour	*return*	ri·*teurn*
étudiant	*student's*	*stu*·dènnts

Je voudrais	I'd like ...	aïd laïk ...
une place...	seat.	siit
côté couloir	aisle	eun aïl
côté fenêtre	window	eu *winn*·deo
fumeur	smoking	eu *smo*·kinng
non-fumeur	non-smoking	eu nonn *smo*·kinng

Y a-t-il la climatisation ?
Is there air-conditioning?
iz Zèèr *èr*·konn·di·cho·ninng

Y a-t-il des toilettes ?
Is there a loo (GB)/
bathroom (USA)?
iz Zèèr eu lou/
ba·Sroum

Combien de temps dure le trajet ?
How long does the trip take?
hao lonng daz Zeu *trip* téïk

Est-ce direct ?
Is it a direct route?
iz ìt eu daï·rèkt *rouout*

À quelle heure a lieu l'enregistrement ?
What time do I have
to check in?
wat *taïm* dou aï hav
tou tchèk inn

bagages

Où récupère-t-on les bagages ?
Where's the luggage claim?
wèr Zeu *leu*·géïdj kléïm

Mes bagages	*My luggage*	maï *leu*·géïdj
ont été...	*has been ...*	haz biin ...
endommagés	*damaged*	*da*·mèdjd
perdus	*lost*	lost
volés	*stolen*	*sto*·leunn

Mes bagages ne sont pas arrivés.
My luggage hasn't arrived. maï *leu*·géïdj ha·zeunnt eu·*raïvd*

Je voudrais une consigne automatique.
I'd like a luggage locker. aïd laïk eu *leu*·géïdj lo·keur

Puis-je avoir des pièces/jetons ?
Can I have some coins/ tokens? kann aï hav som *coïnnz/ to*·keunnz

train

train

Quelle gare est-ce ?
What station is this? wat *stéï*·chonn iz Zis

Quelle est la prochaine gare ?
What's the next station? wats Zeu nèkst *stéï*·chonn

Ce train s'arrête-t-il à (Brighton) ?
Does this train stop at (Brighton)? daz Zis trèïn stop at (*braï*·tonn)

Dois-je prendre une correspondance ?
Do I need to change trains? dou aï niid tou tchènndg *tréïnz*

Quelle voiture est-ce pour (Manchester) ?
Which carriage is for (Manchester)? witch *ka*·ridj iz for (*man*·tchès·teur)

Où est le wagon-restaurant ?
Which is the dining car? witch iz Zeu *daï*·ninng kàr

bateau

boat

Y a-t-il des gilets de sauvetage ?
Are there life jackets? âr Zèèr laïf *dja*·kèts

Comment est la mer aujourd'hui ?
What's the sea like today? wats Zeu *sii* laïk *tou*·déï

J'ai le mal de mer.
I feel seasick. aï fiil *sii*·sik

taxi

taxi

Où est la station de taxis ?
Where's the taxi stand? wèrz Zeu t*ak*·si stand

Je voudrais un taxi… *I'd like a taxi …* aïd laïk eu tak·si
maintenant *now* *nao*
  pour (9h) *at (9 o'clock)* at (naïnn o·*klok*)
  pour demain *tomorrow* tou·*mo*·ro

Êtes-vous libre ?
Is this taxi free? iz Zis *tak*·si *frii*

Pourriez-vous mettre le compteur ?
Please put the meter on. pliiz pout Zeu *mi*·teur onn

Combien est-ce pour aller à (Times Square) ?
How much is it to (Times Square)? *hao* meutch iz it tou (taïmz s*kwèr*)

Veuillez me conduire à (cette adresse).
Please take me to (this address). pliiz téïk mi tou (Zis eu·*drès*)

Je suis très en retard.
I'm really late. aïm *rii*·li léït

Quel est le montant total ?
How much is the final fare? hao meutch iz Zeu faï·neu *fèr*

Pourriez-vous ralentir, s'il vous plaît ?
Please, slow down. pliiz sloow *daonn*

Veuillez attendre ici.
Please, wait here. pliiz wéït hiir

Arrêtez-vous…	*Stop …*	stop …
ici	*here*	hiir
au coin de la rue	*at the corner*	at zeu *koor*·neur

Reportez-vous également au chapitre **orientation**, p. 57.

voiture et moto

> location de voiture et moto

Je voudrais louer…	*I'd like to hire*	aïd laïk tou haï·eur
un 4x4	*a jeep*	eu *djiip*
une automatique	*an automatic*	eun o·to·*ma*·tik
une (petite/ grosse) voiture	*a (small/large) car*	eu (smool/lârdj) kâr
une manuelle	*a manual*	eu *ma*·nou·eul
une moto	*a motorbike*	eu mo·to·baïk

avec…	*with …*	wiZ …
la climatisation	*air conditioning*	èr·konn·di·cho·niing
chauffeur	*a driver*	eu *draï*·veur

Quel est le prix par… ?	*How much for … hire?*	*hao* meutch for … haï·eur
jour	*daily*	*déï*·ly
heure	*hourly*	*aour*·li
semaine	*weekly*	*wik*·li

Est-ce que …	*Does that*	daz Zat
est inclus(e) ?	*include …?*	inn-*kloud* …
le kilométrage	*mileage*	*maï*·lidj
l'assurance	*insurance*	inn-*chour*-ranns

Puis-je la rendre dans une autre ville ?
Can I return it in — kann aï ri-*teurn* it inn
another city? — eu-*no*-Zeur si-ti

Panneaux indicateurs		
Cédez la priorité	giv *wéï*	*Give Way*
Entrée	*ènn*·trans	*Entrance*
Péage	tol	*Toll*
Sens interdit	no *ènn*·tri	*No Entry*
Sens unique	wann *wéï*	*One-way*
Sortie	*ek*·zit	*Exit*
Stop	stop	*Stop*

> sur la route

Quelle est la vitesse maximale autorisée ?
What's the speed limit? — wats Zeu *spiid* li·mit

Est-ce la route pour… ?
Is this the road to …? — iz Zis Zeu rood tou …

(Combien de temps) Puis-je me garer ici ?
(How long) Can I park here? — (*hao* long) kann aï *pârk* hiir

Où puis-je trouver une station-service ?
Where's a petrol — wèrz eu *pè*·trol
station? — stéï·chonn

Le plein, s'il vous plaît.
Please fill it up. — pliiz fil it eup

Je voudrais (20) litres.
I'd like (20) litres. — aïd laïk (twènn·ti) *li*·teurz

Où dois-je payer ?
Where do I pay? — wèr dou aï *péï*

Pouvez-vous, contrôler…, s'il vous plaît.	Please check …	pliiz tchèk …
l'huile	the oil	Zi oïl
la pression des pneus	the tyre pressure	Zeu taï-eur prè-cheur
l'eau	the water	Zeu wo-teur
diesel	diesel	dii-zeul
essence	petrol (GB)/gas (USA)	pè-trol/gas
ordinaire	regular	rè-gu-leur
au plomb	leaded	lè-did
sans plomb	unleaded	eunn-lè-did

> problèmes

J'ai besoin d'un mécanicien.
I need a mechanic. aï niid eu mè-ka-nik

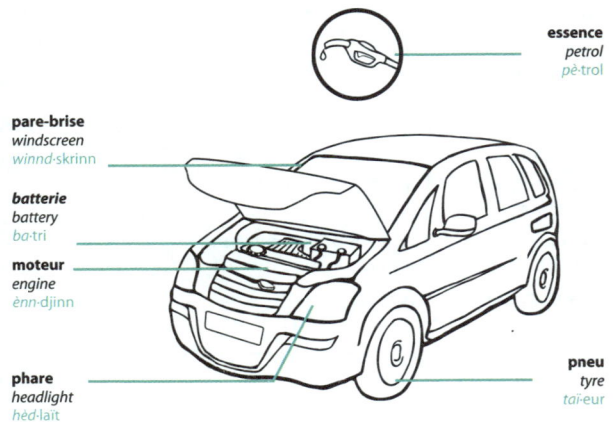

essence
petrol
pè-trol

pare-brise
windscreen
winnd-skrinn

batterie
battery
ba-tri

moteur
engine
ènn-djinn

phare
headlight
hèd-laït

pneu
tyre
taï-eur

La voiture/moto est tombée en panne (à…).
The car/motorbike   Zeu kâr/mo·to·baïk
has broken down (at …).   haz bro·keunn *daonn* (at …)

J'ai eu un accident.
I had an accident.   aï had eun *ak*·si·dènnt

La voiture/moto ne démarre pas.
The car/motorbike   Zeu kâr/*mo*·to·baïk
won't start.   wont stârt

Avez-vous des câbles de démarrage ?
Do you have jumper cables?   dou you hav *djum*·peur *kéï*·beulz

Pouvez-vous me pousser ?
I need a push start.   aï niid eu *pouch* stârt

Mon pneu est à plat.
I have a flat tyre.   aï hav eu flat *taï*·eur

J'ai perdu les clés de ma voiture.
I've lost my car keys.   aïv lost maï *kâr* kiiz

J'ai laissé mes clés à l'intérieur de la voiture.
I've locked my keys inside. aïv lokt maï kiiz inn·*saïd*

Je suis en panne d'essence.
I've run out of petrol.   aïv reun *aout* of pè·trol

Pouvez-vous réparer ma voiture aujourd'hui ?
Can you fix my car today?   kann you fix maï kâr tou·*déï*

Combien de temps cela va-t-il prendre ?
How long will it take?   *hao* long wil it téïk

djeunk hiip
  junk heap   **casse**
Zat pârts vè·ri *hârd* tou gèt
  That part's   **Cette pièce est très**
  very hard to get.   **difficile à trouver.**
wat mo·dèl iz it
  What model is it?   **Quelle est la marque ?**

vélo

bicycle

Où puis-je…   *Where can I …?*   wèr kann aï …
  acheter un vélo   *buy a second-*   baï eu *sé*·konnd
  d'occasion   *hand bike*   hand baïk
  faire réparer   *have my bike*   hav maï baïk
  mon vélo   *repaired*   ri·*pèrd*
  louer un vélo   *hire a bicycle*   haï·eur eu *baï*·si·keul
  laisser mon vélo   *leave my bike*   liiv maï baïk

Y a-t-il des pistes cyclables ?
  Are there any bicycle paths?   âr Zèèr è·ni *baï*·si·keul *pa*Ss

Y a-t-il une carte des pistes cyclables ?
  Is there a map of bicycle paths? iz Zèèr eu *map* of *baï*·si·keul pass

Peut-on y aller à vélo ?
  Is it within cycling distance?   iz it wi·Zinn *saï*·klinng dis·tans

Faut-il porter un casque ?
  Do I have to wear a helmet?   dou aï hav tou wèr eu *hèl*·mèt

piste cyclable   *bike path*   baïk *pa*S
VTT   *mountain bike*   *maon*·téin baïk
vélo de course   *racing bike*   *réi*·sinng baïk

anglais britannique ou américain ?

Dans le domaine des transports, l'anglais britannique et l'anglais américain possèdent leur propre vocabulaire :

Métro	*Underground* (**GB**)	*unn*·deur·graond
	Tube (**Londres**)	tyoub
	Subway (**USA**)	*seub*·wè

Signalons que *subway* désigne un passage piéton souterrain en anglais britannique.

| Sortie | *Way out* (**GB**) | wéï *aout* |
| | *Exit* (**USA**) | ek·zit |

Autoroute	*Motorway* (**GB**)	mo·tor·wéï
	Freeway/Highway/	fri·wéï/haï·wéï/
	Interstate (**USA**)	ïnn·teur·stéït

contrôle des passeports

passport control

Je suis ici…	I'm here …	aïm hiir
pour affaires	on business	onn biz·nès
en vacances	on holiday	onn ho·li·dè
pour étudier	to study	tou steu·di

Je suis ici pour (2)…	I'm here for (two) …	aïm hiir for (tou) …
jours	days	déïz
mois	months	monnS
semaines	weeks	wiiks

Je suis ici de passage.
I'm in transit. — aïm inn tran·zit

Nous avons un passeport commun.
We have a joint passport. — wi hav eu joïnnt pas·port

your … pliz	Your …, please.	Votre…, s'il vous plaît.
pas·poort	passport	passeport
vi·za	visa	visa
âr you trav·linng …	Are you travelling …?	Vous voyagez… ?
wiZ your fa·mi·li	with your family	en famille
inn eu group	in a group	en groupe
onn your oonn	on your own	seul(e)

à la douane

Je n'ai rien à déclarer.
I have nothing to declare.   aï hav no·Sinng tou di·*klèr*

J'ai quelque chose à déclarer.
I have something to declare.   aï hav somm·Sinng tou di-*klèr*

Je ne savais pas qu'il fallait le déclarer.
I didn't know I had   aï di·deunnt *no* aï had
to declare it.   tou *di·klèr* it

J'ai besoin…   *I need ...*   aï *niid ...*
    d'un avocat   *a lawyer*   eu *loo*·yeur
    de téléphoner   *to make a*   tou méïk eu
                phone call   *fonn* kool

Où se trouve… ? *Where's …?* wèrz…

Je cherche… *I'm looking for a …* aïm *lou*·kinng for eu

    une banque *bank* bannk
    un hôtel *hotel* ho·*tèl*
    un commissariat *police station* polis stëï·cheunn

Pouvez-vous m'indiquer (sur la carte) ?
Can you show me (on the map)? kann you *choo* mi (onn Zeu *map*)

Quelle est l'adresse ?
What's the address? wats Zi a·*drès*

Comment faire pour y aller ?
How do I get there? hao dou aï *gèt* Zèèr

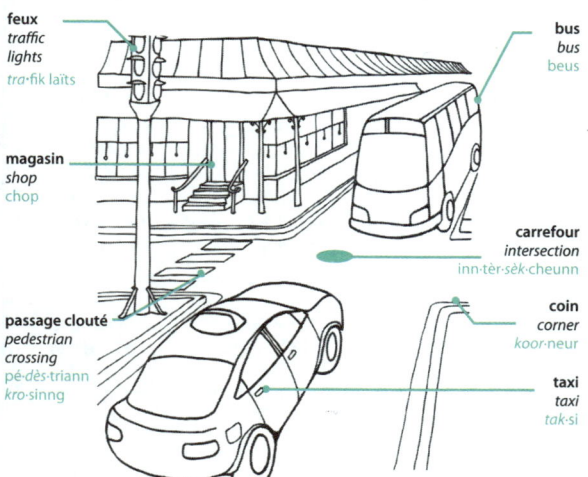

feux
traffic lights
tra·fik laïts

magasin
shop
chop

passage clouté
pedestrian crossing
pé·*dès*·triann
kro·sinng

bus
bus
beus

carrefour
intersection
inn·*tèr*·*sèk*·cheunn

coin
corner
koor·neur

taxi
taxi
tak·si

C'est loin ?	*How far is it?*	hao *fâr* iz it
en bus	*by bus*	baï beus
à pied	*on foot*	onn fout
en taxi	*by taxi*	baï *tak*·si
en train	*by train*	baï *tréïnn*
Tournez…	*Turn …*	teurn …
au coin	*at the corner*	at Zeu *koor*·neur
aux feux	*at the traffic lights*	at Zeu *tra*·fik laïts

expressions courantes

its …	*It's …*	**C'est…**
raït	*right*	**à droite**
lèft	*left*	**à gauche**
bi·*saïd* …	*beside …*	**à côté de…**
iist	*east*	**à l'est**
wèst	*west*	**à l'ouest**
bi·*haïnd* …	*behind …*	**derrière…**
inn front of …	*in front of …*	**devant…**
hiir	*here*	**ici**
Zèèr	*there*	**là**
fâr eu·*wéï*	*far away*	**loin d'ici**
onn Zeu *koor*·neur	*on the corner*	**au coin**
noors	*north*	**au nord**
saouS	*south*	**au sud**
o·po·zit…	*opposite …*	**en face de…**
niir hiir	*near here*	**près d'ici**
stréït *a*·hèd	*straight ahead*	**tout droit**

its …	*It's …*	**C'est à…**
(tèn) mi·nuts	*(10) minutes*	**(10) minutes**
(wann heunn·drèd) mi·teurs	*(100) meters*	**(100) mètres**

PRATIQUE

trouver un hébergement

accomodation

Où puis-je trouver…?	*Where's a …?*	wèrz eu
une pension	*bed and breakfast*	bèd ènnd *brèk*·feust
un terrain de camping	*camping ground*	*kam*·pinng graond
une chambre d'hôtes	*guesthouse*	*gèst*·haouz
un hôtel	*hotel*	ho·*tèl*
une auberge de jeunesse	*youth hostel*	youS hos·tèl

Pouvez-vous me conseiller un endroit… ?	*Can you recommend somewhere …?*	kan you rè·ko·*mènnd* so·meu·*wèèr* …
bon marché	*cheap*	tchiip
près d'ici	*nearby*	*niir*·baï
romantique	*romantic*	ro·*man*·tik

Quelle est l'adresse ?
What's the address? — wats Zi ad·*rès*

Pour répondre à ces questions, voir le chapitre **orientation**, p. 57.

réservation

booking ahead

Je voudrais réserver une chambre, s'il vous plaît.
I'd like to book a room, please. — aid laïk tou bouk eu *room* pliiz

J'ai une réservation.
I have a reservation. — aï hav eu rè·zèr·*véï*·cheunn

Mon nom est…
My name is …   *maï* néïm iz …

Nous sommes (3).
There are (three) of us.   Zèr âr (*Srii*) of eus

Je voudrais rester (2) nuits.
I'd like to stay for (two) nights.   aïd laïk tou stéï for (*tou*) naïts

Du (2 juillet) au (6 juillet).
From (July 2) to (July 6).   from (Ze *sè*·kond of djou·*laï*)
                                        tou (Ze *siks* of djou·*laï*)

Est-ce qu'il faut payer d'avance?
Do I need to pay upfront?   dou aï niid tou péï eup·*front*

Puis-je la voir?
Can I see it?   kann aï *sii* it

Quel est	*How much*	*hao* meutch
le prix par… ?	*is it per …?*	iz it peur …
nuit	*night*	naït
personne	*person*	*peur*·sonn
semaine	*week*	*wiik*

Acceptez-vous… ?	*Can I pay by …?*	kann aï péï baï …
les cartes	*credit card*	*krè*·dit kârd
de crédit		
les chèques	*travellers*	*trav*·leurs
de voyage	*cheques*	tchèks

Avez-vous	*Do you have*	dou you hav
une chambre… ?	*a … room?*	eu … roum
avec un lit double	*double*	*deubl*
à un lit	*single*	*sinng*·eul
avec des lits	*twin*	*twinn*
jumeaux		

Voir également le chapitre **achats**, p. 69, pour les autres modes de paiement, et **voyage d'affaires**, p. 89.

PRATIQUE

aïm *so*·ri wir foul
I'm sorry, we're full.   **Désolé, c'est complet.**

for *hao* mè·ni naïts
For how many nights?   **Combien de nuits ?**

your *pas*·poort pliiz
Your passport, please.   **Votre passeport,
s'il vous plaît.**

climatiseur
air-conditioner
èr kon·*di*·sheu·nneur

toilettes
*loo (GB)/
toilets
(USA)*
*louou/
toï·*lèts

clé
key
kii

lit
bed
bèd

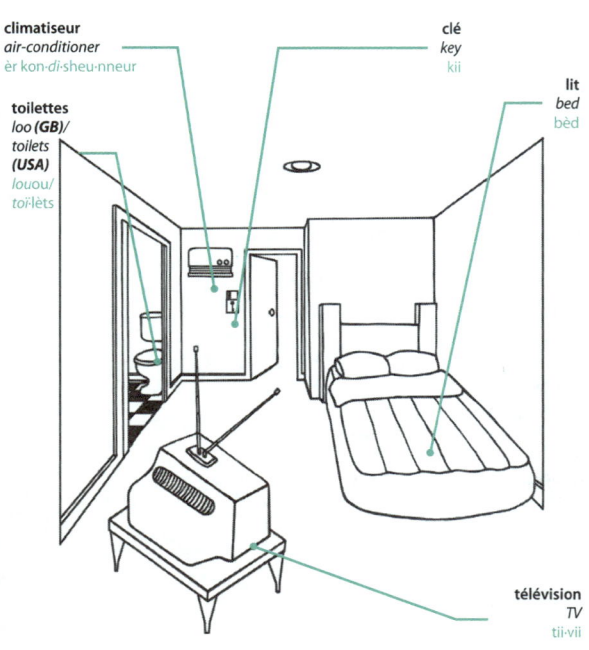

télévision
TV
tii·vii

renseignements et services

Quand/Où le petit-déjeuner est-il servi ?
When/Where is   wèn/wèr iz
breakfast served?   brèk·feust seur·vd

Réveillez-moi à (7)h, s'il vous plaît.
Please wake me at (7).   pliiz wéïk mi at (sè·veunn)

Puis-je utiliser… ?	*Can I use the …?*	kann aï youz Zeu
la cuisine	*kitchen*	kit·cheunn
la blanchisserie	*laundry*	lonn·dri
le téléphone	*telephone*	tè·lè·fonn

Y a-t-il… ?	*Do you have a/an…?*	dou *you* hav eu/eun …
un ascenseur	*lift (GB)/*	lift/
	elevator (USA)	è·lè·véï·teur
un service de	*laundry service*	lonn·dri seur·vis
blanchisserie		
un tableau	*message board*	mè·sèdj boord
des messages		
un coffre-fort	*safe*	séïf
une piscine	*swimming pool*	swi·minng poul

Changez-vous de l'argent ?
Do you change money here?   dou you tchènndj mo·nè hiir

Proposez-vous des excursions ?
Do you arrange tours here?   dou you eu·rènndj touourz hiir

Puis-je laisser un message ?
Can I leave a message   kann aï liiv eu mè·sèdj
for someone?   for somm·wann

Est-ce que j'ai un message ?
Is there a message for me? iz Zèr eu·*mè*·sèdj for mi

J'ai laissé ma clé à l'intérieur de la chambre.
I'm locked out of my room. aïm lokt aout of maï *roum*

La porte (de la salle de bains) est fermée.
The (bathroom) door is locked. Zeu (*ba*S·roum) door iz lokt

C'est trop…	It's too …	its *tou*…
froid	cold	kold
sombre	dark	dàrk
cher	expensive	eks·*pènn*·siv
bruyant	noisy	*noï*·zi
petit	small	smool

La/le(s) … ne fonctionne(nt) pas.	The … doesn't work.	Zeu … da·zeunnt woork
climatisation	air-conditioning	*èr* kon·*di*·cheunn·inng
ventilateur	fan	fann
toilettes	loo (**GB**)/ bathroom (**USA**)	lou/ *ba*S·roum
fenêtre	window	*winn*·doo

Puis-je avoir un(e) autre… ?	Can I get another …?	kann *aï* gèt eu·no·Zeur…
Ce/Cette … n'est pas propre.	This … isn't clean.	Zis … iz·eunnt kliin
couverture	blanket	*blan*·kèt
drap	sheet	chiit
serviette	towel	*tao*·wèl

---

on frappe à la porte

Qui est-ce ?	Who is it?	*hou* iz it
Un instant.	Just a moment.	*djeust* eu *mo*·mennt
Entrez.	Come in.	komm *inn*

Revenez plus tard, s'il vous plaît.
Come back later, please. komm bak *léï*·teur pliiz

quitter un hôtel

À quelle heure faut-il quitter la chambre ?
What time is checkout?　　wat taïm iz *tchèk·aout*

Puis-je partir plus tard ?
Can I have a late checkout?　kann aï hav eu *léït* tchèk·aout

Il y a une erreur sur la note.
There's a mistake in the bill.　Zèrz eu mis·*téïk* inn zeu bil

Je pars maintenant.
I'm leaving now.　　aïm li·vinng *nao*

Pouvez-vous m'appeler un taxi (pour 11h) ?
Can you call a taxi　　kann you kol eu *tak·*si
for me (for 11 o'clock)?　for mi (for i·lè·veunn o·klok)

Puis-je laisser mes bagages jusqu'à… ?	*Can I leave my luggage here until …?*	kann aï liiv maï *leu·gèd*j hiir eunn·*til* …
ce soir	*tonight*	tou·*naït*
mercredi	*Wednesday*	*wènn·*sdéï
la semaine prochaine	*next week*	nèkst wiik
Pourrais-je récupérer…, s'il vous plaît ?	*Could I have my…, please?*	koud aï hav maï … pliiz
ma caution	*deposit*	*dè·*po·zit
mon passeport	*passport*	*pas·*poort
mes objets de valeur	*valuables*	*va·*lou·éï·beulz

J'ai passé un agréable séjour, merci.
I had a great stay, thank you.   aï had eu *grèt* stéï Sank you

Vous avez été formidable.
You've been terrific.   youv biin *tè*·ri·fik

Je le recommanderai à mes amis.
I'll recommend it   al rè·ko·*mènnd* it
to my friends.   tou maï frènndz

Je reviens…	*I'll be back …*	al bi bak …
dans (3) jours	*in (three) days*	inn (*Srii*) déïz
(mardi)	*on (Tuesday)*	onn (*tyous*·déï)

camping

Où est/sont …	*Where's the*	wèrz Zeu
le/les plus proche(s) ?	*nearest …?*	nii·rèst …
le terrain	*campsite*	*camp*·saït
de camping		
le magasin	*shop*	chop
les douches	*shower facility*	*chao*·weur fa·si·li·ti
les toilettes	*toilet block*	*toï*·lèt blok

Quel est le tarif	*How much*	*hao* meutch
pour un(e)… ?	*is it per …?*	*iz* it peur …
caravane	*caravan*	*ka*·ra·vann
personne	*person*	*peur*·sonn
tente	*tent*	tennt
véhicule	*vehicle*	*vè*·hi·keul

Avez-vous… ?	*Do you have …?*	dou you hav …
l'électricité	*electricity*	è·lèk·*tri*·si·ti
des douches	*shower facilities*	*chao*·weur fa·si·li·tiz
un emplacement	*a site*	eu saït
des tentes	*tents for hire*	tennts for *haïr*
à louer		

Est-ce que ça fonctionne avec des pièces ?
Is it coin-operated?   iz it *koï*·eun o·pè·*réï*·teud

L'eau est-elle potable ?
  Is the water drinkable? iz Zeu woo·ter *drink*·eu·beul

À qui dois-je demander la permission de camper ici ?
  Who do I ask to stay here? hou dou aï ask tou *stéï* hiir

Puis-je… ?	*Can I …?*	kann aï …
camper ici	*camp here*	*kamp* hiir
me garer près	*park next to*	pårk nèkst tou
de ma tente	*my tent*	maï *tennt*

Pourrais-je	*Could I borrow*	koud aï bo·roo
emprunter… ?	*a …?*	eu …
un maillet	*mallet*	*må*·lit
une pelle	*spade*	*spéïd*
une lampe de	*torch/*	*toortch/*
poche	*flashlight*	*flach*·laït

location

Je viens me renseigner au sujet de … à louer.
  I'm here about the … aïm hiir eu·baout zeu …
  for rent. for rennt

Avez-vous	*Do you have*	dou you hav
un(e) … à louer ?	*a/an … for rent?*	eu/eun … for rennt
appartement	*apartment*	a·*pårt*·mènnt
maison	*house*	*haouz*
chambre	*room*	*roum*
villa	*villa*	*vi*·la

PRATIQUE

Quel est le prix pour… ?	*How much is it for …?*	*hao* meutch *iz* it for …
(1) semaine	*(one) week*	(wann) wiik
(2) mois	*(two) months*	(tou) monnS

Faut-il verser une caution ?
Is there a bond? — iz Zèr eu *bonnd*

loger chez l'habitant

Puis-je loger chez vous ?
Can I stay at your place? — kann aï stéï at your *pléïs*

J'ai un sac de couchage.
I have my own sleeping bag — aï hav maï oonn *slii*-pinng bag

Puis-je vous aider ?
Is there anything — iz Zèr è·ni·Sinng
I can do to help? — aï kann *dou* tou hèlp

Merci de votre accueil.
Thanks for your hospitality. — Sanks for your hos·pi·*ta*·li·ti

Puis-je… ?	*Can I …?*	kann aï …
apporter quelque chose pour le repas	*bring anything for the meal*	brinng è·ni·Sinng for Zeu *miil*
faire la vaisselle	*do the dishes*	dou zeu *di*·cheus
mettre la table	*set the table*	sèt Zeu *téï*·beul
sortir les poubelles	*take out the rubbish*	téïk aout Zeu *reu*·bich

Si vous avez séjourné chez l'habitant, vos hôtes apprécieront vivement de recevoir un petit mot de remerciement après votre départ, d'autant plus si vous leur écrivez dans leur langue ! Voici quelques conseils...

> pour commencer

Dear ...	**Cher/Chère...**
How are you?	**Comment allez-vous/ vas-tu?**
Sorry for writing so late.	**Je suis désolé(e) de répondre si tard.**
Thanks for ...	**Je vous/te remercie de...**

> pour terminer

Ton familier :

Cheers **(USA)**	**Salut (très chaleureux)**
Lots of Love/ All my Love	**Tendrement**
Hugs and kisses	**Bisous**
Keep in touch	**Gardons le contact**

Ton plus formel :

Kind regards	**Cordialement**
Best wishes	**Amicalement**
Very best wishes	**Amitiés**

se renseigner

Où puis-je trouver… ?	*Where's …?*	wèrz
une banque	*a bank*	eu bannk
une boulangerie	*a bakery*	eu *béï*·keu·ri
un supermarché	*a supermarket*	eu *syou*·peur·mâr·kèt

Où puis-je acheter… ?
Where can I buy ...?   wèr kann aï *baï* …

Pour trouver votre chemin, consultez le chapitre **orientation**, p. 57, et pour plus de détails sur les achats, reportez-vous au **dictionnaire**.

acheter

Combien ça coûte ?
How much is it?   *hao* meutch iz it

Je voudrais acheter…
I'd like to buy …   aïd laïk tou *baï* …

Je ne fais que regarder.
I'm just looking.   aïm djeust *lou*·kinng

Pouvez-vous m'écrire le prix ?
Can you write down the price?   kann you raït daonn Zeu *praïs*

---

les marchés

Les grandes villes de Grande-Bretagne et des États-Unis comptent des marchés très vivants, situés généralement dans les quartiers populaires. Vous pourrez y acheter des produits frais ou cuisinés, des babioles et des souvenirs. Ne manquez pas les marchés aux puces : *flea markets* flii mâr·kèts, qui foisonnent d'objets en tout genre et attirent toujours de nombreux visiteurs.

En avez-vous d'autres ?
Do you have any others? dou you hav èni *oZeurs*

Puis-je le voir ?
Can I look at it? kann aï *louk* at it

Acceptez-vous… ? | *Do you accept …?* | dou you ak·*sèpt*
 les cartes | *credit cards* | *krè*·dit kârdz
 de crédit
 les chèques | *travellers* | *trav*·leurs
 de voyage | *cheques* | tchèks

Puis-je avoir…, | *Could I have* | koud aï hav
s'il vous plaît ? | *a …, please?* | eu … pliiz
 un sac | *bag* | *bag*
 un reçu | *receipt* | ri·*siit*

Pouvez-vous faire un paquet cadeau ?
Could I have it wrapped? koud aï hav it *râpt*

Y a-t-il une garantie ?
Does it have a guarantee? daz it hav eu *ga*·ran·ti

Pouvez-vous l'envoyer à l'étranger ?
Can I have it sent overseas? kann aï hav it sènnt *o*·veur·siiz

Puis-je passer le prendre plus tard ?
Can I pick it up later? kann aï pik it eup *léi*·teur

PRATIQUE

bonne affaire	bargain	*bâr*·géïn
spécialiste des bonnes affaires	bargain hunter	*bâr*·géïn heunn·teur
arnaque	rip-off	*rip* of
soldes	sales	séïlz
promotions	promotions	preu·*mo*·cheunz

C'est abîmé/cassé.
It's faulty/broken.   its *fool*·ti/*bro*·kènn

Pourriez-vous…,   *I'd like …, please.*   aïd laïk … pliiz
s'il vous plaît.
   me rendre   *my change*   maï *tchènndj*
    ma monnaie
   me rembourser   *my money back*   maï *mo*·nè bak
   reprendre   *to return this*   tou *ri·teurn* Zis
    cet article

marchander

C'est trop cher.
   That's too expensive.   Zats *tou* èx-*pènn*·siv

Pouvez-vous baisser le prix ?
   Can you lower the price?   kann you lao·wèr zeu *praïs*

Je vous en offre…
   I'll give you …   al giv you …

Avez-vous quelque chose de moins cher ?
   Do you have   do you hav
   something cheaper?   somm·Sinng *tchiipeur*

acheter des vêtements

clothes

Je cherche…	*I'm looking for …*	aïm *lou*·kinng for …
un jean	*jeans*	*djiinns*
des chaussures	*shoes*	*chouz*
des sous-vêtements	*underwear*	*eunn*·deur·wèr
Puis-je essayer ?		
Can I try it on?		kann aï traï it *onn*

Je fais du…		
My size is …		maï saïz iz …
Ce n'est pas la bonne taille.		
It doesn't fit.		it *da*·zeunnt fit
C'est trop…	*It's too …*	its *tou* …
grand	*big*	big
petit	*small*	smool
serré	*tight*	taït

réparations

repairs

Puis-je faire	*Can I have my …*	kann aï hav maï …
réparer … ici ?	*repaired here?*	ri·pè·rd hiir
mon appareil photo	*camera*	*kam·reu*
mes chaussures	*shoes*	*chouz*
mes lunettes (de soleil)	*(sun)glasses*	*(seunn)* gla·seuz
Quand est-ce que ce sera prêt ?		
When will it/they be ready? **sg/pl**		wèn wil it/Zéï bi rè·di

bouton	button	*beu*·tonn
aiguille	needle	*nii*·deul
ciseaux	scissors	*si*·zeurz
fil	thread	Srèd

chez le coiffeur

hairdressing

Je voudrais…	I'd like ...	aïd laïk ...
un brushing	blow wave	eu bloo wéïv
une couleur	colour	eu *keu*·leur
une coupe	haircut	eu *hèr*·keut
me faire tailler	my beard	maï *biird*
la barbe	trimmed	trimd
me faire raser	to have a shave	tou hav eu *chéïv*
faire égaliser	a trim	eu *trim*
ma coupe		

Je voudrais une coupe comme cela.
I want it cut like this.   aï want it keut laïk *Zis*

Je voudrais une coupe courte.
I want it short.   aï want it *choort*

Ne coupez pas trop court.
Don't cut it too short.   dont keut it tou *choort*

Pourriez-vous utiliser une nouvelle lame ?
Please use a new blade.   pliiz youz eu nyou *bléïd*

Rasez tout !
Shave it all off!   chéïv it ool *of*

Je n'aurais jamais dû vous laisser toucher à mes cheveux !
I should never have   aï choud *nè·veu* hav
let you near me!   lèt you *niir* mi

Pour les couleurs, consultez le **dictionnaire**.

livres et lecture

Y a-t-il un rayon de langue française ?
Is there a French-language section? — iz Zèèr eu *frènnch sek·cheunn*

Avez-vous… *Do you have …* — dou you hav …
en français ? *in French?* — inn *frènnch*
  un roman de… *a book by …* — eu bouk baï …
  un guide des *an entertainment* — eun ènn·teur·*tëïnn·*
   spectacles *guide* — mènnt gaïd

Je voudrais… *I'd like a …* — aïd laïk eu …
  un dictionnaire *dictionary* — *dik·*cho·neu·ri
  un plan de la ville *city map* — *si·*ti map
  une carte routière *road map* — *rood* map
  un journal *newspaper* — nyouz·péï·peu
   (en français) *(in French)* — (inn frènnch)
  du papier *paper* — *péï·*peu
  un stylo *pen* — pènn
  une carte postale *postcard* — *post·*kârd
  un timbre *stamp* — stamp

Pouvez-vous me conseiller un roman ?
Can you recommend a book for me? — kann you rè·ko·*mènnd* eu *bouk* for mi

Avez-vous des guides Lonely Planet ?
Do you have Lonely Planet guidebooks? — dou you hav *lonn·*li *pla·*nèt gaïd·bouks

Avez-vous un meilleur guide de conversation que celui-ci ?
Do you have a better phrasebook than this? — do you hav eu bè·teur fréïz·bouk Zann *Zis*

musique

Je voudrais…	I'd like …	aïd laïk …
un CD	*CD*	eu sii-*dii*
un CD vierge	*blank CD*	eu blank sii-*dii*
une cassette vierge	*blank tape*	eu blank *téip*
un casque	*headphones*	*hèd*-fonnz

Je cherche un CD de…
I'm looking for a CD by …   aïm *lou-kinng* for eu sii-dii baï …

Quel est son meilleur enregistrement ?
What's his/her best   wats hiz/heur bèst
recording? m/f   ri-*kor*-dinng

Je peux l'écouter ici ?
Can I listen to it here?   kann aï *li*-seunn tou it hiir

photographie

Je voudrais	I'd like	aïd laïk
une carte mémoire	*a memory card*	eu mé-mo-ri kârd

Combien coûte	How much is it	hao meutch iz it
le tirage papier	*to print out*	tou print aout
des photos de cette	*the photos on*	zeu *foo*-toz onn
carte mémoire ?	*this memory card?*	tis mé-mo-ri kârd

Avez-vous un câble	*Do you have a cable*	dou you hav eu *kéi*-ble
pour cet appareil photo ?	*for this camera?*	for tis *Kam*-ra

Je voudrais graver	*I would like to put*	aïd laïk tou pout
mes photos sur un CD	*my photos on a CD*	maï *foo*-toz on eu sii-*dii*

Où puis-je trouver	*Where can I find*	wèr kann aï faïnnd
une batterie ?	*a battery?*	eu ba-*trii*

Quand sera-t-il prêt ?
When will it be ready?   *wènn* wil it bi *rè*·di

Faites-vous le développement en une heure ?
Do you have one-hour   dou you hav wann·aoueur
processing?   *pro*·sè·sinng

J'ai besoin d'une photo d'identité.
I need a passport   aï niid eu *pas*·port
photo taken.   *fo*·to *téï*·keunn

Je ne suis pas content de ces photos.
I'm not happy with these photos.   aïm not *ha*·pi wiZ Ziiz *fo*·toz

Je ne veux pas payer le prix fort.
I don't want to pay   aï dont wont tou péï
the full price.   Zeu foul *praïs*

poste

post office

Je voudrais envoyer…	*I want to send a …*	aï want tou sènnd eu …
un fax	*fax*	*faks*
une lettre	*letter*	*lè·*teur
un colis	*parcel*	*pâr·*seul
Je voudrais acheter…	*I want to buy …*	aï want tou baï …
un aérogramme	*an aerogram*	eun *a·èro·*gram
une enveloppe	*an envelope*	eun *ènn·*veu·lop
un timbre	*a stamp*	eu stamp
Envoyez-le (en France)…, s'il vous plaît.	*Please send it (to France) by …*	pliiz sènnd it (tou *frans*) baï …
par avion	*airmail*	*èr·*mëïl
en express	*express post*	eks·*près* post
en courrier ordinaire	*regular post*	*rè·*gou·lar post
par voie terrestre	*surface mail*	*seur·*fëïs mëïl

Il contient…
It contains …   it conn·*téïnz* …

Où est le guichet de la poste restante ?
Where's the poste   wèrz Zeu post
restante section?   rès·tant *sèk*·cheunn

Ai-je reçu du courrier ?
Is there any mail for me?   iz Zèèr è·ni *méil* for mi

téléphone

Quel est votre numéro de téléphone ?
What's your phone number?   wats your *fonn* neum·beur

Où est la cabine téléphonique la plus proche ?
Where's the nearest   wèrz zeu nii·rèst
public phone?   *peu*·blik fonn

Je veux téléphoner…	*I want to make …*	aï want tou méïk …
	a call.	eu *kool*
en France	*to France*	tou frans
en PCV	*a reverse-charge/*	eu *ri*·veurs tchardj/
	collect call	ko·*lèkt* kool

Je voudrais…	*I'd like to …*	aïd laïk tou …
acheter une carte	*buy a phone*	baï eu *fonn*
téléphonique	*card*	kârd
consulter un	*look at a*	louk at eu
annuaire	*phone book*	*fonn* bouk
téléphoner	*speak for*	spiik for
(3) minutes	*(3) minutes*	(srii) *mi*·nuts

Quel est le prix… ? *How much does … cost?* *hao meutch daz … kost*

    d'une communication *a (3)-minute call* *eu (Srii)·mi·nut kool*
    de (3) minutes

    par minute *each extra* *itch èk·stra*
    supplémentaire *minute* *mi·nut*

Le numéro est…
    The number is … Zeu neum·beur *iz …*

Quel est l'indicatif pour (la France) ?
    What's the country wats Zeu conn·tri
    code for (France)? kod for (frans)

C'est occupé.
    It's busy/engaged. its bi·zi/ènn·géïdj

Ça a coupé.
    I've been cut off. aïv biin keut *of*

La ligne est mauvaise.
    The connection is bad. Zeu ko·nèk·cheunn iz bad

---

expressions courantes

hou dou you want tou *spiik* tou
  Who do you want to
  speak to?
À qui désirez-vous parler ?

so·ri *rong* neum·beur
  Sorry, wrong number.
Désolé, c'est une erreur.

houz koo·linng
  Who's calling?
Qui est à l'appareil ?

hold zeu *laïnn* pliiz
  Hold the line, please.
Ne quittez pas.

aï pout you *Srou*
  I put you through.
Je vous le/la passe.

neo hi/chi iz not *hir*
  No, he/she is not here.
Non, il/elle n'est pas là.

wann *mo·*mènnt
  One moment.
Un instant.

kann aï téïk eu *mè·*sèdj
  Can I take
  a message?
Désirez-vous laisser un message ?

| Allô. | Hello. | hè·*lo* |
| C'est… | It's … | its … |

| Puis-je laisser un message ? | | |
| Can I leave a message? | | kann aï liv eu mè·sèdj |

| Dites-lui que j'ai appelé. | | |
| Tell him/her I called. **m/f** | | tèl him/heur aï *koold* |

| Je rappellerai plus tard. | | |
| I'll call back later. | | al kool bak *léï*·teur |

| Mon numéro est… | | |
| My number is … | | maï neum·beur *iz* … |

J'appellerai…	I'll call …	al kool …
plus tard	later	*léï*·teur
demain	tomorrow	tou·*mo*·ro

téléphone portable

mobile/cell phone

Je voudrais…	I'd like …	aïd laïk …
un adaptateur	an adaptor	eun a·*dap*·teur
	plug	pleug
un chargeur pour	a charger for	eu *tchar*·djeur for
mon portable	my phone	maï fonn
louer un	a mobile/	eu *mo*·baïl/
portable	cell phone	sèl fonn
	for hire	for *ha*·yeur
un portable	a prepaid	eu *pri*·pèd
prépayé	mobile/cell phone	*mo*·baïl/sèl fonn
une carte SIM	a SIM card for	eu *sim* kârd for
pour le réseau	the network	zeu *nèt*·woork

| Combien ça coûte ? | | |
| What are the rates? | | wat âr zeu *réïts* |

| **(30 cents) pour (30) secondes.** | | |
| (30c) per (30) seconds. | | (Seur·ti *sènnts*) peur (Seur·ti) *sè*·konnd |

Internet

Où puis-je trouver un cybercafé ?	*Where's the local Internet cafe?*	wèrz Zeu lo·keul *inn·*tèr·nèt *ka·*fé
Je voudrais…	*I'd like to …*	aïd laïk tou …
consulter mes e-mails	*check my email*	tchèk maï *i·*méïl
me connecter à Internet	*get Internet access*	gèt *inn·*tèr·nèt *ak·*sès
utiliser une imprimante	*use a printer*	youz eu *prinn·*teur
utiliser un scanner	*use a scanner*	youz eu *ska·*nèr

Combien coûte… ?	*How much is it …?*	*hao* meutch *iz* it …
l'heure	*per hour*	peur *aou·*eur
la page	*per page*	peur *péidj*
Avez-vous… ?	*Do you have …?*	dou you hav …
un PC	*PCs*	*pi·*siz
un Mac	*Macs*	maks
un lecteur Zip	*a Zip drive*	eu *zip* draïv

Pourriez-vous me régler le paramètre langue sur français ?
Can you help me change   kann you hèlp me *tchèndg*
to French-language   tou frènnch lan·gouidj
preference?   prè·fè·rènns

Est-ce que je peux graver un CD ?
Can I burn a CD?   kann aï bœrn eu *sii·dii*

C'est tombé en panne.
It's crashed.   its *kracht*

alphabet					
A a	èï	J j	djèï	S s	èss
B b	bi	K k	kèï	T t	ti
C c	si	L l	èl	U u	you
D d	di	M m	èm	V v	vi
E e	i	N n	èn	W w	deu·beul·you
F f	èf	O o	eo	X x	èx
G g	dji	P p	pi	Y y	waï
H h	èïtch	Q q	kyou	Z z	zéd
I i	aï	R r	âr		

à la banque

Où puis-je… ?	Where can I …?	*wèr* kann aï …
Je voudrais…	I'd like to …	aïd laïk tou …
faire un virement	*arrange a transfer*	eu·*rènndj* eu *trann·sfèr*
encaisser un chèque	*cash a cheque*	kach eu *tchèk*
changer des chèques de voyage	*change travellers cheques*	tchènndj *trav·leurs tchèks*
changer de l'argent	*change money*	tchènndj *mo·nè*
retirer de l'argent	*withdraw money*	wiZ-*dro mo·nè*
retirer de l'argent au guichet	*get a cash advance*	gèt eu-*kach* ad-*vans*
Où est … le plus proche ?	Where's the nearest …?	*wèr* Zeu nii·rèst…
le guichet automatique	*automatic teller machine*	o·to·*ma·*tik *tè·*leur ma·*chinn*
le bureau de change	*foreign exchange office*	fo·*rëïn* èx·*tchènndj* ofis

À quelle heure ouvre la banque ?
What time does the bank open? wat taïm daz Zeu *bannk* opeun

Le distributeur automatique a avalé ma carte de crédit.
The automatic teller machine took my card. Zi o·to·*ma·*tik *tè·*leur ma·*chinn* touk maï *kàrd*

J'ai oublié mon code.
I've forgotten my PIN. aïv foor·go·tèn maï *pinn*

Puis-je avoir des petites coupures ?
Can I have smaller notes? kann aï hav *smoo·leur* nots

Mon argent est-il arrivé ?
Has my money arrived yet? haz maï mo·nè *eu·raï·vd* yèt

le taux de change	*exchange rate*	Zeu èx·*tchenndj* réït
les frais pour cela	*charge for that*	*tchardj·*for Zat
la commission	*commission*	*ko·*mi·cheun

---

expressions courantes

inn ...	*In ...*	Dans...
foor woor·kinng	*four working*	**4 jours**
déïz	*days*	**ouvrables**
wann *wiik*	*one week*	**une semaine**
you hav no fondz *lèft*		
You have no funds left.		**Il ne vous reste plus d'argent.**
Zèèrz eu *pro*·blèm wiZ your *eu*·kaount		
There's a problem with your account.		**Il y a un problème avec votre compte.**
raït it *daonn*		
Write it down.		**Notez-le.**
aï·*dii*		
ID		**Papiers d'identité**
saïn *hiir*		
Sign here.		**Signez ici.**

Je voudrais un(e)...   *I'd like ...*   aïd laïk ...

- **audio-guide**   *an audio set*   eun *oo*-dio sèt
- **catalogue**   *a catalogue*   eu *ka*-teu-log
- **plan de la ville**   *a city map*   eu *si*-ti map
- **guide**   *a guide*   eu *gaïd*
- **carte**   *a local map*   eu *lo*-keul map
  - **de la région**

Avez-vous de   *Do you have*   dou you hav
la documentation   *information*   inn-for-*méï*-cheunn
sur les sites... ?   *on ... sights?*   onn ... saïts

- **gratuits**   *free*   *frii*
- **de la région**   *local*   *lo*-keul
- **exceptionnels**   *unique*   *you-nik*

J'aimerais voir...
I'd like to see ...   aïd laïk tou *sii* ...

Qu'est-ce que c'est ?
What's that?   wats *Zat*

Qui l'a fait ?
Who made it?   hou *méïd* it

De quand ça date ?
How old is it?   hao *old* iz it

Pouvez-vous me prendre en photo ?
Could you take   koud you téïk
a photograph of me?   eu *fo*-to-graf of mi

Puis-je prendre des photos ?
Can I take photographs?   kann aï téïk *fo*-to-grafs

Je vous enverrai la photo.
I'll send you the photograph.   al sènnd you Zeu *fo*-to-graf

accéder à un site touristique

Quel est le prix d'entrée ?
What's the admission charge?
wats Zi *ad*·mi·cheunn *tchârdj*

À quelle heure… ? What time does it …? wat *taïm* daz it …
  ça ferme   *close*   kloz
  ça ouvre   *open*   o·pènn

Y a-t-il des *Is there a* iz Zèèr eu
réductions… ? *discount for …?* *dis*·ka·ounnt for
  enfants   *children*   *tchil*·drènn
  familles   *families*   *fa*·mi·liz
  groupes   *groups*   groups
  retraités   *pensioners*   *pènn*·chonn·iirz
  étudiants   *students*   *styou*·deunnts

---

parler local

Il y a… *There …* Zèèr …
  une vie *is a fabulous* iz eu *fa*·byu·leus
  nocturne *nightlife* *naït*·laïf
  sensationnelle
  un super *is a great* iz eu grèt
  hôtel là-bas *hotel there* ho·*tèl* Zèèr
  (pas) beaucoup *is (not) a lot* iz (not) eu *lot*
  de choses à voir *to see* tou sii
  une riche *are lots of* âr lots of
  culture *culture* *keul*·tcheur
  des escrocs *are rip-off* âr *rip*·of
   merchants mœr·tchènnts
  trop de *are too many* âr tou mè·ni
  touristes *tourists* *tou*·rists

Le meilleur moment pour partir, c'est en (décembre).
The best time to go Zeu *bèst* taïm tou go
is (December). iz (di·sèmm·beur)

PRATIQUE

galeries et musées

À quelle heure ouvre la/le... ?	*When's the ... open?*	wènz Zeu ... o·pènn
galerie	*gallery*	*ga·leu·ri*
musée	*museum*	myou·zè·omm

Qu'y a-t-il dans la collection ?
What's in the collection?   wats in Zeu *ko·lek*·cheunn

C'est une exposition de...
It's a/an ... exhibition.   its a/eun ... ek·zi·*bi*·cheunn

J'aime l'œuvre de...
I like the works of ...   aï *laïk* Zeu woorks of ...

Cela me rappelle...
It reminds me of ...   it ri·*maïnnds* mi of ...

circuits

Pouvez-vous me recommander un(e)... ?	*Can you recommend a ...?*	kann you rè·ko·*mènnd* eu ...
Quand est la/le prochain(e) ... ?	*When's the next ...?*	wènz Zeu nèkst ...
excursion en bateau	*boat-trip*	*boot* trip
excursion d'une journée	*day trip*	*déï* trip
circuit	*tour*	*touour*

Le/la ... est-il/elle inclus(e)?	Is ... included?	iz ... inn·*klou*·did
logement	*accommodation*	eu·ko·mo·*déï*·cheunn
nourriture	*food*	*fououd*
transport	*transport*	*trans*·poort

Dois-je apporter... ?
Do I need to take ...?
dou aï niid tou téïk ...

Le guide va payer.
The guide will pay.
Zeu *gaïd* wil péï

Combien de temps dure le circuit ?
How long is the tour?
hao *long* iz Zeu touour

À quelle heure devons-nous être de retour ?
What time should we be back?
wat *taïm* choud wi bi bak

Je suis avec eux.
I'm with them.
aïm wiz Zèm

J'ai perdu mon groupe.
I've lost my group.
aïv *lost* maï group

L'anglais des affaires mériterait un guide à lui tout seul. Vous trouverez ici quelques expressions courantes qui pourront vous être utiles pour établir un premier contact.

Sachez qu'il est de bon ton d'opter pour un style plutôt formel et d'employer *Sir* pour s'adresser à un homme (et non *Mister*, utilisé uniquement avec le nom).

Je participe à un(e)…	*I'm attending a …*	aïm a-*tenn*-dinng eu …
Où se tient la… ?	*Where's the …?*	wèrz Zeu…
conférence	*conference*	*konn*-fè-rènns
formation	*course*	*kouours*
réunion	*meeting*	*mii*-tinng
foire	*trade fair*	trèïd *fèr*
Je suis avec…	*I'm with …*	aïm wiZ …
l'ONU	*the UN*	Zi you-*ènn*
mon/mes collègue(s)	*my colleague(s)*	maï *ko*-liigz
(2) autres personnes	*(two) other people*	(too) o-*Zeur* *pi*-peul

Je suis seul(e).
I'm alone.   aïm a-*lonn*

J'ai besoin d'un interprète.
I need an interpreter.   aï niid eun inn-*tèr*-prè-teur

Je loge à…, chambre…
I'm staying at …, room …   aïm stèï-inng at … roum…

Je suis ici pour (2) jours/semaines.
I'm here for (two) days/weeks.   aïm hiir for (tou) *dèïz/wiiks*

Voici ma carte.
  Here's my business card.   hiirz maï *biz*·nès kârd

J'ai rendez-vous avec…
  I have an appointment with …   aï hav eun eu·*poïnnt*·ment wiZ …

Ça s'est très bien passé.
  That went very well.   Zat wennt vè·ri *wèl*

On prend un verre ?
  Shall we go for a drink?   chal wi go for eu *drinnk*

On va manger ?
  Shall we go for a meal?   chal wi go for eu *miil*

Je vous invite.
  It's on me.   its onn *mi*

J'attends un fax/appel.
  I'm expecting a fax/call.   aïm èk·*spèk*·tinng eu faks/kool

Je voudrais…	*I'd like …*	aïd laïk ..
(encore) des	*(more) business*	(moor) *biz*·nès
cartes de visite	*cards*	kardz
me connecter	*a connection*	eu ko·*nek*·cheun
à Internet	*to the internet*	tou Zi *inn*·teur·nèt
un interprète	*an interpreter*	eun inn·*teur*·prèt·eur
utiliser un	*to use a*	tou·youz eu
ordinateur	*computer*	komm·*pyou*·teur

Y a-t-il… ?	*Is there a/an …?*	iz Zèèr eu/eun…
un vidéo-	*data projector*	*da*·ta pro·*djèk*·teur
projecteur		
un pointeur laser	*laser pointer*	*léi*·zeur poïnn·teur
un rétro-	*overhead*	o·veur·hèd·
projecteur	*projector*	*pro*·djèk·teur

Voir également le chapitre **poste et communications**, p. 77.

Je suis handicapé(e).
I'm disabled. — aïm di·*zéï*·beuld

J'ai besoin d'aide.
I need assistance. — aï niid eu·*sis*·teunns

Quels services avez-vous pour les handicapés ?
What services do you — wat *sœr*·vi·seuz dou you
have for disabled people? — *hav* for di·*zéï*·beuld *pi*·peul

Y a-t-il des toilettes pour handicapés ?
Are there any toilets — âr Zèèr è·ni *toï*·lèts
for the disabled? — for zeu di·*zéï*·beuld

Y a-t-il des barres dans la salle de bains ?
Are there rails — âr Zèèr *réïlz*
in the bathroom? — inn Zeu *baS*·room

Y a-t-il des emplacements pour handicapés ?
Are there disabled — âr Zèèr di·*zéï*·beuld
parking spaces? — *pâr*·kinng spéï·seuz

Y a-t-il un accès pour fauteuil roulant ?
Is there wheelchair access? — iz Zèèr *wiil*·tchèr *ak*·sès

Quelle est la largeur de la porte d'entrée ?
How wide is the entrance? — hao *waïd* iz Zi ènn·trans

Combien y a-t-il de marches ?
How many steps are there? — hao mè·ni *stèps* âr Zèèr

Y a-t-il un ascenseur ?
Is there a lift (**GB**)/*elevator* (**USA**)? — iz Zèèr eu *lift/é·léï·vè·tor*

Je suis sourd(e)/aveugle.
I'm deaf/blind.   aïm dèf/blaïnnd

Les chiens d'aveugle sont-ils acceptés ?
Are guide dogs permitted?   âr gaïd dogz peur·*mi*·tid

Pouvez-vous appeler un taxi pour handicapé ?
Could you call me   koud you kool mi
a disabled taxi?   eu di·*zéï*·beuld *tak*·si

Pouvez-vous m'aider à traverser la rue ?
Could you help me   koud you hèlp mi
cross this street?   kros Zis *striit*

Puis-je m'asseoir quelque part ?
Is there somewhere   iz Zèèr *somm*·wèr
I can sit down?   aï kann sit *daonn*

bibliothèque braille	*Braille library*	bréïl *laï*·breu·ri
personne handicapé(e)	*disabled person*	di·*zéï*·beuld *peur*·sonn
chien d'aveugle	*guide dog*	*gaïd* dog
rampe	*ramp*	ramp
fauteuil roulant	*wheelchair*	*wiil*·tchèr

J'ai besoin…	I need a …	aï niid eu …
d'un siège-enfant	baby seat	*bëï-bi sit*
d'un pot (de bébé)	potty	*poo ti*
d'une poussette	stroller	*stroo-leur*

Y a-t-il… ?	Is there …?	iz Zèèr …
un espace bébé	a baby change room	eu *bëï-bi tchènndj* roum
une baby-sitter (qui parle français)	a (French-speaking) babysitter	eu (frènnch (*spii-*kinng) *bëï-*bi-si-teur
une garderie	a child-minding service	eu *tchaïld-*maïnn-dinng *sœr-*vis
un menu pour enfant	a children's menu	eu *tchil-*drènnz *meu-*nyou
une crèche	a creche	eu kréïch
une réduction famille nombreuse	a family discount	eu *fa-*mi-li dis-*ka-*ounnt
une chaise haute	a highchair	eu *haï-*tchèèr
un parc près d'ici	a park nearby	eu *pârk* niir-baï

Puis-je allaiter mon bébé ici ?
Do you mind if   dou you maïnnd if
I breastfeed here?   aï *brèst-fiid* hiir

Les enfants sont-ils admis ?
Are children allowed?   âr tchil-drènn *eu-lood*

Est-ce adapté à des enfants de (6) ans ?
Is this suitable for   iz it *syou-*tëï-beul for
(six)-year-old children?   (siks)-yeur-old *tchil-*drènn

Voici quelques expressions courantes pour engager la conversation avec les enfants que vous aurez peut-être l'occasion de rencontrer en voyage.

Quelle est ta date d'anniversaire ?
When's your birthday?   wènz your *bœrs*·déï

Est-ce que tu vas à l'école ou à la crèche ?
Do you go to school   dou you go tou *skoul*
or kindergarten?   or *kinn*·deur·*gâr*·tèn

Dans quelle classe es-tu ?
What grade are you in?   wat *gréïd* âr you inn

Est-ce que tu aimes le sport ?
Do you like sport?   dou you laïk *spoort*

Est-ce que tu aimes l'école ?
Do you like school?   dou you laïk *skoul*

Est-ce que tu apprends le français ?
Do you learn French?   dou you lœrn *frènnch*

formules de base

Oui.	*Yes.*	yès
Non.	*No.*	neo
S'il vous plaît.	*Please.*	pliiz
Merci (beaucoup).	*Thank you (very much).*	*Sank* you (vè·ri *meutch*)
Je vous en prie.	*You're welcome.*	your *wèl*·komm
Excusez-moi.	*Excuse me.*	ek·*skyouz* mi
Pardon.	*Sorry.*	*so*·ri

saluer

Dans les pays anglo-saxons, on se fait plus rarement la bise qu'en France. Lors d'une première rencontre, serrez la main de votre interlocuteur. Lorsque vous vous connaîtrez mieux, vous vous donnerez peut-être une accolade (*a hug* eu heug).

Bonjour.	*Hello.*	*hè*·lo
Salut.	*Hi.*	haï
Bonjour. (matin)	*Good morning.*	goud *mor*·ninng
Bonjour. (après-midi)	*Good afternoon.*	goud af·teu·*noun*
Bonsoir.	*Good evening.*	goud *iv*·ninng
Bonne nuit.	*Good night.*	goud naït
À bientôt.	*See you later.*	sii you *léi*·teur
Au revoir.	*Goodbye.*	goud·*baï*
Comment allez-vous/vas-tu ? *How are you?*		hao âr you
Bien, merci. Et vous/toi ? *Fine. And you?*		faïn annd *you*

Comment vous appelez-vous/t'appelles-tu ?
What's your name?   *wats* your néïm

Je m'appelle…
My name is …   maï néïm iz …

Je vous présente …
I'd like to introduce   aïd laïk tou inn·tro·*dyous*
you to …   you tou …

Enchanté(e).
(I'm) Pleased to meet you.   (aïm) *pliizd* tou mit you

Monsieur (M)	*Mr/Sir*	*mis*·teur/sœr
Madame (Mme)	*Ms/Mrs*	*mis*·iz
Mademoiselle (Mlle)	*Miss*	mis
Docteur	*Doctor*	*dok*·teur

s'adresser à quelqu'un

On emploie "you" à la fois pour dire "tu" et "vous". L'anglais est souvent moins formel que le français. Ainsi, il n'est pas rare de s'adresser à quelqu'un directement, sans utiliser systématiquement les titres "Monsieur" ou "Madame".

engager la conversation

making conversations

Parlez-vous français ?
Do you speak French?   dou you spiik *frènch*

Vous habitez ici ?
Do you live here?   dou you liv *hiir*

Est-ce que vous vous plaisez ici ?
Do you like it here?   dou you *laïk* it hiir

Ça me plaît beaucoup ici.
I love it here.   aï *lov* it hiir

Où allez-vous ?
Where are you going?   wèr âr you *go*·innng

Que faites-vous ?
What are you doing?   wat âr you *dou*·inng

Attendez-vous (un bus) ?
Are you waiting (for a bus)?   âr you *wéï*·tinng (for eu beus)

Avez-vous du feu ?
Can I have a lighter?   kann aï hav eu *laït*·er

parler local		
Hé !	*Hey!*	héï
Formidable !	*Great!*	grèt
Pas de problème.	*No problem.*	no *pro*·blèm
D'accord.	*Sure.*	chour
Peut-être.	*Maybe.*	*méï*·bi
Pas question !	*No way!*	no *wéï*
C'est bien.	*It's OK.*	its okéï
Bien.	*OK.*	okéï

Que pensez-vous (de…) ?
What do you think (about …)?   *wat* dou you Sink (eu·*baout*…)

Comment ça s'appelle ?
What's this called?   wats Zis *koold*

Je peux (vous) prendre en photo ?
Can I take a photo (of you)?   kann aï téïk eu *fo*·to (of you)

C'est (beau), non ?
That's (beautiful), isn't it?   Zats (*byou*·ti·foul) i·*zeunt*·it

Vous êtes ici pour les vacances ?
Are you here on holiday?   âr you hiir onn *ho*·li·déï

Je suis ici…	*I'm here …*	aïm hiir …
pour les vacances	*for a holiday*	for eu *ho*·li·déï
pour le travail	*on business*	onn *biz*·nès
pour mes études	*to study*	to *steu*·di
avec ma famille	*with my family*	wiZ maï *fa*·mi·li
avec mon/ma petit(e) ami(e)	*with my partner*	wiZ maï *pârt*·neur

C'est la première fois que je viens (à New York).
This is my first trip — Zis iz maï fœrst trip
(to New York) — (tou *nyou* york)

Pour combien de temps êtes-vous ici ?
How long are you here for? — *hao* long âr you hiir *for*

Je reste ici … jours/semaines.
I'm here for … days/weeks. — aïm hiir for … déïz/wiiks

Êtes-vous déjà allé(e) (en France) ?
Have you ever been — hav you è·veur *biin*
(to France)? — (tou frans)

Voulez-vous sortir avec moi ?
Do you want — dou you want
to come out with me? — tou komm aout *wiz mi*

Voici mon/ma…	*This is my …*	*Zis* iz maï …
enfant	*child*	tchaïld
collègue	*colleague*	*ko*·liig
ami(e)	*friend*	frènnd
mari	*husband*	*heus*·bannd
compagnon/ compagne	*partner*	*par*·tneur
femme	*wife*	waïf

Regardez !	*Look!*	louk
Écoutez (ceci) !	*Listen (to this)!*	*li·*seunn (tou Zis)
Je suis prêt(e).	*I'm ready.*	aïm rè·di
Vous êtes prêt(e) ?	*Are you ready?*	âr you rè·di
Une minute.	*Just a minute.*	jeust eu *mi·*nut
Je plaisante !	*Just joking!*	jeust *djo·*kinng
Je te fais marcher !	*I'm pulling your leg!*	aïm *pou·*linng your lèg

nationalités

nationalities

D'où venez-vous ?
Where are you from? — wèr âr you *from*

D'où venez-vous (en Afrique) ?
What part of (Africa) — *wat* pârt of (a·fri·ka)
do you come from? — dou you kom from

Je viens...	*I'm from ...*	aïm from ...
de Paris	*Paris*	*pa·*risse
de Lyon	*Lyon*	lion
de Belgique	*Belgium*	*bèl·*djiom
de Suisse	*Switzerland*	*swi·*dze·lande
du Canada	*Canada*	*ka·*na·da

âge

age

Quel âge avez-vous ?
How old are you? — *hao* old âr you

Quel âge a...	*How old is...*	*hao* old iz ...
votre fils	*your son*	your sonn
votre fille	*your daughter*	your *doo·*teur

J'ai ... ans.
I'm ... years old. — aïm ... yœrz old

rencontres

99

Trop vieux/vieille !
Too old! tou old

Je ne fais pas mon âge.
I look younger than I am. aï louk *yon*·geur Zann aï am

Il/Elle a … ans.
He/She is … years old. hi/chi iz … yœrz old

Pour l'âge, consultez le chapitre **nombres et quantités**, p. 35.

travail et études

Que faites-vous dans la vie ?
What's your occupation? *wats* your o·kyu·*péï*·chonn

Je suis… *I'm a …* aïm eu …
  homme/femme business *biz*·nès
  d'affaires person *peur*·sonn
  cuisinier(ère) chef chèf
  écrivain writer *raï*·teur

Je travaille dans… *I work in …* aï woork in …
  l'édition publishing *peu*·bli·chinng
  l'enseignement education é·du·*kéï*·chonn
  la santé health hèlS
  la vente et sales & séïlz annd
  le marketing marketing *mar*·kè·tinng

Je suis…	I'm …	aïm …
journaliste	a journalist	eu *djour*·neu·list
traducteur	a translator	eu *trans*·lëï·tor
médecin	a doctor	eu *dok*·tor
architecte	an architect	eun *ar*·ki·tekt
retraité(e)	retired	*ri*·taïrd
travailleur indépendant	self-employed	sèlf·èm·*ploïd*
au chômage	unemployed	eunn·èm·*ploïd*

Quelles études faites-vous ?
What are you studying?　　wat âr you *steu*·di·inng

Je fais des études…	I'm studying …	aïm *steu*·di·inng
de médecine	medecine	*mé*·deu·sinn
de lettres	literature	*lét*·ré·tcheur
d'ingénieur	engineering	ènn·dji·*nii*·rinng
de français	French	frènch

famille

Avez-vous un(e)… ?	Do you have a …?	dou you hav eu …
J'ai un(e)…	I have a …	aï hav eu …
Je n'ai pas de…	I don't have a …	aï *dont* hav eu …
petit ami	boyfriend	*boï*·frènnd
frère	brother	*bro*·Zeur
enfant	child	tchaïld
famille	family	*fa*·mi·li
père	father	*fa*·Zeur
petite amie	girlfriend	*gœrl*·frènnd
mari	husband	*heus*·bannd
mère	mother	*mo*·Zeur
compagnon/ compagne	partner	*part*·neur
sœur	sister	*sis*·teur
femme	wife	waïf

Voici mon/ma/mes…
This is my …　　*Zis iz maï …*

Est-ce que vous êtes marié(e) ?
Are you married?   âr you *ma*·rid

Vous habitez chez vos parents ?
Do you live with your   dou you liv wiz your
parents?   *pa*·rènnts

Je vis avec quelqu'un.
I live with someone.   aï liv wiz *som*·wann

J'habite avec mon/ma/mes…
I live with my …   aï liv wiz maï …

Je suis…   *I'm …*   aïm …
  célibataire   *single*   *sinn*·geul
  marié(e)   *married*   *ma*·rid
  séparé(e)   *separated*   sè·pa·*réï*·teud

généalogie

tracing roots & history

(Je crois que) Mes ancêtres venaient de cette région.
(I think) My ancestors   (aï Sink) maï *an*·sis·teurz
came from this area.   kéïm from Zis è·ri·a

Je cherche des personnes de ma famille.
I'm looking for   aïm *lou*·kinng for
my relatives.   maï *reu*·lè·tivz

J'ai/J'avais un parent qui habitait par ici.
I have/had a relative who   aï hav/had eu *reu*·lè·tiv hou
lived around here.   livd eu·*raond* hiir

Où est le cimetière ?
Where's the cemetery?   wèr Zeu *sè*·mi·tri

Il/Elle a travaillé près d'ici.
He/She worked near here.   hi/shi woorkt niir hiir.

au revoir

Demain, c'est mon dernier jour ici.
Tomorrow is my last day here.   tou·*mo*·ro iz maï last déï hiir

Échangeons nos adresses.
Let's swap addresses.   lèts swap eu·*drè*·seuz

Voici mon…	*Here's my …*	hiirz maï …
Quel est votre… ?	*What's your …?*	*wats* your …
adresse e-mail	*email address*	*i*·méïl eu·*drès*
numéro de fax	*fax number*	*faks num*·beur
numéro	*mobile*	*mo*·baïl
de portable	*number*	*num*·beur
numéro de	*phone number*	*fonn num*·beur
téléphone		
numéro	*work number*	*woork*
professionnel		*num*·beur

Si vous passez	*If you ever visit*	if you è·veur *vi*·zit
par (Lyon), …	*(Lyon) …*	(lion) …
venez	*come and*	komm annd
nous voir	*visit us*	*vi*·zit eus
venez	*you can stay*	you kann stéï
chez moi	*with me*	wiZ mi

Donnez de vos nouvelles !
Keep in touch!   kiip inn *teutch*

J'ai été ravi(e) de faire ta connaissance !
It's been great meeting you!   its binn grèt *mii·*tinng you

centres d'intérêt

common interests

Que fais-tu pendant tes loisirs ?
What do you do in your spare time?
wat dou you *dou* inn your *spéïr* taïm

Aimes-tu… ?	*Do you like …?*	dou you laïk …
J'aime…	*I like …*	aï laïk …
Je n'aime pas…	*I don't like …*	aï *dont* laïk …
cuisiner	*cooking*	kou·kinng
la randonnée	*hiking*	haï·kinng
la photographie	*photography*	fo·to·gra·fi

Consultez également le chapitre **sport**, p. 131.

musique

music

Aimes-tu… ?	*Do you like to …?*	dou you laïk tou …
écouter de la musique	*listen to music*	li·*seunn* tou myou·zik
aller au concert	*go to concerts*	go tou *konn*·seurts
jouer d'un instrument	*play an instrument*	pléï eunn inns·treu·mènnt

As-tu entendu le dernier album de… ?
Have you heard the latest album by …?
hav you hœrd Zeu *léï*·tèst *al*·bomm baï …

Quels…	What … do	*wat* … dou
aimes-tu ?	you like?	you laïk
groupes	bands	bandz
genres de	music	*myou*·zik
musique		
Quelle radio	Which radio	witch *réï*·dio
passe de… ?	station plays …?	*stéï*·chonn pléïz …
la musique	classical music	*kla*·si·keul *myou*·zik
classique		
la musique	electronic music	è·lèk·*tro*·nik
électronique		*myou*·zik

Où puis-je trouver ce type de musique ?
Where can I	*wèr* kann aï
buy this music?	baï Zis *myou*·zik

Vous souhaitez aller à un concert ? Consultez **billets**, p. 45, et le chapitre **sortir**, p. 115.

cinéma et théâtre

J'aimerais	I feel like	aï fiil laïk
bien voir…	going to a …	*go*·inng tou eu …
un ballet	ballet	*ba*·léï
une comédie	comedy	*ko*·mè·di
un film	film (GB)/	film/
	movie (USA)	*mou*·vi
	play	pléï
une pièce		
de théâtre		

Qu'y a-t-il au cinéma ce soir ?
What's showing	wats *cho*·winng
at the cinema tonight?	at Zeu *ci*·neu·ma *tou*·naït

Est-ce en français ?
Is it in French?	iz it inn *frènnch*

Est-ce sous-titré ?
Does it have subtitles?   daz it hav *seub*·taït·teulz

Y a-t-il un… ?   *Is there …?*   iz Zèèr …
   vestiaire   *a cloakroom*   eu *klook*·roum
   entracte   *an intermission*   eunn
       inn·teur·*mi*·chonn
   programme   *a programme*   eu *pro*·gramm

Où puis-je trouver un programme de cinéma/théâtre ?
Where can I get a   wèr kann aï gèt eu
cinema/theatre guide?   ci·neu·ma/*Sii*·eu·teur gaïd

Ces places sont-elles prises ?
Are those seats taken?   âr Zouz siits *téï*·keunn

As-tu vu… ?
Have you seen …?   hav you siin …

Qui joue dans ce film ?
Who's in it?   *houz* inn it

Qui a réalisé ce film ?
Who directed it?   *hou* daï·*rèk*·teud it

… est la vedette du film.
It stars …   it stârz …

As-tu aimé… ?   *Did you like the …?*   did you laïk zeu…
   le film   *film*   film
   le spectacle   *performance*   peur·*for*·mans
   la pièce   *play*   pléï

Je l'ai trouvé…   *I thought it was …*   aï Soot it waz …
   excellent   *excellent*   *èk*·sè·lènnt
   long   *long*   long
   bien   *OK*   o·kéï

J'aime les…   *I like …*   aï laïk…

Je n'aime pas les…   *I don't like …*   aï *dont* laïk …
   films d'action   *action movies*   *ak*·chonn *mou*·viz
   dessins animés   *cartoons*   kâr·*tounz*
   films de   *sci-fi films*   saï·fi filmz
    science-fiction

lecture

Quel genre de livres lis-tu ?
*What kind of books
do you read?* — *wat* kaïnd of *bouks*
dou you riid

Quel est ton auteur préféré ?
Who's your favourite author? — *houz* your féï·vo·rit *o*·Sor

Quel auteur (anglais) peux-tu me conseiller ?
*Which (English)
author do you recommend?* — *witch* (*ènn*·glich)
o·Sor dou you rè·ko·*mènnd*

As-tu lu… ?
Have you read …? — *hav* you rèd …

Je lis…
I read … — aï riid …

Je peux te conseiller…
I recommend … — aï rè·ko·*mènnd* …

Où puis-je échanger des livres ?
*Where can I
exchange books?* — *wèr* kann aï
ek·*tchènndj* bouks

---

meilleurs vœux

Félicitations !
Congratulations! — konn·gra·tu·*léï*·chonn

Joyeux anniversaire !
Happy birthday! — ha·pi *bœrS*·déï

Joyeux Noël !
Happy Christmas! — ha·pi *kris*·meus

Joyeuses Pâques !
Happy Easter! — ha·pi *iis*·teur

sentiments et sensations

J'ai…	I'm …	aïm …
Je n'ai pas…	I'm not …	aïm not …
Avez-vous… ?	Are you …?	âr you …
chaud	hot	hot
faim	hungry	*heunn*·gri
sommeil	sleepy	*sli*·pi

Je suis…	I'm …	aïm …
Je ne suis pas…	I'm not …	aïm not …
Êtes-vous… ?	Are you …?	âr you …
content(e)	happy	*ha*·pi
déçu(e)	disappointed	di·zeu·*poïnn*·teud
satisfait(e)	satisfied	*sa*·tis·faïd
triste	sad	sâd

parler local

Ça ira mieux la prochaine fois.	Better luck next time.	bè·*teur* leuk nèkst *taïm*
Quelle chance.	How lucky!	hao *leu*·ki
C'est marrant.	It's strange.	its strènndj
Pas de problème.	No problem.	no *pro*·blèm
Tant pis.	Too bad.	tou *bad*
Quel dommage.	What a shame.	wat eu *chéïm*
Qu'est-ce qu'il y a ?	What's up?	wats *eup*

opinions

Est-ce que cela vous a plu ?
Did you like it?
did you *laïk* it

Qu'en avez-vous pensé ?
What did you think of it?
wat did you *Sink* of it

Je l'ai trouvé… *I thought it was…* aï *Soot* it waz …
C'est… *It's …* its …
   beau *beautiful* *byou*·ti·foul
   mieux *better* *bè*·teur
   bizarre *weird* wiird
   formidable *great* grèt
   horrible *horrible* *ho*·ri·beul
   bien *OK* o·*këï*
   étrange *strange* strènndj
   intéressant *interesting* *inn*·très·tinng
   pire *worse* woors

politique et société

Pour qui votez-vous ?
Who do you vote for?
hou dou you veot for

Je soutiens *I support the* aï seu·*poort* Zeu
le parti… *… party.* … *pâr*·ti

Français	English	Prononciation
Je suis membre du parti…	*I'm a member of the … party.*	aïm eu *mèmm*·beur of Zeu … *pâr*·ti
communiste	*communist*	*ko*·myou·nist
conservateur	*conservative*	konn·*seur*·va·tiv
démocrate	*democratic*	dè·mo·*kra*·tik
écologiste	*green*	griin
travailliste	*labour*	*lëï*·beu
républicain	*republican*	rè·*peu*·bli·kann
social-démocrate	*social democratic*	so·chol dè·mo·*kra*·tik
socialiste	*socialist*	so·cho·list

Vous avez entendu parler de… ?
Did you hear about …?   did you hiir eu·*baout*

Êtes-vous d'accord avec cela ?
Do you agree with it?   dou you eu·*grii* wiZ it

---

partis politiques

Si l'on fait abstraction des candidats indépendants, les États-Unis et le Royaume-Uni comptent chacun deux grands partis politiques, qui gagnent plus ou moins alternativement les élections : *Democrat* (démocrate) et *Republican* (républicain) côté américain, *Labour* (travailliste) et *Conservative* (ou *Tories*, conservateur) côté britannique.

Je suis pour…		
I agree with ...		aï eu·*grii* wiZ ...
Je ne suis pas pour…		
I don't agree with ...		aï *dont* eu·grii wiZ...
Je suis…	I'm ...	aïm ...
Êtes-vous… ?	Are you ...?	âr you ...
contre (cela)	against (it)	eu·*gëïnnst* (it)
pour (cela)	in favour of (it)	inn *féï*·veur of (it)

Que pensent	How do people	hao do *pi*·peul
les gens… ?	feel about ...?	fiil eu·*baout* ...
de l'avortement	abortion	eu·*bor*·chonn
du chômage	unemployment	eunn·èmm·*ploï*·mènnt
de la criminalité	crime	kraïm
des droits	human rights	*hyou*·mann raïts
de l'homme		
des droits	animal rights	*a*·ni·meul raïts
des animaux		
de l'économie	the economy	Zi è·*ko*·no·mi
de l'éducation	education	è·dyu·*kéï*·chonn
de	the environment	Zi ènn·*vaï*·ronn·mènnt
l'environnement		
de l'égalité	equal	*i*·kwal
des chances	opportunity	o·por·*tyou*·ni·ti
de l'euthanasie	euthanasia	you·sa·*néï*·zia
de la	globalisation	glo·ba·li·*zéï*·chonn
globalisation		
de l'immigration	immigration	i·mi·*gréï*·chonn
de la politique	party politics	*pâr*·ti po·li·tiks
du racisme	racism	*réï*·si·zeumm
du sexisme	sexism	*sèk*·si·zeumm
du terrorisme	terrorism	*tè*·ro·ri·zeum

environnement

Y a-t-il un problème d'environnement ici ?

Is there an environmental problem here? — iz Zèèr eun ènn·vi·ron·*mèn*·teul pro·blèm *hiir*

approvisionnement en eau	*water supply*	*wo*·teur seu·*plaï*
biodégradable	*biodegradable*	baï·o·di·greï·deu·beul
chasse	*hunting*	*heunn*·tinng
conservation	*conservation*	konn·seur·*vëï*·chonn
couche d'ozone	*ozone layer*	*o*·zonn léï·yeur
déchets toxiques	*toxic waste*	*tok*·sik wéïst
déforestation	*deforestation*	di·fo·rès·*téï*·chonn
écosystème	*ecosystem*	*i*·ko·sis·teum
énergie nucléaire	*nuclear energy*	*nyou*·kli·eur è·nèr·dji
espèces en voie de disparition	*endangered species*	ènn·*dènn*·djeurd *spè*·siz
essais nucléaires	*nuclear testing*	*nyou*·kli·eur *tès*·tiing
hydroélectricité	*hydroelectricity*	haï·dro·è·lèk·*tri*·ci·ti
irrigation	*irrigation*	i·ri·*géï*·chonn
jetable	*disposable*	dis·*po*·séï·beul
pesticides	*pesticides*	*pès*·ti·saïdz
pollution	*pollution*	po·*lu*·chonn
programme de recyclage	*recycling programme*	ri·*saï*·klinng *pro*·gram
recyclable	*recyclable*	ri·*saï*·kléï·beul
sécheresse	*drought*	droot

C'est un(e)…

protégée ?	*Is this a protected …?*	iz Zis eu pro·*tèk*·teud …
forêt	*forest*	*fo*·rèst
espèce	*species*	*spè*·siz

113

Voici quelques expressions imagées que vous entendrez peut-être au cours d'une conversation :

He's taking the Mickey   hiz *téï*·kinng Zeu *mi*·kè
(out of you).   (aout of you)
Il se paie ta tête.

Whatever!   wat·è·veur
Peu importe, ça m'est égal.

Thank you for sharing!   Sank you for *chè*·rinng
Merci du compliment !
(litt : merci de compatir)
Réponse sarcastique à une remarque que l'on n'avait pas vraiment envie d'entendre (parce qu'elle est désobligeante ou déplacée), par exemple :

Your hair looks auwful! Thank you for sharing!
Ta coiffure est affreuse ! Merci du compliment !

où sortir

where to go

Qu'est-ce qu'on joue… ?	What's on …?	wats onn
dans le coin	locally	lo·keu·li
ce week-end	this weekend	Zis wik·ènnd
aujourd'hui	today	tou·déï
ce soir	tonight	tou·naït

Où sont les… ?	Where are the …?	wèr âr Zeu …
clubs	clubs	kleubz
discothèques	discos	dis·koz
boîtes gays	gay venues	géï veu·nyouz
restaurants	places to eat	pléï·siz tou iit
pubs	pubs	peubz

Y a-t-il un programme… ?	Is there a local … guide?	iz Zèèr eu leu·keul … gaïd
des spectacles	entertainment	eunn·tèr·téïnn·mènnt
des films	film	film

Que peut-on faire le soir ?		
What's there to do in the evenings?		wats Zèèr tou dou inn zi iv·ninngs

Y a-t-il un guide des endroits gays ?		
Is there a local gay guide?		iz Zèèr eu leu·keul géï gaïd

Je voudrais aller…	*I'd like to go to...*	aïd laïk tou go tou…
dans un bar	*a bar*	eu bâr
au café	*a cafe*	eu *ka*·fè
au cinéma	*the cinema*	Zeu si·neu·*ma*
à un concert	*a concert*	eu *konn*·seurt
au karaoké	*a karaoke bar*	eu ka·ra·o·kè bâr
en boîte	*a nightclub*	eu *naït*·kleub
à l'opéra	*the opera*	Zi *op*·ra
au pub	*a pub*	eu peub
au restaurant	*a restaurant*	eu *rèst*·rant
au théâtre	*the theatre*	Zeu *Sii*·eu·teur
voir un ballet	*a ballet*	eu *ba*·léï

invitations

invitations

Que fais-tu… ?	*What are you doing ...?*	*wat* âr you *dou*·inng ...
maintenant	*right now*	raït nao
ce soir	*this evening*	Zis *iv*·ninng
ce week-end	*this weekend*	Zis *wik*·ènnd

Aimerais-tu aller… ?	*Would you like to go ...?*	woud you laïk tou go ...
J'ai envie d'aller…	*I feel like going ...*	aï fiil laïk *go*·inng ...
boire un café	*for a coffee*	for eu *ko*·fi
danser	*dancing*	*dan*·sinng
prendre un verre	*for a drink*	for eu drink
manger	*for a meal*	for eu miil
sortir	*out somewhere*	*aout* som·wèr
faire une promenade	*for a walk*	for eu wook

C'est ma tournée.
My round.   *maï* raound

Connais-tu un bon restaurant ?
Do you know a good restaurant? dou you no eu goud *rèst*·rant

Veux-tu aller au concert avec moi ?
Do you want to come to the concert with me?
dou you want tou kòm tou Zeu *konn*-seurt wiZ mi

Nous allons faire une fête.
We're having a party.
wir havinng eu *pâr*-ti

Tu devrais venir.
You should come.
you choud *kom*

répondre à une invitation

D'accord !
Sure!
chour

Je viendrai avec plaisir.
Yes, I'd love to.
yès aïd *lov* tou

Où allons-nous ?
Where shall we go?
wèr chal *wi* go

Je suis désolé, je ne peux pas.
No, I'm afraid I can't.
neo aïm eu-*frèd* aï *kant*

Et demain ?
What about tomorrow?
wat eu-*baout* tou-*mo*-ro

Désolé, je ne … pas. *Sorry, I can't …* *so*-ri aï *kant*
  danse *dance* danns
  chante *sing* sinng

organiser un rendez-vous

À quelle heure se retrouve-t-on ?
What time shall we meet?
wat taïm chal wi miit

Où se retrouve-t-on ?
Where will we meet?
wèr wil wi miit

Je viendrai te chercher (à 7h).
I'll pick you up (at 7).
al pik you *eup* at (sè-veunn)

J'arriverai plus tard. Où seras-tu ?
I'll be coming later.   al bi ko·minng *léï*·teur
Where will you be?   wèr wil you bi

Si je ne suis pas arrivé(e) à (9h), ne m'attends pas.
If I'm not there by (9),   if aïm not Zèèr baï (naïnn)
don't wait for me.   dont *wéït* for mi

Je me réjouis de notre rendez-vous.
I'm looking forward   aïm *lou*·kinng *for*·woord
to our meeting.   tou a·our *mii*·tinng

Je suis désolé(e) d'être en retard.
Sorry I'm late.   *so*·ri aïm léït

Ce n'est pas grave.
Never mind.   nè·veur maïnnd

On peut se retrouver…	*Let's meet at …*	lèts miit at …
à (8h)	*(8 o'clock)*	(éït o·klok)
devant l'entrée	*the entrance*	Zi ènn·trans

D'accord !	*Agreed/OK!*	eu·*griid*/o·*kéï*
Allez, à bientôt !	*I'll see you then.*	al sii you Zèn
À plus tard.	*See you later.*	sii you *léï*·teur
À demain.	*See you tomorrow.*	sii you tou·*mo*·ro

boîtes de nuit et bars

Y a-t-il des boîtes de nuit ici ?
Are there any nightclubs here?   âr Zèèr è·ni *naït*·kleubz hiir

Où est-ce qu'on peut danser (la salsa) ?
Where can we go   wèr kan wi go
(salsa) dancing?   (sal·sa) *dan*·sinng

À quelle heure commence le spectacle ?
What time does   wat taïm daz
the show start?   Zeu *choo* stârt

Comment y va-t-on ?
How do I get there?   *hao* dou aï gèt Zèèr

Combien coûte l'entrée ?
What's the cover charge?

wats Zeu *ko·veur* tchârdj

Allez, on y va !
Come on!

kom *onn*

Quel genre de musique aimes-tu ?
*What type of music
do you like?*

wat taïp of *myou·*sik
dou you laïk

J'aime (le reggae).
I like (reggae).

aï laïk (rè·géï)

C'est super ici !
This place is great!

Zis pléïs iz *grèt*

Je m'amuse beaucoup !
I'm having a great time!

aïm *ha·*vinng eu *grèt* taïm

Je n'aime pas la musique ici.
I don't like the music here.

aï dont laïk Zeu *myou·*sik hiir

Allons ailleurs.
Let's go somewhere else

lèts go som·wèr *èls*

Quel fantastique… ! *What a fantastic …!* wat eu fann·*tas·*tik…
  concert   *concert*   *konn·*seurt
  groupe   *group*   group

Quel(le) chanteur/chanteuse formidable !
What a great singer!

wat eu *grèt sinn·*geur

Tu veux bien… ? *Do you want …?* dou you want …
  t'approcher   *to go closer*   tou go *klo·*seur
  de la scène   *to the stage*   tou Zeu *stéïdj*
  t'asseoir au   *sit at the*   siit at Zeu
  premier/dernier   *front/back*   front/bak
  rang

Les Anglais aiment tellement le sport qu'ils en ont inventé qu'ils pouvaient même pratiquer au pub. C'est ainsi qu'à la fin des années 1980, les fléchettes (*darts*) connurent leur âge d'or : des arènes furent transformées en bars accueillant de grandes compétitions, les retransmissions passionnaient les téléspectateurs et les noms des vainqueurs étaient sur toutes les lèvres. Des querelles internes ont quelque peu perverti ce sport, mais il continue à être regardé sur *Sky Sports*.

La version anglaise du billard (*snooker*) est un autre sport qui faisait autrefois recette à la télévision, même si, à en croire certains, on ne saurait imaginer spectacle plus ennuyeux. Mais, faites-nous confiance, les grands tournois peuvent être aussi intenses et angoissants qu'une épreuve de tirs au but lors d'une Coupe du monde de football. L'audience télévisuelle est toujours aussi bonne, en grande partie grâce à des joueurs au sens du spectacle inné, tels que Ronnie O'Sullivan, Londonien au parler imagé et meilleur joueur du monde.

drogue

drugs

Je ne touche pas à la drogue.
  I don't take drugs. aï dont téïk dreugz

Je prends du … occasionnellement.
  I take … occasionally. aï téïk … o·*ka*·jonn·li …

Lonely Planet déconseille à ses lecteurs l'usage de drogues, même les plus "douces", qui modifient le comportement.

rendez-vous

Aimerais-tu faire quelque chose ?
Would you like to do something?
woud you laïk tou *dou* som·Sinng

Oui, j'aimerais bien.
Yes, I'd love to.
yès aïd *lov* tou

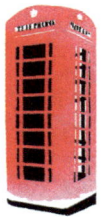

Non, je suis désolé(e), je ne peux pas.
I'm sorry, I can't.
aïm *so*·ri aï *kant*

Certainement pas !
Not if you were the last person on earth!
not if you weur Zeu *last peur*·sonn onn œrS

parler local		
C'est…	*He/She is a …*	chi/hi iz eu …
une super nana	*babe*	béïb
une garce	*bitch*	bitch
un(e) con(ne)	*prick*	prik
Il/Elle a roulé sa bosse.	*He/She gets around.*	hi/chi gèts eu·*raond*

séduction

Tu me fais penser à quelqu'un que je connais.
You look like someone I know. you *louk* laïk som·wann aï *no*

Veux-tu boire quelque chose ?
Would you like a drink? woud you laïk eu *drink*

De quel signe astrologique es-tu ?
What star sign are you? *wat* star *saïnn* âr you

Veux-tu aller prendre l'air ?
Shall we get some fresh air? chal wi gèt som frèch *èr*

Tu danses vraiment bien.
You're a fantastic dancer. your eu fan·*tas*·tik *dann*·ceur

Viens-tu souvent ici ?
Do you come here often? dou you kom hiir *o*·feunn

Puis-je… ?	*Can I …?*	kann aï …
entrer prendre	*come in for*	kom *inn* for
un café	*a coffee*	eu ko·fi
danser avec toi	*dance with you*	*danns* wiZ you
te revoir	*see you again*	sii you eu·*géïn*
m'asseoir ici	*sit here*	sit *hiir*
te raccompagner	*take you home*	téïk you *hom*

As-tu… ?	*Do you have a …?*	dou you hav eu …
un petit ami	*boyfriend*	*boï*·frènnd
une petite amie	*girlfriend*	*gœrl*·frènnd
du feu	*light*	laït

Tu as…	*You have (a)*	you hav (eu) …
	beautiful …	*byou*·ti·foul
un beau corps	*body*	*bo*·di
de beaux yeux	*eyes*	aïz
de belles mains	*hands*	handz
un beau sourire	*laugh*	lâf
une belle personnalité	*personality*	peur·so·*na*·li·ti

mots doux		
L'anglais ne manque pas de mots tendres et affectueux, tels que :		
love	lov	amour
pet	pèt	(litt : animal domestique)
honey	*ho*·nè	miel
baby	*béï*·bi	bébé
duck	deuk	canard
sweetie	*swi*·ti	bonbon

Tu veux bien me raccompagner chez moi ?
Will you take me home?   wil you téïk mi *hom*

Veux-tu entrer un instant ?
Do you want to come   dou you want tou kom
inside for a while?   in·*saïd* for eu waïl

refus

Excusez-moi, je dois partir maintenant.
Excuse me, I have to go now. èk·*skyouz* mi aï hav tou go *nao*

Non, merci.
No, thank you.   neo *Sank* you

Je n'ai pas très envie.
I'd rather not.   aïd *ra*·Zeur not

Tu as un vrai problème d'ego !
Your ego is out of control! your *ii*·go iz aout of konn·*trol*

tentatives d'approche

Je t'aime beaucoup.
I like you very much.   aï laïk you *vè·*ri meutch

Est-ce que tu m'apprécies aussi ?
Do you like me too?   dou you laïk mi *tou*

Tu es très séduisant(e).
You're very attractive.   your *vè·*ri eu·*trak·*tiv

Je m'intéresse vraiment à toi.
I'm interested in you.   aïm *inn*·très·teud inn you

Tu es formidable.
You're great.   your *grèt*

Est-ce que je peux t'embrasser ?
Can I kiss you?   kann aï *kis* you

sexe

J'ai envie de faire l'amour avec toi.
I want to make love to you.   aï want tou méïk *lov* to you

On va utiliser (un préservatif).
Let's use (a condom).   lèts youz (eu konn·*dom*)

Je crois qu'il vaudrait mieux en rester là.
I think we should stop now.   aï Sink wi choud *stop* nao

On se couche ?
Let's go to bed!   lèts *go* tou bèd

Embrasse-moi.	*Kiss me.*	kis mi
J'ai envie de toi.	*I want you.*	aï want you
Ça te plaît ?	*Do you like this?*	dou you *laïk* Zis
J'aime ça.	*I like that.*	aï *laïk* Zat
Je n'aime pas ça.	*I don't like that.*	aï *dont* laïk Zat
Arrête !	*Stop!*	stop
Continue !	*Don't stop!*	dont *stop*

plus vite	*faster*	*fas*·teur
plus fort	*harder*	*har*·deur
moins fort	*softer*	*sof*·teur
plus doucement	*slower*	*slo*·weur
Oh oui !	*Oh yeah!*	oo yè
C'est bon !	*That's great.*	Zats grèt
Je jouis.	*I'm coming.*	aïm *ko*·minng
Vas-y mollo !	*Easy tiger!*	*ii*·zi *taï*·geur
Ne t'inquiète pas,	*Don't worry,*	*dont* wo·ri
je vais m'en occuper.	*I'll do it myself.*	al dou it maï·*sèlf*
C'était…	*That was …*	Zat woz …
excellent	*amazing*	eu·*méi*·zinng
super	*great*	*grèt*
bizarre	*weird*	wiird

amour

Je t'aime.	
I love you.	aï lov you
Est-ce que tu m'aimes ?	
Do you love me?	dou you *lov* mi
Veux-tu sortir avec moi ?	
Do you want to go out with me?	dou you want tou go *aout* wiZ mi
Et si nous vivions ensemble !	
Let's move in together!	lèts mouv *inn* tou·*gè*·zeur
Veux-tu m'épouser ?	
Will you marry me?	wil you *ma*·ri mi

problems

Est-ce qu'il y a quelqu'un d'autre ?
Are you seeing someone else? âr you *si*-inng som·wann *èls*

Je ne suis qu'un objet sexuel pour toi.
*You're just using me
for sex.* your djeust *you*-zinng mi for
sèks

Je ne pense pas que ça marchera.
*I don't think
it's working out.* aï dont Sink
its *woor*-kinng *aout*

Les choses finiront par s'arranger.
We'll work it out. wil *woork* it *aout*

Je ne veux plus te revoir.
*I never want to see you
again.* aï *nè*-veur want tou *sii* you
eu·géïnn

religion

Quelle est votre religion ?
What's your religion?   *wats* your ri·*li*·djonn

Je suis…	*I'm …*	aïm …
Je ne suis pas…	*I'm not …*	aïm not …
agnostique	*agnostic*	ag·*no*·stik
athé(e)	*atheist*	*eï·*Siist
bouddhiste	*Buddhist*	*bou*·dist
catholique	*Catholic*	*kâ·*So·lik
chrétien(ne)	*Christian*	*kris*·ti·eun
hindouiste	*Hindu*	*hinn*·dou
juif/juive	*Jewish*	*djou*·wich
musulman(e)	*Muslim*	*meus*·lim
pratiquant(e)	*practising*	*prâk*·ti·sinng
protestant(e)	*Protestant*	*pro*·tis·stènnt
croyant(e)	*religious*	ri·*li*·djeus

Je (ne) crois	*I (don't) believe*	aï (*dont*) bi·*liv*
(pas)…	*in …*	in …
au destin	*destiny/fate*	*dès*·ti·ni/féït
en Dieu	*God*	god
Puis-je … ici ?	*Can I … here?*	*kann* aï … hiir
Où peut-on… ?	*Where can I …?*	*wèr* kann aï …
aller à la messe	*attend mass*	eu·*tènnd* mas
assister à un office	*attend a service*	eu·*tènnd* eu seur·vis
prier	*pray*	préï

différences culturelles

Pour les expressions concernant les différences culturelles liées à l'alimentation, consultez le chapitre **végétariens/régimes spéciaux**, p. 159.

Comment fait-on cela dans votre pays ?
How do you do — *hao* dou you dou
this in your country? — Zis inn *your conn*·tri

Est-ce une coutume locale ou nationale ?
Is this a local — iz Zis eu *leu*·keul
or national custom? — or *na*·cho·nal *keus*·tom

Je ne suis pas habitué(e) à cela.
I'm not used to this. — aïm not *youzd* tou Zis

Je veux bien regarder, mais je préfère ne pas participer.
I don't mind watching, — aï dont maïnnd *wot*·chinng
but I'd rather not join in. — beut aïd *ra*·Zeur not djoïnn *inn*

Je vais essayer ça.
I'll try it. — al *traï* it

Excusez-moi, *I'm sorry,* — aïm *so*·ri
c'est contraire à ma… *it's against my …* — its eu·*géïnst* maï …
   culture *culture* — *keul*·tcheur
   religion *religion* — ri·*li*·djonn

C'est très… *This is very …* — Zis iz *vè*·ri …
   différent *different* — *dif*·rènnt
   amusant *fun* — feun
   intéressant *interesting* — *inn*·très·tinng

Quelles sont les heures d'ouverture du musée ?
When does the museum open?   *wènn* daz Zeu myou·zè·om o·peunn

À quelle heure ouvre la galerie ?
What time does the gallery open?   wat *taïm* daz Zeu *ga*·leu·ri o·peunn

Quel genre d'art t'intéresse ?
What kind of art are you interested in?   *wat* kaïnnd of *art* âr you inn·très·teud inn

Je m'intéresse à…
I'm interested in …   aïm *inn*·très·teud inn …

Que renferme cette collection ?
What does this collection include?   *wat* daz Zis ko·*lèk*·cheunn inn·kloud

C'est une exposition…
It's an exhibition …   its eunn èk·si·*bi*·cheunn …

C'est quel style ?
Which style is it?   witch *staïl* iz it

Est-ce un original ou une copie ?
Is it an original or a copy?   iz it eunn o·*ri*·dji·neul or eu *ko*·pi

Que pensez-vous de… ?
What do yo think of … ?   *wat* dou you *Sink* of …

J'aime les œuvres de…
I like works of…   aï *laïk* woorks of …

Cela me rappelle…
It reminds me of …   it ri·*maïnndz* mi of…

art/style…   *… art/style*   … art/staïl
  baroque   *baroque*   ba·*rook*
  byzantin   *Byzantine*   bi·zeun·*tiinn*
  classique   *classical*   *kla*·si·keul
  de la Renaissance   *Renaissance*   reu·*nè*·sans
  gothique   *Gothic*   *go*·Sik
  impressionniste   *impressionist*   im·*prè*·cheu·nist
  moderne   *modern*   *mo*·dèrn
  Nouveau   *Nouveau*   nou·*vo*
  occidental   *occidental*   ok·si·*dèn*·teul
  roman   *Romanesque*   ro·meu·*nèsk*

architecture   *architecture*   ar·ki·*tèk*·tcheur
artiste   *artist*   *âr*·tist
arts décoratifs   *decorative arts*   dè·*ko*·ra·tiv ârts
abbaye   *abbey*   *a*·bi
cathédrale   *cathedral*   ka·*Si*·dreul
collection   *permanent*   *peur*·ma·neunnt
  permanente   *collection*   ko·*lèk*·cheunn
conservateur   *curator*   kyu·*réï*·*teur*
copie   *copy*   *ko*·pi
église   *church*   tcheurtch
époque   *period*   *pi*·riod
exposition   *exhibition*   èk·si·*bi*·cheunn
fontaine   *fountain*   *faon*·teunn
fresque   *fresco*   *frès*·ko
gravure   *engraving*   in·*gréï*·vinng
mosaïque   *mosaic*   mo·*zéï*·ik
œuvre d'art   *work of art*   woork of art
peintre   *painter*   *péïnn*·teur
peinture (art)   *painting*   *péïnn*·tinng
tableau   *painting*   *péïnn*·tinng
salle d'exposition   *exhibition hall*   èk·si·*bi*·cheunn hool
sculpteur   *sculptor*   *skeulp*·teur
sculpture   *sculpture*   *skeulp*·tcheur
statue   *statue*   *sta*·tyou

en parler

Vous aimez le sport ?
Do you like sport? — dou you laïk *spoort*

Oui, beaucoup.
Yes, very much — yès *vè*·ri meutch

Pas vraiment.
Not really. — not *rii*·li

Je préfère le regarder.
I prefer watching it. — aï prè·feur *wot*·chinng it

Quel sport pratiquez-vous ?
What sport do you play? — *wat* spoort dou you *pléï*

Quels sports aimez-vous ?
What sports do you like? — *wat* spoort dou you *laïk*

J'aime…	I like …	aï laïk …
le basket-ball	*basketball*	*bâs*·kèt·bool
le rugby	*rugby*	*reug*·bi
la course	*running*	*reu*·ninng
le football	*soccer*	*so*·keur
le squash	*squash*	skwash
le surf	*surfing*	*seur*·finng

Quel(le) est votre … préféré(e) ?	*Who's your favourite …?*	*houz* your *féï*·veu·rit …
sportif/sportive	*sportsperson*	spoorts·*peur*·sonn
équipe	*team*	tiim

assister à un match

Voulez-vous aller voir un match ?
Would you like — woud you *laïk*
to go to a game? — tou go tou eu *gëïm*

Qui joue ?
Who's playing? — *houz plëï*·innng

Qui gagne ?
Who's winning? — *houz wi*·niing

Quel est le score final ?
What was the final score? — *wat* woz zeu *faï*·neul *skoor*

Ils ont fait match nul.
It was a draw. — it woz eu droo

C'était vraiment un ... match. | *That was a ... game.* | *Zat* woz eu ... gëïm

mauvais	*bad*	bad
bon	*good*	goud
beau	*great*	grèt

lévriers et autres dadas

Plus encore que leurs cousins d'outre-Atlantique, les Londoniens aiment le jeu. Mais sachez qu'il n'y a pas de meilleur moyen pour perdre son argent que de parier sur les courses de chevaux, plus connues sous le nom de "sport des rois" ou *gee-gees* pour les intimes (litt : "dadas").

Les courses de lévriers ont aussi beaucoup de succès. Importées des États-Unis, elles n'ont pas eu de mal à être adoptées en Angleterre. Version urbaine des courses de chevaux, elles ont le mérite de réunir trois passions locales : le jeu, la bière et le divertissement facile. À tout dire, suivre des yeux huit chiens courant après un lapin mécanique s'avère plus amusant que vous n'oseriez l'imaginer !

pratiquer un sport

Voulez-vous jouer ?
Do you want to play? — dou you want tou *pléï*

Est-ce que je peux participer ?
Can I join in? — kann aï djoïnn *inn*

Oui, ça serait sympa.
Yes, that'd be great. — yès Zatd bi *grèt*

Je suis blessé.
I have an injury. — aï hav eun *inn*·djeu·ri

Un point pour vous/moi.
Your/My point. — your/maï poïnnt

Passez-le-moi !
Kick/Pass it to me! — *kik/pâs* it tou *mi*

Vous jouez bien.
You're a good player. — your eu goud *pléï*·eur

Merci d'avoir joué avec moi.
Thanks for the game. — *Sanks* for Zeu géïm

Où peut-on faire du jogging ?
Where's the best place — *wèr* Zeu bèst pléïs
to jog around here? — tou djog eu·*raond* hiir

Où y a-t-il un(e) …	*Where's a*	*wèrz* eu
par ici ?	*nearby …?*	*niir*·baï …
gymnase	*gym*	djim
piscine	*swimming pool*	*swi*·minng poul
court de tennis	*tennis court*	tè·nis kourt

Puis-je…,	*Can I … please?*	*kann* aï … pliiz
s'il vous plaît ?		
avoir une liste	*have a list of*	hav eu list of
des cours	*aerobic sessions*	*èè*·ro·bik sè·chonns
d'aérobic		
louer un	*rent a locker*	rènnt eu *lo*·keur
casier		
voir le gymnase	*see the gym*	sii Zeu djim

Quel est le prix par… ?	What's the charge per …?	wats Zeu tchardj peur …
jour	day	déï
partie	game	géïm
heure	hour	aou·eur
séance	visit	vi·zit

Puis-je louer… ?	Can I hire a …?	kann aï haï·eur eu …
un vélo	bicycle	baï·si·keul
un court de tennis	court	kourt
une raquette	racquet	ra·kèt

Faut-il être membre ?
Do I have to be a member to attend? — do aï hav tou bi eu mèm·beur tou eu·tènnd

Y a-t-il une séance/piscine pour les femmes ?
Is there a women-only session/pool? — iz Zèèr eu wo·mènn·onn·li sè·chonn/poul

Où sont les vestiaires ?
Where are the changing rooms? — wèr âr Zeu tchènn·djinng roumz

---

but !

Quel(le)… !	What a …!	wat eu …
but	goal	gool
coup	hit	hit
tir	kick	kik
passe	pass	pâs
performance	performance	peur·for·mans

Quel est le score ?
What's the score? — wats Zeu skoor

match nul	draw/even	droo/ii·veunn
égalité (au tennis)	love	lov
balle de match	match-point	match·poïnnt
zéro	nil/zero	nil/zi·ro

cyclisme

Pour le vocabulaire propre au vélo, voir le chapitre **transports**, p. 43.

Où finit la course ?
Where does the race finish? — *wèr* daz Zeu *réïs* fi·nich

Par où passe-t-elle ?
Where does it pass through? — *wèr* daz it pas Strou

Qui gagne ?
Who's winning? — *houz* wi·ninng

Est-ce que l'étape d'aujourd'hui est très difficile ?
Is today's leg very hard? — iz tou·*déïz* lèg vè·ri hard

Mon cycliste préféré est…
My favourite cyclist is … — maï *féï*·veu·rit *saï*·klist iz

cycliste	cyclist	*saï*·klist
fortes côtes	hill stage	hil stèïdj
étape	leg	lèg
course contre la montre	time trial	*taïm* traï·eul
gagnant(e)	winner	*wi*·neur
maillot jaune	yellow jersey	yè·lo *djœr*·zi

sports extrêmes

Êtes-vous sûr que c'est sans danger ?
Are you sure this is safe? — âr you *chour* Zis iz *séïf*

Est-ce que l'équipement est solide ?
Is the equipment secure? — iz Zi è·*kwip*·mènnt sè·*kyour*

C'est insensé !
This is insane! — Zis iz inn·*séïn*

rappel	abseiling	*ap*·saï·linng
saut à l'élastique	bungy-jumping	*beunn*·dji *djum*·pinng
spéléologie	caving	*kéï*·vinng
VTT	mountain biking	*monn*·téïn *baï*·kinng
parachutisme ascensionnel	parascending	pa·ra·*sènn*·dinng
varappe	rock-climbing	*rok*·klaïm·binng
parachutisme	skydiving	*skaï*·daï·viing
rafting	white-water rafting	*waït*·wo·teur *raf*·tinng

football

C'est un (joueur) formidable.
He's a great (player).   hiz eu *grèt* (*pléï*·eur)

Quelle est l'équipe en tête du championnat ?
Which team is at   *witch* tiim iz at
the top of the league?   Zeu top of Zeu liig

Quelle équipe lamentable !
What a terrible team!   wat eu *tè*·ri·beul tiim

corner	corner	*koor*·neur
faute	foul	faoul
coup franc	free kick	frii *kik*
gardien de but	goalkeeper	*gool*·kii·peur
hors jeu	offside	*of*·saïd
penalty	penalty	*pè*·neul·ti
tir de penalty	penalty kick	*pè*·neul·ti kik

football et base-ball

Le football (*soccer* aux États-Unis) est de loin le sport le plus populaire au Royaume-Uni (il trouverait d'ailleurs son origine dans l'Angleterre du XIIe siècle). Si vous êtes amateur, assistez à un match d'une équipe de petite division : même si les joueurs ne sont pas très bons, vous ne regretterez pas l'ambiance, chaleureuse et enthousiaste .

Aux États-Unis, le sport national est le base-ball (surnommé *America's pastime*, le passe-temps de l'Amérique). Il obéit à des règles complexes, quasi immuables depuis des années. Les fans défendent tous ardemment leur joueur préféré et la position qu'il occupe sur le terrain. La saison dure de l'été à fin octobre.

ski

skiing

Combien coûte le forfait ?	*How much is a pass?*	hao meutch iz eu pâs
J'aimerais louer…	*I'd like to hire …*	aïd laïk tou haï·eur …
des après-skis	*(snow) boots*	(sno) bouts
des lunettes	*goggles*	go·geulz
des bâtons de ski	*poles*	polz
des skis	*skis*	skiz
une combinaison de ski	*a ski suit*	eu ski syout

Est-ce possible	*Is it possible*	iz it po·si·beul
de faire … ici ?	*to go … here?*	tou go … hiir
du ski alpin	*Alpine skiing*	âl·païnn ski·inng
du ski de fond	*cross-country skiing*	kros·conn·tri ski·inng
du surf	*snowboarding*	sno·boor·dinng
de la luge	*tobogganing/ sledge*	teu·bo·geu·ninng/ slè·dje

Est-ce que je peux prendre des leçons ?
Can I take lessons? *kann aï téïk lè·sonnz*

De quel niveau est cette piste ?
What level is that slope? *wat lè·veul iz Zat sleop*

Quel est l'état des pistes… ?	*What are the skiing conditions like …?*	*wat âr Zeu ski·inng kon·di·chonz laïk …*
au (sommet)	*at (the top)*	at (Zeu top)
plus bas	*further down*	*fœr·Zeur daonn*
plus haut	*higher up*	*haï·yeur eup*

Quelles sont les pistes… ?	*Which are the … slopes?*	witch âr Zeu *… sleops*
pour débutants	*beginner*	bi·gi·nneur
pour skieurs de niveau moyen	*intermediate*	inn·teur·mi·diéït
pour skieurs de niveau avancé	*advanced*	eud·vannst

téléphérique	*cable car*	*kéï·beul kâr*
télésiège	*chairlift*	*tchèr·lift*
moniteur	*instructor*	inns·treuk·teur
station de ski	*resort*	ri·zoort
remonte-pente	*ski-lift*	*ski·lift*
luge	*sled/sledge*	slèd/slèdj

randonnée

Où puis-je…	*Where can I …?*	*wèr* kann aï …
acheter des provisions	*buy supplies*	baï seu·*plaïz*
me renseigner sur les sentiers à suivre	*find out about hiking trails*	faïnnd *aout* eu·baout *haï·*kinng tréïlz
trouver une carte	*get a map*	gèt eu map
louer du matériel de randonnée	*hire hiking gear*	haï·eur *haï·*kinng djiir
trouver quelqu'un qui connaît la région	*find someone who knows this area*	*faïnnd* som·wann hou noz Zis *eu·*ria
Est-ce qu'il faut apporter… ?	*Do I need to take …?*	dou *aï* niid tou téïk …
du matériel de couchage	*bedding*	*bè·*dinng
des vivres	*food*	fououd
de l'eau	*water*	*wo·*teur

Combien de kilomètres fait le chemin ?
How long is the trail?   *hao long* iz Zeu *tréïl*

A-t-on besoin d'un guide ?
Do we need a guide?   dou wi niid eu *gaïd*

Y a-t-il des randonnées organisées ?
Are there guided treks?   âr Zèèr *gaï·*deud *trèks*

Est-ce sans danger ?
Is it safe?   iz it *séïf*

Y a-t-il un abri là-bas ?
Is there a hut there?   iz Zèèr eu *heut* zèèr

À quelle heure la nuit tombe-t-elle ?
When does it get dark? — *wènn daz it gèt dârk*

Où est le village le plus proche ?
Where's the nearest village? — *wèrz Zeu nii·rèst vi·lidj*

Quel est l'itinéraire… ?	*Which is the …?*	witch iz Zeu …
le plus facile	*easiest route*	*ii·zi·eust rouout*
le plus court	*shortest route*	*chor·teust rouout*

D'où êtes-vous parti ?
Where have you come from? — *wèr hav you kom from*

Combien de temps avez-vous mis ?
How long did it take? — *hao long did it téïk*

Est-ce que ce sentier mène à… ?
Does this path go to …? — *daz Zis pâS go tou …*

Peut-on passer par ici ?
Can we go through here? — *kann wi go Strou hiir*

L'eau est-elle potable ?
Is the water OK to drink? — *iz Zeu wo·teur o·kéï tou drink*

Je suis perdu(e).
I'm lost. — *aïm lost*

plage

at the beach

Où est la plage… ?	*Where's the*	wèrz Zeu
	… beach?	… biitch
la plus proche	*nearest*	*nii·rèst*
nudiste	*nudist*	*nyou·dist*
publique	*public*	*peu·blik*
Peut-on … sans danger ?	*Is it safe to … here?*	iz it séïf tou … hiir
plonger	*dive*	daïv
nager	*swim*	swim

panneaux	
Baignade interdite !	*No Swimming!*

À quelle heure est la marée… ?	What time is … tide?	*wat* taïm iz … taïd
haute	high	haï
basse	low	leo

Combien coûte… ?	How much for … ?	*hao* meutch for …
une chaise longue	a chair	eu tchèèr
une cabine de bain	a hut	eu heut
un parasol	an umbrella	eunn eum·*brè*·la

météo

weather

Quel temps fait-il ?
What's the weather like?   wats Zeu *wè*·Zeur laïk

Où puis-je trouver les prévisions météo ?
Where can I find a weather forecast?   *wèr* kann aï faïnnd eu *wè*·Zeur *for*·kast

(Aujourd'hui)	(Today)	(tou·*déi*)
Il fait…	It's …	its …
froid	cold	koold
(très) chaud	(very) hot	(*vè*·ri) hot

Est-ce qu'il y aura du vent demain ?
Will it be windy tomorrow?   wil it bi *winn*·di tou·*mo*·ro

Il pleut.	It's raining.	its *réï*·ninng
Il neige.	It's snowing.	its *sno*·winng
Le temps est couvert.	It's cloudy.	its *klaou*·di

activités de plein air

141

faune et flore

Quel(le) est… ?	*What … is that?*	wat … iz Zat
cet animal	*animal*	*a*·ni·meul
cette fleur	*flower*	*fla*·weur
cet arbre	*tree*	trii

À quoi cela sert-il ?
What's it used for?   wats it *youzd* for

Est-ce… ?	*Is it …?*	iz it …
commun	*common*	*ko*·monn
dangereux	*dangerous*	*déïnn*·djreus
menacé de disparition	*endangered*	ènn·*dènn*·djeurd
protégé	*protected*	pro·*tèk*·teud

Voir le **dictionnaire** pour plus de termes sur la nature et les animaux.

Le petit-déjeuner anglo-saxon, ou *breakfast* brèk·feust, traditionnellement composé d'œufs et de bacon frits, de pommes de terre, de tomates sautées et de pain de mie grillé, s'est adapté aux nouvelles habitudes alimentaires et aux modes de vie plus rapides. Il peut comprendre aujourd'hui des mets salés, des céréales ou de classiques toasts à la confiture (et au beurre de cacahouète aux États-Unis).

À midi, le déjeuner, ou *lunch* leunnch, souvent pris sur le pouce, se limite généralement à un sandwich ou à une salade composée. Le repas du soir, le *dinner* di·neur, est généralement le plus important de la journée et s'organise autour de plusieurs plats.

vocabulaire de base

key language

petit-déjeuner	*breakfast*	brèk·feust
déjeuner	*lunch*	leunnch
dîner	*dinner*	di·neur
casse-croûte	*snack*	snak
manger	*eat*	iit
boire	*drink*	drink
Je voudrais…	*I'd like …*	aïd *laïk* …
Je meurs de faim !	*I'm starving!*	aïm *stâr*·vinng

où se restaurer

finding a place to eat

Pouvez-vous	*Can you*	kann you
me conseiller… ?	*recommend a …?*	rè·ko·*mènnd* eu
un bar	*bar*	bâr
un café	*cafe*	ka·fè
un restaurant	*restaurant*	rès·trant

Où peut-on aller pour un repas de fête ?
Where would you go for a celebration?
wèr woud you *go* for eu *sè·lè·brëï·chonn*

Où peut-on aller pour… ?	*Where would you go for …?*	wèr woud you *go* for …
un repas bon marché	*a cheap meal*	eu tchiip miil
des spécialités locales	*local specialities*	*leu·*keul spè·*chia·*li·tiz

Je voudrais, s'il vous plaît, réserver une table pour…	*I'd like to book a table for …*	aïd laïk tou bouk eu *tëï·*beul for …
(20h)	*(8) o'clock*	(éït) o·*klok*
(2) personnes	*(2) people*	(tou) *pi·*peul

Je voudrais…, s'il vous plaît.	*I'd like …, please.*	aïd *laïk* … pliiz
une table pour (5) personnes	*a table for (5)*	eu *tëï·*beul for (faïv)
une table dans l'espace fumeur/ non-fumeur	*a table in the smoking/ non-smoking area*	eu *tëï·*beul inn Zeu *smo·*kinng/ *nonn·*smo·kinng è·ri·eu
la carte des vins	*the wine list*	Zeu *waïnn* list

Avez-vous… ?	*Do you have …?*	dou you *hav* …
un menu enfants	*children's meals*	*tchil·*dreunnz miilz
une carte en français	*a menu in French*	eu *meu·*nyou inn *frènch*

Peut-on encore commander ?
Are you still serving food?
âr you stiil seur·vinng *foud*

Combien de temps faut-il attendre ?
How long is the wait?
hao long iz Zeu wéït

au restaurant

Puis-je voir la carte, s'il vous plaît ?
Can I see the menu, please?   kann aï sii Zeu *me*·nyou pliiz

Que me conseillez-vous ?
What would you   wat woud you
recommend?   rè·ko·*mènnd*

Je prendrai la même chose qu'eux.
I'll have what they're having.   al hav wat *Zéïr* ha·vinng

Qu'y a-t-il dans ce plat ?
What's in that dish?   wats inn Zat *dich*

---

expressions courantes

wir fou·li *boukt*
We're fully booked.   **Nous sommes complets.**

wi hav no *téï*·beulz
We have no tables.   **Nous n'avons plus de tables.**

wèr woud you laïk tou siit
Where would you like to sit?   **Où souhaitez-vous vous asseoir ?**

wir *klosd*
We're closed.   **C'est fermé.**

wann *mo*·mènnt
One moment.   **Un moment.**

wat kann aï *gèt* for you
What can I get for you?   **Vous désirez ?**

woud you laïk eu *drink* waïl you wéït
Would you like a drink while you wait?   **Souhaitez-vous boire un verre en attendant ?**

Here you go!   **Voilà !**

Est-ce long à préparer ?
Does it take long to prepare?   daz it téïk long tou pri·pèr

Est-ce qu'on se sert soi-même ?
Is it self-serve?   iz it *sèlf*·seurv

Le service est-il compris ?
Is service included in   iz *seur*·vis inn·klou·did inn
the bill?   Zeu *bil*

Est-ce que c'est gratuit ?
Are these free?   âr Ziiz frii

C'est juste pour boire un verre.
We're just having a drink.   wir djeust ha·vinng eu *drink*

Je voudrais…	*I'd like …*	aïd *laïk* …
une spécialité	*a local*	eu *leu*·keul
locale	*speciality*	spè·*chia*·li·ti
un repas digne	*a meal fit for*	eu miil *fit* for
d'un roi	*a king*	eu kinng

à table

Apportez-moi…,	*Please bring …*	pliiz brinng …
s'il vous plaît.		
l'addition	*the bill*	Zeu bil
un verre (à vin)	*a (wine) glass*	eu (*waïn*) glâs
des cure-dents	*toothpicks*	*touS*·piks

---

expressions courantes

dou you *laïk*…
Do you like …?   **Aimez-vous… ?**

hao woud you laïk Zat coukt
How would you like   **Quelle cuisson ?**
that cooked?

aï seug·*djèst*…
I suggest …   **Je vous conseille…**

parler gastronomie

J'adore ce plat.
I love this dish.

aï *lov* Zis dich

Nous adorons la cuisine locale.
We love the local cuisine.

wi lov Zeu *leu*-keul kui-*ziinn*

C'était délicieux !
That was delicious!

Zat woz dè-*li*-chieus

Mes compliments au chef.
My compliments to the chef.

maï *kom*-pli-mènnts tou
Zeu chèf

Je n'ai plus faim.
I'm full.

aïm foul

C'est...   *This is ...*   Zis iz ...
  brûlé   *burnt*   beurnt
  (trop) froid   *(too) cold*   (tou) koold
  superbe   *superb*   *sou*-pœrb

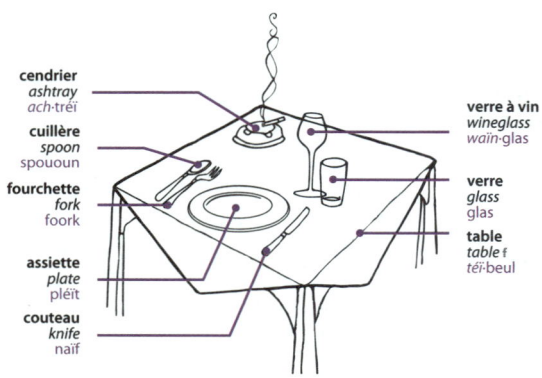

cendrier
ashtray
ach·tréï

cuillère
spoon
spououn

fourchette
fork
foork

assiette
plate
pléït

couteau
knife
naïf

verre à vin
wineglass
waïn-glas

verre
glass
glas

table
table f
téï-beul

> petit-déjeuner

bacon	*bacon*	*béï*·konn
pain	*bread*	brèd
beurre	*butter*	*beu*·teur
céréales	*cereal*	*si*·ri·eul
fromage	*cheese*	tchiiz
cornflakes	*cornflakes*	*koorn*·fléïks
œuf…	*… egg*	*… èg*
au plat	*fried*	fraïd
brouillé	*scrambled*	*skram*·beuld
dur	*hard-boiled*	hard-*boïld*
confiture	*jam*	djam
margarine	*margarine*	*mâ*·djeu·rinn

lait	*milk*	milk
muesli	*muesli*	*mjouz*·li
omelette	*omelette*	*oom*·lit
(au fromage)	*(with cheese)*	(wiZ tchiiz)
pain grillé	*toast*	teost

> en-cas

Comment ça s'appelle ?
What's that called?   wats Zat *koold*

Je voudrais…,	*I'd like …, please.*	aïd *laïk* … pliiz
s'il vous plaît.		
un morceau	*one slice*	wann slaïs
(de pizza)	*(of pizza)*	(of *pii*·tseu)
un sandwich	*a sandwich*	eu *sann*·witch
ça	*that one*	*Zat* wann

cuissons et préparations

Je l'aimerais…	I'd like it …	aïd *laïk* it …
Je ne le veux pas…	I don't want it …	aï *dont* want it …
à la vapeur	steamed	stiimd
à point	medium	*mi*-di-eum
avec la sauce	with the dressing	wiZ Zeu *drè*-sinng
à part	on the side	onn Zeu *saïd*
bien cuit	well-done	wèl·*donn*
bouilli	boiled	boïld
en purée	mashed	*ma*-cht
frit	fried	fraïd
grillé	grilled/broiled (USA)	grild/broïld
réchauffé	re-heated	ri·*hii*·teud
saignant	rare	rëïr
sans sauce	without dressing/ sauce	wiZ·*aout drè*·sinng/ *soos*

sur la carte

appetizers	*a*·pi·taï·zeurz	amuse-gueule
soups	soups	soupes
entrees	an·*tréïz*	entrées
salads	*sa*·ladz	salades
main course	méïnn *kours*	plat principal
desserts	di·*sœrts*	desserts
aperitifs	eu·pè·reu·*tiifs*	apéritifs
spirits	*spi*·rits	alcools forts
beers	biirz	bières
sparkling wines	*spâr*·klinng waïnz	vins mousseux
white wines	*waït* waïnz	vins blancs
red wines	*rèd* waïnz	vins rouges
dessert wines	di·*sœrt* waïnz	vins doux

Pour plus de vocabulaire sur la cuisine, reportez-vous au **lexique culinaire**, p. 163.

se restaurer

condiments

Je voudrais…, s'il vous plaît.	I'd like …, please.	aïd laïk … pliiz
du ketchup	ketchup	kèt·cheup
du poivre	pepper	pè·peur
du sel	salt	soolt
de la sauce tomate	tomato sauce	teu·ma·teo soos
du vinaigre	vinegar	vi·ni·geur

Voir également le dictionnaire pour plus de vocabulaire.

au bar

Excusez-moi.	Excuse me.	ek·skyouz·mi
C'est mon tour.	I'm next.	aïm nèkst
J'aimerais (un gin).	I'll have (a gin).	al hav (eu djiin)

La même chose, s'il vous plaît.
Same again, please.
séïm eu·géïn pliiz

Pas de glaçons, merci.
No ice thanks.
no aïs Sanks

Je vous offre un verre.
I'll buy you a drink.
al baï you eu drink

Qu'est-ce que vous voulez ?
What would you like?
wat woud you laïk

C'est ma tournée.
It's my round.
its maï raond

Vous commanderez la prochaine.
You can get the next one
you kann gèt Zeu nèkst wann

Ça fait combien ?
How much is that?
hao meutch iz Zat

Servez-vous des repas ici ?
Do you serve meals here?
dou you sœrv miilz hiir

boissons non alcoolisées

nonalcoholic drinks

eau minérale…	… mineral water	… mi·nè·reul wo·teur
gazeuse	sparkling	spâr·klinng
plate	still	stil
jus d'orange	orange juice	o·rindj djous
boisson	soft drink	soft drink
sans alcool		
eau (chaude)	(hot) water	(hot) wo·teur

une tasse de…	a cup of …	eu keup of …
thé	tea	tii
café	coffee	ko·fi
café noir	black coffee	blak ko·fi
café…	coffee …	ko·fi
au lait	with milk	wiZ milk
sucré	with sugar	wiZ chou·geur
sans sucre	without sugar	wiZaout chou·geur

boissons alcoolisées

alcoholic drinks

bière	beer	biir
cognac	brandy	bran·di
champagne	champagne	chan·péïnn
cocktail	cocktail	kook·téïl

un petit verre de…	a shot of …	eu chot of …
gin	gin	djiin
rhum	rum	reum
tequila	tequila	teu·ki·leu
vodka	vodka	vood·keu
whisky	whisky	wis·ki

une bouteille de vin…	a bottle of … wine	eu bo·teul of … waïn
un verre de vin…	a glass of … wine	eu glas of … waïn
doux	dessert	di·sœrt
rouge	red	rèd
rosé	rosé	reo·zéï
mousseux	sparkling	spâr·klinng
de table	table	téï·beul
blanc	white	waït

un(e) … de bière	a … of beer	eu … of biir
verre	glass	glâs
demi	pint	païnnt
petite bouteille	small bottle	smool bo·teul
grande bouteille	large bottle	lârdj bo·teul

un verre de trop !

one too many?

Je n'en ai pas envie, merci.
Thanks, but I don't feel like it.   sanks beut aï dont *fiil* laïk it

Je ne bois pas d'alcool.
I don't drink alcohol.   aï dont *drink* al·keu·hol

C'est justement ce qu'il me faut !
This is hitting the spot.   ziz iz hi·*tinng* zeu spot

Je suis fatigué, je ferais mieux de rentrer.
I'm tired, I'd better go   aïm *taï*·reud aïd bè·teur go
home.   hom

Où sont les toilettes ?
Where's the toilets (GB)/   wèrz zeu *toï·*lèts/
bathroom (USA)?   *baS·*roum

J'ai trop bu.
I'm feeling drunk.   aïm fii·linng *dreunk*

Je me sens vachement bien !
I feel fantastic!   aï fiil fann·*tas·*tik

Je t'aime vraiment beaucoup.
I really, really love you.   aï *rii·*li *rii·*li lov you

C'est moi qui dis ça, ce n'est pas l'alcool !
No, it isn't the alcohol talking.   neo it·*i·*zeunt Zi al·keu·*hol*
     *too·*kinng

Je pense que j'ai un peu trop bu.
I think I've had   aï Sink aïv had
one too many.   wann *tou* mè·ni

Pouvez-vous m'appeler un taxi ?
Can you call a taxi for me?   kann you kool eu *tak·si* for mi

Je ne pense pas que vous soyez en état de conduire.
I don't think   aï *donnt* Sink
you should drive.   you choud *draïv*

à la vôtre !

Santé !	*Cheers!*	tchiirz
Au chef !	*To the chef!*	tou Zeu *chèf*
À tout le monde !		
	Here's to everyone!	hiirz tou è·vri·wann
À la Grande-Bretagne !		
	Here's to Great-Britain!	hiirz tou *grèt·*bri·téïn
Encore un coup !	*Have another!*	hav eu·no·*Zeur*
Cul sec !	*Bottoms up!*	botomz *eup*

Je suis bourré.
I'm pissed.   aïm pist

Je ne me sens pas bien.
I feel ill.   aï fiil il

Peut-être qu'un Bloody Mary me ferait du bien.
Maybe a Bloody Mary   méï·bi eu *bleu*·di mèri
will make me feel better.   wil méïk mi fiil bè·teur

vocabulaire de base

cuit(e)	*cooked*	coukt
sec/sèche	*dried*	draïd
frais/fraîche	*fresh*	frèch
surgelé(e)	*frozen*	fro·zeunn
vieux/vieille	*old*	old
cru(e)	*raw*	reo
rassis(e)	*stale*	stéïl

faire les courses

Combien coûte un (kilo de fromage) ?
How much is a (kilo of cheese)? hao meutch iz eu(ki·lo of tchiiz)

Quelle est la spécialité locale ?
What's the local speciality? wats Zeu leu·keul spè·chia·li·ti

Qu'est-ce que c'est ?
What's that? wats Zat

Puis-je goûter ?
Can I taste it? kann aï téïst it

---

les bagels new-yorkais

Inventés en Europe, les *bagels béï·*geulz, anneaux de pâte levée, bouillis, puis cuits au four, parfois saupoudrés de graines de sésame ou d'oignons séchés, sont devenus une spécialité new-yorkaise au XIXe siècle. Ils servent aujourd'hui de base à des sandwichs de toutes sortes, salés ou sucrés. Les New Yorkais commandent traditionnellement : *"a bagel and schmear"* eu *béï·*geul annd chmiir, c'est-à-dire un *bagel* recouvert d'une épaisse couche de fromage à tartiner.

Combien ?	*How much?*	*hao* meutch
Je voudrais…	*I'd like …*	aïd *laïk* …
(200) grammes	*(200) grams*	(tou *heun·*drèd) gramz
(2) kilos	*(2) kilos*	(tou) *ki·*loz
(3) morceaux	*(3) pieces*	(Srii) *pii·*seuz
(6) tranches	*(6) slices*	(siks) *slaï·*seuz
un peu de cela	*some of that/ those* **sg/pl**	som of *Zat/Zouz*

Est-ce que vous avez… ?	*Do you have …?*	dou you hav …
quelque chose	*anything*	*è·*ni·Sinng
de moins cher	*cheaper*	*tchii·*peur
autre chose	*other kinds*	*o·*Zeur kaïnndz

À TABLE

Où se trouve le rayon… ?	Where can I find the … section?	*wèr* kann aï faïnnd Zeu … *sèk*-chonn
des produits laitiers	*dairy*	*déï*-ri
des surgelés	*frozen goods*	*fro*-zeunn goudz
des fruits et légumes	*fruit and vegetable*	frout annd *vè*-djè-téï-beul
boucherie	*meat*	miit
volaille	*poultry*	*pol*-tri

Puis-je avoir un sac, s'il vous plaît ?
Can I have a bag, please? kann aï hav eu *bag* pliiz

ustensiles de cuisine

cooking utensils

assiette	*plate*	pléït
bol	*bowl*	bool
casserole	*saucepan*	*sos*-pann
couteau	*knife*	naïf
cuillère	*spoon*	spououn
four	*oven*	*o*-veunn
fourchette	*fork*	foork
grille-pain	*toaster*	*tos*-teur
ouvre-bouteilles	*bottle opener*	*bo*-teul *o*-peu-neur
ouvre-boîtes	*can opener*	kann *o*-peu-neur
planche à découper	*chopping board*	*tcho*-pinng boord
poêle à frire	*frying pan*	*fraï*-innng pann
réfrigérateur	*fridge*	fridj
tire-bouchon	*corkscrew*	*coork*-skrou

Le pub est l'endroit de prédilection pour découvrir la tradition culinaire anglaise, avec les *bangers and mash* ban-geurz annd mach (saucisses purée et jus de viande), les différentes tourtes (*pie*, paï), le *Shepherd's pie* chèp-heurdz paï (agneau émincé avec des oignons et de la purée de pommes de terre) et le *ploughman's lunch* (plao-manz leunch), le "repas du laboureur", une assiette composée d'épaisses tranches de pain, de chutney, d'oignons macérés au vin, de cheddar ou de fromage du Cheshire.

Le plus *british* des plats reste toutefois le fameux *fish and chips* fich annd chips, composé de morue, de carrelet ou d'églefin frits, accompagné de frites arrosées de vinaigre de malt et saupoudrées de sel (et autrefois emballés dans du papier journal !). Des chaînes menacent les stands traditionnels, mais vous devriez encore parvenir à dénicher quelques spécimens authentiques.

commander

Y a-t-il un restaurant … près d'ici ?
Is there a … restaurant near here?
iz *zèèr* eu … *rèst*·rant niir hiir

Faites-vous de la cuisine… ?
Do you have … food?
dou you hav … *foud*

Avez-vous des plats (végétariens) ?
Do you have (vegetarian) plates?
dou you hav (vè·djè·*teu*·rieunn) *plèïts*

halal	*halal*	ha·*lal*
casher	*kosher*	ko·*cheur*
végétarienne	*vegetarian*	vè·djè·*teu*·rieunn

Puis-je commander ce plat sans… ?
Can I order this without … in it?
kann aï *oor*·deur Zis wiZ·aout … inn it

Pouvez-vous préparer un repas sans… ?
Could you prepare a meal without …?
koud you pri·*pèr* eu miil wiZ·aout

beurre	*butter*	*beu*·teur
bouillon de viande	*meat stock*	*miit* stok
œufs	*eggs*	ègz
viande	*meat*	miit

expressions courantes

it haz *miit* inn it
It has meat in it.
C'est cuisiné avec de la viande.

kann you iit…?
Can you eat …?
Est-ce que vous mangez… ?

al tchèk wiz Zeu *couk/chèf*
I'll check with the cook/chef.
Je vais demander au cuisinier/chef.

Est-ce un produit… ?	Is this …?	iz Zis …
sans matières animales	free of animal products	frii of *a*·ni·meul *pro*·deukts
de la ferme	free-range	*fri*·rèndj
génétiquement modifié	genetically modified	djè·*nè*·ti·kli *mo*·di·faïd
sans gluten	gluten-free	*glou*·teunn·frii
halal	halal	ha·*lal*
kasher	kosher	*ko*·cheur
pauvre en sucre	low in sugar	loo inn *chou*·geur
allégé	low-fat	loo·*fat*
bio	organic	or·*ga*·nik
sans sel	salt-free	*solt*·frii

allergies et régimes spéciaux

special diets & allergies

Je suis…	I'm …	aïm …
bouddhiste	Buddhist	*bou*·dist
hindouiste	Hindu	*hinn*·dou
juif/juive	Jewish	*djou*·wich
musulman(e)	Muslim	*meus*·lim
végétalien(ne)	vegan	*vè*·gann
végétarien(ne)	vegetarian	vè·djè·*teu*·rieunn

Je suis allergique	I'm allergic	aïm a·*leur*·djik
à/au/aux…	to …	tou …
aliments	genetically	djè·*nè*·ti·kli
génétiquement	modified food	mo·di·faïd foud
modifiés		
cacahouètes	peanuts	*pi*·neuts
la caféine	caffeine	*ka*·fiinn
crustacés	shellfish	*chèl*·fich
la farine de blé	wheat flour	wiit *fla*·or
fruits de mer	seafood	*sii*·foud
la gélatine	gelatin	djè·la·teunn
glutamate	MSG	èm·ès·dji
gluten	gluten	*glou*·teunn
matières	animal	*a*·ni·meul
animales	products	*pro*·deukts
miel	honey	*ho*·nè
noix	walnuts	*wol* neuts
œufs	eggs	ègs
poisson	fish	fich
porc	pork	poork
produits laitiers	dairy products	*déï*·ri *pro*·deukts
la viande rouge	red meat	rèd miit
la volaille	poultry	*pol*·tri

Je ne mange/bois pas…
I don't eat/drink …   aï dont iit/drink …

Je suis un régime.
I'm on a special diet.   aïm onn eu spè·cheul *daï*·eut

Je n'en mange	I can't eat it	aï kant iit it
pas…	for …	for …
pour des raisons	health reasons	hèlS ri·zeunnz
de santé		
pour des raisons	philosophical	fi·lo·so·fi·keul
philosophiques	reasons	ri·zeunnz
à cause de	religious reasons	ri·*li*·djous
ma religion		ri·zeunnz

pudding à toutes les sauces !

Le mot *pudding* *pou*·dinng peut s'appliquer à un gâteau bien roboratif (à la crème par exemple), mais aussi à une crêpe, voire à tout autre chose...! Ainsi, ne vous étonnez pas de découvrir du boudin noir dans votre assiette si vous avez commandé du *black pudding* blak *pou*·dinng au petit-déjeuner. Le *plum pudding* pleum *pou*·dinng ou *Christmas pudding* kris·meus *pou*·dinng est un gros gâteau en forme de dôme préparé à la période de Noël, avec fruits secs et noix, et parfois du rhum ou du cognac. Le *Yorkshire pudding* york·cheur *pou*·dinng ressemble à une crêpe cuite au four. Arrosée de jus de viande, elle accompagne le plat principal. Enfin, au pluriel, le terme *puddings*, sur une carte, peut désigner les desserts en général.

Ce miniguide recense les plats et les ingrédients les plus courants de la cuisine anglo-saxonne. Ils sont classés par ordre alphabétique et par thème. Par exemple, pour trouver ce que signifie *hot chocolate* hot *tcho*·kleut (chocolat chaud), vous pourrez chercher soit à *chocolate*, soit à *hot*. Ce lexique vous aidera à comprendre le nom des plats qui vous seront proposés, et à exprimer vos propres envies.

L'origine de certaines spécialités régionales est indiquée comme suit :

Aus – Australie
GB – Grande-Bretagne
USA – États-Unis

A

alcohol al·ko·hol *alcool*
all inclusive price ool inn·*klou*·ziv praïs *tout compris*
allspice ol·spaïs *piment de la Jamaïque*
almond *ál*·mènd *amande*
anchovy *ènnt*·cho·vi *anchois*
appetiser a·pi·*taï*·zeur *amuse-gueule, hors-d'œuvre*
apple *a*·peul *pomme*
apricot *éï*·pri·kot *abricot*
artichoke *ár*·ti·tchok *artichaut*
asparagus eu·*spa*·reu·geus *asperge*
assorted eu·*soor*·teud *varié(e)*
avocado à·vo·*ka*·do *avocat*

B

bacon *béï*·konn *bacon, lard*
  lean — liin *béï*·konn *lard maigre*
  smoked — smookt *béï*·konn *lard fumé*
bacon cube *béï*·konn kyoub *lardon*
bagel *béï*·geul *anneau de pain utilisé pour les sandwichs, typiquement américain* **(USA)**
baked *béï*·kd *cuit(e) au four*
baked ham béïkt ham *jambon chaud*
bakery *béï*·keu·ri *boulangerie*
banana ba·*na*·na *banane*
bangers and mash *ban*·geurs annd mach *saucisses-purée, plat typique des pubs britanniques* **(GB)**

bap bap *gros pain rond*
barbie (BBQ) *bâr*·bi (bi bi kyu) *barbecue de viande accompagné de salade coleslaw, de salade de pommes de terre et de bière* **(USA et Aus)**
barley *bâr*·lè *orge*
basil *ba*·zeul *basilic*
basket of assorted fruits *bas*·kèt of eu·*soor*·teud fruts *corbeille de fruits*
bean biin *haricot*
  French — frènch biin *haricot vert*
  green — griin biin *haricot vert*
  kidney — *kid*·nè biin *haricot sec*
  red kidney — rèd *kid*·nè biin *haricot rouge*
  string — strinng biin *haricot vert*
beef biif *bœuf*
  corned — kornd biif *bœuf en conserve*
  — **roll** biif rol *sorte de boulette de bœuf et de jambon*
  — **Wellington** biif wè·ling·tonnn *filet de bœuf (souvent flambé au cognac) recouvert d'un mélange de champignons et de pâté de foie et cuit dans une pâte feuilletée*
beer biir *bière*
  bottled — *bo*·teuld biir *bière en bouteille*
  draft (draught) — draft biir *bière pression*
  — **on draft (draught)** biir onn draft *bière pression*
  — **on tap** biir onn tap *bière pression*

beetroot *bi*-trout *betterave*

beverage *bév*-ridj *boisson*

bialy *bi*-â-li *sorte de bagel sans trou que l'on trouve uniquement à New York (USA)*

bill *bil addition*

biscuit *bis*-keut *gâteau sec (sucré ou salé)*

black *blak noir(e)*

blackberry *blak*-bè-ri *mûre*

blackcurrant *blak-keu*-rènnt *cassis*

black pudding *blak pou*-dinng *boudin noir*

blewit *bleu*-wit *pied-bleu (champignon des prés)*

blintze *blinn*-tseu *sorte de crêpe fourrée à la viande, aux pommes de terre et au fromage ou aux fruits, mot d'origine yiddish*

blood *bleud sang*

BLT *bi è li "bacon, lettuce, tomato", sandwich typiquement américain composé de bacon, salade et tomate dans un pain rond, avec de la mayonnaise (USA)*

blueberry *blou*-bè-ri *myrtille*

boar *boor sanglier*

young — *yong boor marcassin*

bone *boonn os*

bottle *bo*-teul *bouteille*

bottled beer *bo*-teuld *biir bière en bouteille*

bun *beun pain individuel (généralement rond)*

brain *brëïnn cervelle*

brandy *brènn*-di *cognac*

brazil nut *breu*-zil *neut noix du Brésil*

bread *brèd pain*

soda — *soo*-deu *brèd pain complet irlandais*

breaded *brè*-deud *pané(e)*

breast meat *brèst miit blanc, filet (volaille)*

bring your own (BYO) *brinng your onn (bii waï oo) restaurant où l'on apporte ses propres boissons alcoolisées (Aus)*

broad bean *brod biin fève*

broccoli *bro*-keu-li *brocoli*

broth *brooS bouillon*

brownie *brao*-ni *petit gâteau rectangulaire au chocolat et aux noisettes*

Brussels sprout *breu*-sèlz *spra-out chou de Bruxelles*

bulgur wheat *beul*-geur *wiit boulgour*

butcher's shop *bou*-tcheurz *chop boucherie*

butter *beu*-teur *beurre*

button mushroom *beu*-tonn *meuch-roum champignon de Paris*

BYO (bring your own) *bii waï oo (brinng your onn) restaurant où l'on apporte ses propres boissons alcoolisées (Aus)*

C

cabbage *ka*-bidj *chou*

red — *rèd ka*-bidj *chou rouge*

Caesar salad *sii*-zeur *sa*-lad *salade verte avec poulet grillé et croûtons, assaisonnée d'une vinaigrette à l'ail*

cafe *ka*-fè *café (le lieu)*

cake *kéïk gâteau*

candied fruit *kènn*-did *frout fruit confit*

candy *kan*-di *bonbon (USA)*

caper *kéï*-peur *câpre*

capsicum *kap*-si-keum *poivron*

carott *ka*-rot *carotte*

carp *kârp carpe*

carpetbag steak *câr*-pèt-bag *stèk filet de bœuf farci aux huîtres, enroulé dans du bacon et accompagné d'une sauce aux champignons, plat traditionnel australien (Sydney) (Aus)*

cashew nut *kâ*-chou *neut noix de cajou*

cauliflower *ko*-li-fla-weur *chou-fleur*

celery *sè*-leu-ri *céleri*

chamomile tea *ka*-mo-maïl *tii tisane à la camomille*

check *tchèk addition*

cheek *tchiik joue*

cheese *tchiiz fromage*

cottage — *ko*-tèdj *tchiiz fromage frais, grumeleux et crémeux, légèrement salé*

cream — *criim tchiiz fromage blanc*

cheese board *tchiiz* boord *plateau de fromages*

cheesecake *tchiiz·këïk* *gâteau au fromage blanc*

cheese shop *tchiiz* chop *fromagerie, crémerie*

cherry *tchè·ri* *cerise*

chestnut *tchès·neut* *châtaigne*

chicken *tchi·keunn* *poulet*
  — fried steak *tchi·keunn fraïd stèk steak pané et frit, servi avec une sauce blanche, spécialité typiquement texane* (USA)

chickpea *chik·pi* *pois chiche*

chicory *chi·cori* *chicorée, endive*

chiko roll *tchi·ko rol* *version australienne du rouleau de printemps, garni d'ingrédients divers (aux goûts parfois étranges !) et enveloppé dans une sorte de galette de farine épaisse et frite, vendu dans les boutiques de vente à emporter* (Aus)

chili *tchi·li* *piment*

chilled *tchild* *frappé(e)*

chips *tchips* *frites*

chocolate *tcho·kleut* *chocolat*
  hot — hot *tcho·kleut* *chocolat chaud*

chop *tchop* *côte*

chopped *tchopt* *haché(e)*

chopstick *tchop·stik* *baguette*

chowder *cho·da* *casserole de fruits de mer et de légumes*

Christmas pudding *kris·meus pou·dinng* *gâteau de Noël, avec des raisins secs et des fruits confits, préparé traditionnellement un à deux mois à l'avance*

chutney *cheut·nëï* *condiment d'origine indienne à base de divers fruits et légumes confits dans du vinaigre et du sucre*

cider *saï·deur* *cidre*

cinnamon *si·neu·monn* *cannelle*

clam *klam* *clam*

clotted cream *klo·teud kriim* *crème épaisse*

cobbler *kâ·bleur* *tarte ou tourte sucrée, souvent aux fruits* (USA)

cockerel *ko·keu·reul* *coq*
  young — yong *ko·keu·reul* *coquelet*

cockle *ko·keul* *coque*

cocktail snack *kok·tëïl* snak *amuse-gueules*

cod *kod* *cabillaud, morue*

cocoa *ko·ko* *cacao*

coconut *ko·keu·neut* *noix de coco*

coffee *ko·fi* *café (la boisson)*

cold *kold* *froid*

cold meat *kold* miit *viande froide*

coleslaw *kool·slo* *salade de chou blanc et de carottes rapés, à la mayonnaise*

cook (to) *kouk* (tou) *cuire*

cooked *koukt* *cuit(e)*

cookie *kou·ki* *biscuit*

cooking *kou·kinng* *cuisine (préparation)*

corn *koorn* *maïs*

corned beef *kornd* biif *bœuf en conserve*

Cornish pasty *kor·nich pas·ti* *chausson garni de bœuf haché, d'agneau, de pommes de terre, d'oignons et de légumes*

cottage cheese *ko·tèdj* tchiiz *fromage frais, grumeleux et crémeux, légèrement salé*

courgette *cour·jèt* *courgette*

cow *ka·oo* *vache*

crab *krâb* *crabe*

cracker *kra·keur* *petit gâteau sec*
  cream — krim *kra·keur* *cracker non salé*

cranberry *krann·bè·ri* *canneberge (baie rouge acidulée)*

crayfish *krëï·fich* *écrevisse*

cream *kriim* *crème*
  clotted — *klo·teud* kriim *crème épaisse*
  — cheese criim tchiiz *fromage blanc*
  — cracker krim *kra·keur* *cracker non salé*
  — tea criim tii *thé servi en fin d'après-midi avec des toasts ou des scones, de la crème et de la confiture, également appelé "Devonshire tea"*
  double — *deu·beul* kriim *crème épaisse (double)*
  ice — aïs kriim *crème glacée*

salad — *sa*-lad kriim *sauce de salade*

single — *sinn*-geul kriim *crème allégée*

sour — *sa*-weur kriim *crème légèrement aigre*

whipped — wipt kriim *crème fouettée*

creamy yoghurt *kri*-mi yoo-gueurt *yaourt brassé*

crisps krisps *chips*

crumpet *kreum*-peut *petit pain rond et plat alvéolé, généralement toasté et servi au petit-déjeuner ou avec le thé*

cucumber *kyu*-kom-beur *concombre*

custard *keus*-teurd *crème anglaise*

cutlet *kœt*-leut *côtelette*

cuttlefish *keu*-teul-fich *seiche*

D

dab dab *limande*

date dèït *datte*

deer diir *cerf*

delicatessen de-li-ka-tè-seunn *traiteur*

dessert wine di-zœrt waïnn *vin doux*

Devonshire tea *dè*-vonn-cheur tii *autre nom du "cream tea", thé servi en fin d'après-midi avec des toasts ou des scones, de la crème et de la confiture*

digestive daï-djès-tiv *digestif*

dill dil *aneth*

dish dich *plat (contenant et contenu)*

double cream *deu*-beul kriim *crème épaisse (double)*

doughnut *do*-neut *beignet (sucré)*

draft (draught) beer draft biir *bière pression*

dried draïd *séché(e)*

dried meat draïd miit *viande séchée*

drink drink *boisson*

soft — soft drink *boisson non alcoolisée*

dry draï *sec/sèche*

dry wine draï waïnn *vin sec*

Dublin Bay prawn *deu*-blinn-béï proon *langoustine*

duck deuk *canard*

dumpling *deum*-plinng *boulette de pâte salée (en accompagnement d'une viande en sauce) ou sucrée (fourrée aux fruits)*

E

ear iir *oreille*

eel iil *anguille*

egg èg *œuf*

— cream èg crim *boisson new-yorkaise à base de lait, d'eau de Seltz et de sirop de chocolat (USA)*

fried — fraïd èg *œuf au plat*

hard-boiled — *hard*-boïld èg *œuf dur*

scrambled — *skram*-beuld èg *œuf brouillé*

soft-boiled — *soft*-boïld èg *œuf à la coque*

eggnog *èg*-nog *boisson fraîche, typique de Noël, à base de lait ou de crème, d'œufs battus, de sucre, de noix de muscade et d'alcool (rhum, cognac ou whisky)*

eggplant *èg*-plant *aubergine*

ewe you *brebis*

extra dry *èk*-stra draï *brut*

F

fat fat *graisse*

fennel *fè*-neul *fenouil*

fig fig *figue*

fillet fi-lèt *filet (viande ou poisson)*

fish fich *poisson*

freshwater — *frèch*-wo-teur fich *poisson d'eau douce*

saltwater — solt-wo-teur fich *poisson de mer*

fish shop fich chop *poissonnerie*

flake fléïk *requin en Australie, les "fish and chips" y sont généralement composés de ce poisson (Aus)*

flank steak flank stèk *bavette*

foot fout *pied*

forcemeat *fors*-miit *farce (à base de viande)*

fork foork *fourchette*

fowl faol *volaille*

frankfurter *frank·feur·teur saucisse de Francfort*

French bean *frènch biin haricot vert*

French fries *frènnch fraïz frites*

fresh *frèch frais/fraîche*

fresh orange juice *frèch o·rèndj djous jus d'orange pressée*

freshwater fish *frèch·wo·teur fich poisson d'eau douce*

fried *fraïd frit(e)*

fried egg *fraïd èg œuf au plat*

frog *frog grenouille*

frogs' legs *frogz lègz cuisses de grenouille*

fruit *frout fruit*

    candied — *kènn·did frout fruit confit*

    glazed — *glèïzd frout fruit glacé*

fudge *feudj sorte de caramel mou (USA)*

G

game *géïm gibier*

    — in season *géïm inn sii·zeunn gibier en saison*

gammon *gâ·meunn steak de jambon*

garlic *gâr·lik ail*

garnished *gâr·nicht garni(e)*

gherkin *guer·kinn cornichon*

giblets *dji·blits abats*

ginger *djin·geur gingembre*

glazed *glèïzd glacé(e)*

glazed fruit *glèïzd frout fruit glacé*

goat *gheot chèvre*

goose *gous oie*

gooseberry *gouz·bè·ri groseille à maquereau*

grain *grèïn céréale*

grape *grèïp raisin*

grapefruit *grèp·frout pamplemousse*

gravy *grèï·vi sauce, jus de viande*

grease *griis graisse*

green bean *griin biin haricot vert*

green salad *griin sa·leud salade verte*

grilled *grild grillé(e)*

grouse *gra·ous coq de bruyère*

guinea fowl *gui·nè fool pintade*

H

haggis *ha·gis panse de brebis farcie (abats et mélange d'épices), plat national écossais*

half *hâf demi*

half pint *hâf païnnt demi-pinte*

ham *ham jambon*

    baked — *béïkt ham jambon chaud*

    raw — *roo ham jambon cru*

hard-boiled egg *hard·boïld èg œuf dur*

hare *hèr lièvre*

    jugged — *djeugd hèr civet de lièvre*

haunch *hanch gigue, gigot*

hazelnut *hèï·zeul·neut noix*

head *hèd tête*

heart *hàrt cœur*

herb *eurb herbe*

herbal tea *heur·beul tii infusion, tisane*

herring *hè·rinng hareng*

    smoked — *smookt hè·rinng hareng fumé*

high tea *haï tii thé servi l'après-midi avec des scones, des gâteaux et des sandwichs, tradition écossaise*

home-made *hom·méïd (fait) maison*

honey *heu·néï miel*

horse *hors cheval*

horseradish *hors·ra·dich raifort*

hot *hot chaud(e)*

    — chocolate *hot tcho·kleut chocolat chaud*

    — pot *hot pot ragoût de viande, de pommes de terre et d'oignons typique des pubs britanniques (GB)*

hotchpotch *hatch·patch soupe épaisse aux légumes, aux pommes de terre et à la viande*

I

ice *aïs glace*

ice cream *aïs kriim crème glacée*

ice cube *aïs kyoub glaçon*

iced *aïst glacé(e)*

included *inn·klou·did compris(e)*

Irish stew *aï·rich styou ragoût d'agneau et de pommes de terre*

J

jam *djam* confiture
jelly *djè·li* gelée
Jerusalem artichoke djè·*rou*·seu·leum *ar*·ti·tchok topinambour
joint *joïnt* rôti
jugged hare *djeugd hèr* civet de lièvre
juice *djouous* jus, sauce
juniper *djou*·ni·peur genièvre

K

kedgeree kè·*djeu*·ri plat d'origine indienne à base de riz, de haddock, d'œufs et de curry servi autrefois au petit-déjeuner **(GB)**
kidney *kid*·nè rognon
kidney bean *kid*·nè biin haricot sec
— **red** — rèd *kid*·nè biin haricot rouge
king prawn kinng proon gambas
kipper *ki*·peur hareng fumé
kitchen *kit*·cheunn cuisine (lieu)
knish keu·*nich* chausson à la purée de pommes de terre, typique de New York, mot yiddish **(USA)**
knockwurst *nok*·wourst saucisse de Strasbourg
knuckle *neu*·keul cuisse et sous-cuisse
kosher *ko*·cheur kasher

L

lager *la*·geur bière blonde
— **top** *la*·geur top boisson composée de bière à laquelle on ajoute un peu de limonade
lamb lamb agneau
lamington *la*·minng·tonn gros gâteau enrobé de chocolat et saupoudré de noix de coco **(Aus)**
large lârdj grand
lark lârk alouette
lean liin maigre
— **bacon** liin *béï*·konn lard maigre
leek liik poireau
leg lèg cuisse, gigot

lemon *lè*·monn citron
— **curd** *lè*·monn kœrd crème au citron servant à garnir des tartes ou à fourrer des gâteaux
— **juice** *lè*·monn djous jus de citron, citron pressé
— **sole** *lè*·monn sol limande
— **squash** *lè*·monn skwâch citronnade
— **squeezer** *lè*·monn *skwii*·zeur presse-citron
lemonade lè·mo·*néïd* limonade
lemongrass *lè*·monn·gras citronnelle
lentil *lènn*·teul lentille
lettuce *lè*·tyous laitue
licorice *li*·keu·rich réglisse
likky pie *li*·ki païfeuilleté farci de viande de porc, de poireaux et de crème
liver *li*·veur foie
lobster *loob*·steur homard/langouste
loin loïn longe
— **of pork** loïn of pork carré de porc
lollipop *lo*·li pop sucette
London broil *lonn*·donn broïl morceaux de steak marinés et grillés
longjohn *lonng*·djonn beignet (sucré)
low-fat yoghurt lo·*fat* yoo·geurt yaourt maigre
lox lox saumon fumé, mot yiddish
lunch leunnch déjeuner

M

mackerel *ma*·keu·reul maquereau
main course méïn kours plat principal
maize méïz maïs
malt vinegar molt *vi*·ni·geur vinaigre de malt
marinated mè·ri·*néï*·teud mariné(e)
marmalade *mar*·meu·léïd confiture d'oranges ou de citrons
marmite *mâr*·maït pâte de levure concentrée tartinée sur du pain ou ajoutée dans un plat mijoté
marple syrup *mâr*·peul si·roup sirop d'érable
marrons *ma*·ronnz écrevisses **(Aus)**
marrow *ma*·roo courge **(GB)**
marrow *ma*·roo moelle
— **bone** *ma*·roo boonn os à moelle

marzipan *màrt·si·pàn massepain, pain d'amandes*

mashed potatoes macht peu·*téï·toz purée de pommes de terre*

meat miit *viande*
   cold — kold miit *viande froide*
   dried — draïd miit *viande séchée*
   minced — minnst miit *viande hachée*

meatball *miit·*bol *boulette de viande*

meatloaf *mit·*lof *sorte de pain de viande à base de bœuf hachée et de mie de pain*

medium-done *mi·*di·eum·donn *à point*

medium-sized clam *mi·*di·eum·saïzd klam *palourde*

melon *mè·*lonn *melon*

menu *meu·*nyou *carte*

middy mi·di *verre de bière de contenance moyenne (28,5 cl)* **(Aus)**

mild maïld *doux/douce*

milk milk *lait*
   — bar milk bär *petite boutique de vente à emporter (hamburgers notamment)* **(Aus)**
   raw — roo milk *lait cru*
   skimmed — skimd milk *lait écrémé*

minced minnst *haché(e)*

minced meat minnst miit *viande hachée*

mincemeat *minns·*mit *mélange de noix, de pommes, d'épices, de graisse de bœuf, de sucre et de cognac utilisé pour garnir tartes et gâteaux*

mineral water *mi·*nè·reul wo·teur *eau minérale*

mint minnt *menthe*

mint tea minnt tii *thé/tisane à la menthe*

mixed grill mikst gril *grillade*

mixed salad mikst sa·leud *salade composée*

morel meu·*rèl morille*

morello (cherry) meu·rè·lo *tchè·ri griotte*

morsel *mor·*seul *morceau* **(USA)**

muffin meu·*finn muffin, sorte de petit pain rond sucré servi au petit-déjeuner ou avec le thé*

mullet *meu·*leut *mulet*

Mulligatawny soup meu·li·ga·*to·*ni soup *bouillon de volaille ou de légumes mixé avec du yaourt ou du fromage, du curry et des épices, d'origine indienne*

mushroom *meuch·*room *champignon*

mussel *meu·*seul *moule*

mustard *meus·*teurd *moutarde*

mutton *meu·*teunn *mouton*

N

napkin *nap·*kinn *serviette*

no cover charge no *ko·*veur tchärdj *pas de frais supplémentaires pour les couverts, gratuit*

noodles *nou·*deulz *nouilles*

nut neut *noix (terme générique)*
   brazil — breu·*zil* neut *noix du Brésil*
   cashew — *kä·*chou neut *noix de cajou*
   pine — païnn neut *pignon*
   pistachio — pi·*sta* chio neut *pistache*

nutmeg *neut·*mèg *noix de muscade*

O

octopus *ok·*teu·peus *poulpe*

offal *o·*feul *abats*

oil oïl *huile*

olive *oo·*liv *olive*

omelette *oom·*leut *omelette*

onion *eu·*nieunn *oignon*

orange o·*rèndj orange*

order or·*deur commande*

organic or·*ga·*nik *biologique*

oven *o·*veunn *four*

oyster *oïs·*teur *huître*

P

pancake pann·*kéïk crêpe un peu épaisse et généralement sucrée*

pan-fried pann·fraïd *poêlé(e)*

parsley pàr·slè *persil*

parsnip pàrs·neup *panais (plante herbacée dont la racine est comestible)*

partridge pàr·tridj *perdrix*

pasta pas ta *pâtes*

pastries *pès·triz pâtisseries*

pavlova (pav) *pav·lo·va (pav)* meringue garnie de crème, de fruits de la passion, de kiwis ou d'autres fruits de saison **(Aus)**

PBJ *pi·bi·djè* "peanut butter and jelly sandwich", sandwich au beurre de cacahouète et à la confiture, grand classique américain **(USA)**

pea *pii petit pois*

split — *split pii pois cassé*

peach *piitch pêche*

peanut *pi·neut cacahouète*

peanut butter and jelly sandwich (PBJ) *pi·neut beu·teur annd djè·li sèn·dwitch (pi·bi·djè) sandwich au beurre de cacahouète et à la confiture, grand classique américain* **(USA)**

pear *pèèr poire*

pecan pie *peu·kânn paï tourte aux noix de pécan*

pepper *pè·peur poivre*

sweet — *swiit pè·peur poivron*

perch *pœrch perche*

perry *pè·ri poiré (cidre de poire)*

pesto *pès·sto pistou*

pheasant *fè·zeunnt faisan*

pickle *pi·keul fruits ou légumes marinés au vinaigre et servis en condiment avec un sandwich ou un plat*

pie *paï tourte (salée ou sucrée)*

pecan — *peu·kânn paï tourte aux noix de pécan*

— **floater** *paï flo·teur tourte à la viande servie dans une soupe aux pois et arrosée de sauce tomate* **(Aus)**

pork and apple — *pork annd a·peul paï mélange de viande de porc, de pommes et d'oignons recouvert de purée de pommes de terre*

shepherd's — *shèp·heurdz paï mélange de viande de bœuf hachée et d'oignons recouvert de purée de pommes de terre*

piece *piis morceau*

pig *pig cochon*

suckling — *seuk·linng pig cochon de lait*

pigeon *pi·djeunn pigeon*

pike *païk brochet*

pineapple *païn·a·peul ananas*

pine nut *païnn neut pignon*

pint *païnnt pinte (de bière souvent), environ 1/2 litre*

half — *hâf païnnt demi-pinte*

pistachio nut *pi·sta chio neut pistache*

plaice *plèïs plie, carrelet*

plain *plèïn nature*

plain tea *plèïn tii thé nature*

plain water *plèïn wo·teur eau plate*

plate *plèït assiette*

pleurotus *pleu·ro·teus pleurote*

ploughman's lunch *plao·mannz leunnch tranches de pain, chutney, oignons au vinaigre et fromage, le "repas du laboureur" est typique des pubs britanniques* **(GB)**

plum *pleum prune*

plum pudding *pleum pou·dinng autre nom du Christmas pudding, un gâteau de Noël, avec des raisins secs et des fruits confits, préparé traditionnellement un à deux mois à l'avance*

poached *pootcht poché(e)*

pop soda *pop so·da boisson gazeuse sans alcool*

pork *poork porc*

pork and apple pie *pork annd a·peul paï mélange de viande de porc, de pommes et d'oignons recouvert de purée de pommes de terre*

porridge *po·ridj flocons d'avoine cuits dans du lait ou un bouillon*

port *poort porto*

pot *pot bière de 28,5 cl* **(Aus)**

potato *peu·téï·to pomme de terre*

sweet — *swiit peu·téï·to patate douce*

pot roast *pot roost bœuf mijoté aux légumes*

potted pork *po·teud poork viande de porc séchée et cuite, puis réduite en purée*

poultry *pool·trii volaille*

prawn proon *grosse crevette*
— **cocktail** proon *kok*-têïl *salade de crevettes (sauce à la crème ou mayonnaise)*
prime cut of beef praïm keut of biif *onglet*
prune prououn *pruneau*
pudding pou-dinng *pudding, gâteau*
black — blak pou-dinng *boudin noir*
Christmas — *kris*-meus pou-dinng *gâteau de Noël, avec des raisins secs et des fruits confits, préparé traditionnellement un à deux mois à l'avance, également appelé "plum pudding"*
plum — pleum pou-dinng *autre nom du Christmas pudding*
rice — raïs pou-dinng *riz au lait*
steak-and-kidney — stèk-annd-*kid*-nè pou-dinng *pudding à la viande et aux rognons*
Yorkshire — *york*-cheur pou-dinng *sorte de crêpe cuite au four dans un moule et traditionnellement servie avec un rôti de bœuf et arrosée de jus de viande*
puff pastry peuf pas-tri *feuilleté*
pullet pou-leut *poularde*
pumkin peum-kinn *citrouille, potiron*
puree pyou-rè *coulis*

Q

quail kwêïl *caille*
queen scallop kwiin ska-lop *amande de mer*
quince kwinns *coing*

R

rabbit ra-bit *lapin*
wild — waïld ra-bit *lapin de garenne*
rack of lamb rak of lamb *carré d'agneau*
radish râ-dich *radis*
raisin rèï-zinn *raisin sec*
rare rèïr *saignant(e)*
raspberry râz-bè-ri *framboise*

rat coffin rat *ko*-finn *tourte à la viande traditionnellement composée de bœuf émincé et accompagnée de sauce tomate, à déguster pendant un match de foot ! (Aus)*
raw roo *cru(e)*
raw ham roo ham *jambon cru*
raw milk roo milk *lait cru*
red cabbage rèd *ka*-bidj *chou rouge*
red currant rèd *keu*-rènnt *groseille*
red kidney bean rèd *kid*-nè biin *haricot rouge*
red pepper rèd *pè*-peur *piment*
red wine rèd waïnn *vin rouge*
Reuben sandwich *ru*-ben sann-wich *sandwich traditionnellement garni de corned-beef (bœuf salé), de choucroute, de fromage et de mayonnaise (USA)*
rib steak/eye rib stèk/aï *entrecôte, faux-filet*
rice raïs *riz*
rice pudding raïs pou-dinng *riz au lait*
roast roost *rôti*
roast beef roost beef *rosbif*
rock lobster rok *lob*-steur *langouste*
roll rol *petit pain individuel*
rolled rold *roulé(e)*
rosemary *roz*-mè-ri *romarin*
rump steak reump stèk *rumsteck*

S

saffron *sâ*-freunn *safran*
salad sa-leud *salade*
green — griin sa-leud *salade verte*
mixed — mikst sa-leud *salade composée*
— **cream** sa-lad kriim *sauce de salade*
Salisbury steak sools-beu-ri stèk *steak haché servi avec des oignons et du jus de viande*
salmon sal-monn *saumon*
salt solt *sel*
salted sol-teud *salé(e)*
saltwater fish solt-wo-teur fich *poisson de mer*
sanger (sando) sann-geur (sann-dou) *sandwich (Aus)*
sauerkraut sa-weur-kraot *choucroute*

sausage *so*-sidj *saucisse*

sauteed *so*-tèd *sauté(e)*

savouries *sēï*-veu-riz *petits gâteaux secs et salés servis en fin de repas*

savoury *sēï*-veu-ri *salé (mets)*

scallop *skå*-lop *coquille Saint-Jacques*

scampi *skam*-pi *langoustine*

schooner *skou*-neur *grand verre de bière (42,5 cl), mais plus petit qu'une pinte (Aus)*

scone skonn *scone, sorte de petit pain brioché servi au petit-déjeuner ou avec le thé*

scorpion fish *skor*-pieunn fich *rascasse*

scrambled *skram*-beuld *brouillé(e)*

scrambled egg *skram*-beuld èg *œuf brouillé*

seafood *sii*-foud *fruit de mer*

seared siird *saisi(e)*

semolina sè-meu-*li*-na *semoule*

service *seur*-vis *service*

— **not included** *seur*-vis not in-*klou*-deud *service en sus*

sesame sè-*seu*-mi *sésame*

shandy *chènn*-di *panaché (mélange à base de bière et de limonade)*

shank chènnk *jarret*

shellfish *chèl*-fich *coquillage*

shepherd's pie *chèp*-heurdz païe *mélange de viande de bœuf hachée et d'oignons recouvert de purée de pommes de terre*

sherry *chè*-ri *sherry*

shortbread *chort*-brèd *sablé*

shoulder *choul*-deur *épaule*

shrimp chrimp *crevette (petite, rose ou grise)*

simmered *si*-meurd *mijoté(e)*

single cream *sinn*-geul kriim *crème allégée*

sirloin *sœr*-loïn *contre-filet, faux-filet*

skate skéït *raie*

skewer *skyou*-eur *brochette (l'ustensile)*

skimmed milk *skimd* milk *lait écrémé*

slice slaïs *tranche*

sliced slaïst *émincé, en tranches*

sloppy joe *slo*-pi djo *sandwich chaud de type hamburger (bœuf haché, oignon et sauce tomate ou autre)*

smoked smokt *fumé(e)*

— **bacon** smookt *bēï*-konn *lard fumé*

— **herring** smookt hè-rinng *hareng fumé*

snags snagz *saucisses (Aus)*

snail snéïl *escargot*

snot block snot blok *feuilleté à la vanille*

snow pea *snoo* pii *pois mange-tout*

soda bread *soo*-deu brèd *pain complet irlandais*

soft-boiled egg *soft*-boïld èg *œuf à la coque*

soft drink soft drink *boisson non alcoolisée*

soft roe soft roo *laitance*

sorbet *sor*-bēï *sorbet*

souffle sou-flēï *soufflé*

soup soup *soupe*

sour cream *sa*-weur kriim *crème légèrement aigre*

sourdough *saou*-eur-do *pain à pâte levée*

soya bean *so*-yeu biin *soja*

sparkling water *spar*-klinng *wo*-teur *eau gazeuse*

sparkling wine *spar*-klinng waïnn *mousseux*

speciality of the day spè-*chia*-li-ti of zeu dēï *plat du jour*

spinach *spi*-nich *épinard*

spiny lobster *spaï*-ni *lob*-steur *langouste*

spit roast spit roost *broche*

split pea split pii *pois cassé*

sponge cake *spondj* kéïk *biscuit à la cuillère, génoise*

spotted dick *spo*-teud dik *gâteau aux raisins secs (GB)*

spring onion sprinng-*o*-ni-onn *ciboule*

spring water sprinng *wo*-teur *eau de source*

squeezed orange juice skwiizd *o*-rèndj djous *jus d'orange pressée*

squid skwid *calmar*

steak stèk *steak*

Salisbury — *sools*-beu-ri stèk *steak haché servi avec des oignons et du jus de viande*

steak-and-kidney pudding
stèk-annd-*kid*-nè *pou*-dinng *pudding à
la viande et aux rognons*

steam stiim *vapeur*

steamed stiimd *à la vapeur*

stew styou *ragoût*

Irish — *ai*-rich styou *ragoût d'agneau
et de pommes de terre*

stewed fruit styoud *frout compote*

stock stok *bouillon*

stomac *sto*-mak *estomac*

stout sta-out *bière brune*

strawberry *stro*-bè-ri *fraise*

string bean strinng biin *haricot vert*

stuffed steuft *farci(e)*

stuffed loin of veal steuft loïn *of* viil
longe de veau farcie

stuffing *steu*-finng *farce (salée ou
sucrée)*

suckling pig *seuk*-linng pig *cochon
de lait*

suet sou-èt *graisse (des rognons de bœuf
et de mouton)*

sugar *chou*-geur *sucre*

swede swiid *rutabaga*

sweet swiit *doux/douce, sucré(e)*

sweet swiit *bonbon* **(GB)**

— pepper swiit *pè*-peur *poivron*

— potato swiit peu-*téï*-to *patate
douce*

— school prawns swiit skoul pronz
crevettes **(Aus)**

sweetbread swiit-brèd *ris de veau*

sweetened *swi*-teunnd *sucré(e)*

swordfish soord-*fich espadon*

syllabub *si*-leu-beub *dessert à base de
crème, de sucre, de citron, de muscade
et de cognac ou de sherry (peut aussi
être une boisson selon la consistance)*

syrup *si*-reup *sirop*

maple — *mâ*-peul *si*-reup *sirop
d'érable*

T

tabbouleh *ta*-bou-le-ï *taboulé*

table wine *téï*-beul waïnn *vin de table,
vin ordinaire*

tail téïl *queue*

tap water tap *wo*-teur *eau du robinet*

tarragon *ta*-reu-gonn *estragon*

tart tàrt *tarte*

tasting menu *tès*-tinng *meu*-nyou *menu
de dégustation*

tea tii *thé, repas du soir* **(GB)**

chamomile — *ka*-mo-maïl tii *tisane à
la camomille*

cream — criim tii *thé servi en fin
d'après-midi avec des toasts ou des
scones, de la crème et de la confiture,
également appelé "Devonshire tea"*

Devonshire — *dè*-vonn-cheur tii
autre nom du "cream tea"

high — haï tii *thé servi l'après-midi
avec des scones, des gâteaux et des
sandwichs, tradition écossaise*

mint — minnt tii *thé/tisane à la
menthe*

plain — pléïn tii *thé nature*

— with lemon tii wiz *lè*-monn *thé au
citron*

— with milk tii wiz milk *thé au lait*

tenderloin *tènn*-deur-loïn *filet (steak)*

thickly-cut steak *sik*-li-keut stèk *pavé*

thrush sreuch *grive*

Tim Tam tim tam *marque d'un biscuit
au chocolat au cœur crémeux,
très apprécié de la plupart des
Australiens, à déguster de préférence
en entamant les deux extrémités,
pour aspirer une boisson chaude,
comme avec une paille* **(Aus)**

tinny *ti*-ni *canette de bière* **(Aus)**

titbit *tit*-bit *friandise*

toad in the hole tod inn zeu *hol sorte
de crêpe garnie de saucisses* **(GB)**

toffee *too*-fi *bonbon au caramel*

tomato teu-*ma*-to *tomate*

tongue teunng *langue*

to your special order tou your
spè-cheul *or*-deur *sur commande*

trifle *traï*-feul *dessert à base de biscuits à
la cuillère, de crème fouettée, de crème
anglaise, de gelée de fruit, de fruits et
d'un alcool* **(GB)**

tripe traïp *tripes*

trotter *tro*-teur *pied (de porc)*

trout tra out *truite*

truffle *treu*-feul *truffe*

tuna *tyou*-na *thon*

turkey *teur*-kéï *dinde*

turnip *teur*-neup *navet*

V

vanilla veu-ni-la *vanille*
vanilla slice veu-ni-la slaïs *dessert composé de pâte feuilletée fourrée de crème à la vanille et recouverte d'un glaçage à la vanille ou à la framboise* **(Aus)**
veal viil *veau*
Vegemite vè-gè-maïte *extrait de levure extrêmement salé dont les Australiens raffolent, voisin de la Marmite britannique. Cet aliment étonnant, généralement consommé sur des tartines, se déguste également dans les sandwichs* **(Aus)**
vegetable vèdj-tè-beul *légume*
venison veu-ni-seunn *gibier (souvent du chevreuil)*
very dry vè-ri drai *extra-sec*
vine variety vaïnn veu-raï-è-ti *cépage*
vinegar vi-ni-geur *vinaigre*
    malt — molt vi-ni-geur *vinaigre de malt*

W

wafer wéï-feur *gaufrette*
waffle wâ-feul *gaufre*
Waldorf salad wol-dorf sa-lad *salade mélangée, composée de céleri, de pommes, de noix et assaisonnée de jus de citron et de mayonnaise, typiquement américaine* **(USA)**
walnut wâl-neut *noix (fruit du noyer)*
warm woorm *chaud(e)*
water wo-teur *eau*
    mineral — mi-nè-reul wo-teur *eau minérale*
    plain — plëïn wo-teur *eau plate*
    sparkling — spar-klinng wo-teur *eau gazeuse*
    spring — sprinng wo-teur *eau de source*
    tap — tap wo-teur *eau du robinet*
watercress wo-teur-krès *cresson*
watermelon wo-teur-mè-lonn *pastèque*
well-done wèl-donn *bien cuit(e)*
Welsh faggot wèlch fa-geut *boulette de foie de porc à l'oignon*

Welsh rabbit/rarebit wèlch ra-bit/ réïr-bit *mélange de fromage râpé, de lait ou de bière et de moutarde tartiné sur du pain et gratiné au four*
wheat wiit *blé*
whipped wipt *battu(e), fouetté(e)*
whipped cream wipt kriim *crème fouettée*
white or black waït or blak *avec ou sans lait (question posée lors du service du café)*
white wine waït waïnn *vin blanc*
wild waïld *sauvage*
wild rabbit waïld ra-bit *lapin de garenne*
wine waïnn *vin*
    dessert — di-zœrt waïnn *vin doux*
    dry — draï waïnn *vin sec*
    red — rèd waïnn *vin rouge*
    sparkling — spar-klinng waïnn *mousseux*
    table — téï-beul waïnn *vin de table, vin ordinaire*
    white — waït waïnn *vin blanc*
wine list waïnn list *carte des vins*
wing winng *aile*
woodcock woud-kok *bécasse*
Worcestershire sauce wus-teu-chir soos *condiment à base d'anchois, de piment, d'ail et de mélasse*

Y

yabbies ya-biz *écrevisses* **(Aus)**
yamba yam-ba *crevettes royales* **(Aus)**
yoghurt yoo-geurt *yaourt*
    creamy — kri-mi yoo-geurt *yaourt brassé*
    low-fat — lo-fat yoo-geurt *yaourt maigre*
    — drink yoo-geurt drink *yaourt à boire*
Yorkshire pudding york-cheur pou-dinng *sorte de crêpe cuite au four dans un moule et traditionnellement servie avec un rôti de bœuf et arrosée de jus de viande*
young boar yong boor *marcassin*
young cockerel yong ko-keu-reul *coquelet*

Z

zucchini (USA) zou-ki-ni *courgette*

l'essentiel

emergencies

Au secours !	*Help!*	hèlp
Arrêtez !	*Stop!*	stop
Allez-vous-en !	*Go away!*	go eu·*wëi*
Au voleur !	*Stop thief!*	stop Siif
Au feu !	*Fire!*	*faï*·eur
Faites attention !	*Watch out!*	watch a·out
Appelez la police !	*Call the police!*	kool Zeu po·*liis*

C'est urgent !
It's an emergency! — its eunn è·*meur*·djèn·si

Pourriez-vous m'aider, s'il vous plaît ?
Could you help me, please? — coud you hèlp mi pliiz

Pourrais-je utiliser le téléphone ?
Could I use the telephone? — coud aï youz Zeu tè·lè·fonn

Je suis perdu(e).
I'm lost. — aïm lost

Où sont les toilettes ?
Where is the loo/bathroom? — wèr iz Zeu *lou/ba·Sroum*

police

police

Où est le commissariat ?
Where's the police station? — wèr Zeu po·*lis stéï*·chonn

Je veux signaler un délit.
I want to report a crime. — aï want tou ri·poort eu craïm

J'ai été violé(e).
I've been raped. — aïv biin *rëïpt*

J'ai été agressé(e).
I've been assaulted. — aïv biin eu·*sol*·teud

Il/Elle a été violé(e).
He/She has been raped. hi/chi haz biin *réïpt*

Il/Elle a essayé de me violer.
He/She tried to rape me. hi/chi traïd tou *réïp* mi

On m'a volé.
I've been robbed. aïv biin *robd*

Il/Elle s'est fait voler.
He/She has been robbed. hi/chi haZ biin *robd*

Il/Elle a essayé de me voler.
He/She tried to rob me. hi/chi traïd tou *rob* mi

ce que la police dira peut-être...		
On va vous inculper...	*You'll be charged with ...*	youl bi *tchâr*·djd wiZ ...
On va l'inculper...	*She/He will be charged with ...*	chi/hi wil bi *tchâr*·djd wiZ ...
d'activités anti-gouvernementales	*anti-government activity*	an·ti go·veurn·mènnt ak·*ti*·vi·ti
d'avoir troublé l'ordre public	*disturbing the peace*	dis·*teur*·binng Zeu piis
de vol à l'étalage	*shoplifting*	*chop*·lif·tinng

J'ai perdu...	I've lost my ...	aïv lost maï ...
On m'a volé...	My ... was/were stolen. **sg/pl**	maï ... woz/weur sto·leunn
mon argent	money	*mo·*nëï
mes bagages	bags	bagz
mon passeport	passport	*pas·*poort
mon portefeuille	wallet	*wo·*lèt
mon sac à dos	backpack	*bak·*pak
mon sac à main	handbag	*hand·*bag

De quoi suis-je accusé(e) ?
What am I accused of?   wat am aï eu-*kyouzd* of

Je suis désolé(e).
I'm sorry.   aïm *so·*ri

Je vous prie de m'excuser.
I apologise.   aï eu·*po·*lo·djaiz

Je ne pensais pas faire quelque chose de mal.
I didn't realise I was   aï di·deunnt *ri·*eu·laïz aï woz
doing something wrong.   dou·inng some·Sinng *rong*

Ce n'était pas moi.
I didn't do it.   aï di·deunnt *dou* it

Je suis innocent(e).
I'm innocent.   aïm *i·*no·sènnt

Je souhaite contacter mon ambassade/consulat.
I want to contact   aï want tou *kon·*takt
my embassy/consulate.   maï èm·ba·si/*konn·*so·lëït

Puis-je téléphoner ?
Can I make a phone call?   kann aï mëik eu *fonn* kool

Puis-je avoir un avocat qui parle français ?
Can I have a lawyer   kann aï hav eu *lo·*yeur
who speaks French?   hou spiiks *frènnch*

Puis-je payer une amende pour régler ce problème ?
Can I pay an — kann aï péï eunn
on-the-spot fine? — on-Zeu-spot *faïn*

Cette drogue/ce médicament est pour mon usage personnel.
This drug is for — Zis dreug iz for
personal use. — peur-so-neul youz

J'ai une ordonnance pour ce médicament.
I have a prescription — aï hav eu près-*krip*-chonn
for this drug. — for Zis dreug

Je comprends.
I understand. — aï eun-deur-*stannd*

Je ne comprends pas.
I don't understand. — aï dont eun-deur-*stannd*

---

un peu d'argot britannique

Voici quelques termes d'argot britannique (*slang* slènng) passés dans le langage quotidien :

Vous avez certainement entendu parler des *bobbies* bo-biz, les policiers qui portent un haut casque noir. Ils doivent leur nom à Robert Peel, Premier ministre qui créa leur corps en 1848 (le diminutif de Robert étant Bob).

The Bill Ze bil ou *Old Bill* old bil désigne encore souvent la police.

Le verbe *to nick* tou nik signifie à la fois voler ou arrêter, tandis que le substantif *nick* nik est une prison ou un commissariat.

Enfin, si l'on vous vole de l'argent, vous pourrez dire : "*I was done out of my 20 quid!*" aï waz done aout of maï *twenn*-ti kwid (je me suis fait rouler de 20 livres !).

Y a-t-il un(e)… par ici ?	Where's a nearby ...?	wèrz eu … niir·baï
pharmacie (de nuit)	(night) chemist	(naït) kè·mist
dentiste	dentist	dènn·tist
médecin	doctor	dok·teur
hôpital	hospital	hos·pi·teul
centre médical	medical centre	mè·di·keul sènn·teur
ophtalmologue	optometrist	op·to·mè·trist

J'ai besoin d'un médecin (qui parle français).
I need a doctor (who speaks French).
aï niid eu dok·teur
(hou spiiks frènch)

Puis-je voir un médecin femme ?
Could I see a female doctor?
coud aï sii eu fi·méïl dok·teur

Est-ce que le médecin peut venir ici ?
Can the doctor come here?
kann Zeu dok·teur kom hiir

Je n'ai plus de médicaments.
I've run out of my medication.
aïv reun a·out of maï mè·di·kéï·chonn

Je ne veux pas de transfusion sanguine.
I don't want a blood transfusion.
aï dont want eu blod trans·fyou·jeunn

Pouvez-vous utiliser une seringue neuve ?
Please use a new syringe.
pliiz youz eu nyou seur·rinndj

Je me suis fait vacciner contre...	I've been vaccinated for ...	aïv biin vak·si·néï·teud for ...
Il/Elle s'est fait vacciner contre...	He/She has been vaccinated for ...	hi/chi haz biin vak·si·néï·teud for ...
l'hépatite	hepatitis	hè·pa·taï·tis
le tétanos	tetanus	tèt·neus
la typhoïde	typhoid	taï·foïd

Il me faut de nouvelles...	I need new ...	aï niid nyou ...
lentilles de contact	contact lenses	kon·takt lènn·zeuz
lunettes	glasses	gla·seuz

| Mon ordonnance indique... | My prescription is ... | maï près·krip·chonn iz ... |

---

ce que le médecin dira peut-être...

Qu'est-ce qui ne va pas ?
What's the problem? — wats Zeu *pro*·blèm

Où avez-vous mal ?
Where does it hurt? — wèr daz it *heurt*

Je voudrais prendre votre fièvre.
I'd like to take your temperature. — aïd laïk tou téïk your tèmp·rè·tchour

Depuis quand vous sentez-vous comme ça ?
How long have you been like this? — hao long hav you biin laïk Zis

Cela vous est-il déjà arrivé ?
Have you had this before? — hav you had Zis bi·for

Quelle est la durée de votre voyage ?
How long are you travelling for? — hao long âr you tra·veu·linng for

Est-ce que vous… ?	*Do you …?*	dou you …
buvez	*drink*	drink
fumez	*smoke*	smook
vous droguez	*take drugs*	téïk dreugz

Êtes-vous… ?	*Are you …?*	âr you …
allergique à	*allergic to*	a·*leur*·djik tou
quelque chose	*anything*	è·ni·*Sinng*
enceinte	*pregnant*	*prèg*·nant

Avez-vous des relations sexuelles ?
Are you sexually active?   âr you sèk·chu·eu·li *ak*·tiv

Avez-vous eu des rapports non protégés ?
Have you had   hav you had
unprotected sex?   eunn·pro·*tèk*·teud sèks

Est-ce que vous prenez des médicaments ?
Are you on any   âr you onn é·ni
medication?   mè·di·*keï*·chonn

Il faut vous hospitaliser.
You need to be admitted   you niid tou bi ad·*mi*·teud
to hospital.   tou hos·pi·teul

Consultez votre médecin en rentrant.
Have it checked   hav it tchèkt
when you go home.   wènn you go hom

Vous devez rentrer chez vous pour suivre un traitement.
You should return   you choud ri·*tœrn*
home for treatment.   hom for *trit*·mènnt

Vous n'avez rien du tout ! Partez en vacances et amusez-vous !
You're a hypochondriac.   your eu haï·po·*kon*·dri·ak
Go and enjoy your   go annd ènn·*djoï* your
holiday!   ho·li·déï

symptômes et condition physique

Je suis malade.
I'm sick. — aïm sik

Mon ami(e) est malade.
My friend is sick. — maï *frènnd* iz sik

J'ai mal ici.
It hurts here. — it heurts *hiir*

J'ai été blessé(e).
I've been injured. — aïv biin *inn*·djeurd

J'ai vomi.
I've been vomiting. — aïv biin *vo*·mi·tinng

Je n'arrive pas à dormir.
I can't sleep. — aï *kant* sliip

Je suis/me sens…	*I feel …*	aï fiil …
angoissé(e)	*anxious*	*ank*·cheus
faible	*weak*	wiik
mieux	*better*	*bè*·teur
plus mal	*worse*	woors

J'ai…	*I feel …*	aï fiil …
des vertiges	*dizzy*	*di*·zi
chaud et froid	*hot and cold*	hot annd koold
des nausées	*nauseous*	*noo*·zi·eus
des frissons	*shivery*	*chi*·veu·ri

J'ai…	*I have …*	aï hav …
la diarrhée	*diarrhoea*	*daï*·a·*ri*·a
mal à la tête	*a headache*	eu *hè*·dèk
mal à la gorge	*a sore throat*	eu *sor* Sroot

J'ai eu récemment…
   I've recently had …   aïv *ri·*sènnt·li had …

Il/Elle a eu récemment…
   He/She has recently had …   hi/chi haz *ri·*sènnt·li had …

Je suis un   *I'm on medication*   aïm onn
traitement pour…   *for …*   mé·di·kéï·chonn for …
Il/Elle suis un   *He/She is on*   hi/chi iz onn
traitement pour…   *medication for…*   mé·di·kéï·chonn for …
  une bronchite   *bronchitis*   bron·*kaï·*tis
  le diabète   *diabetes*   daï·a·*bi·*teus
  une maladie   *venereal*   vè·*nè·*ri·eul
    vénérienne   *disease*   di·*ziiz*

santé au féminin

(Je pense que) Je suis enceinte.
   (I think that) I'm pregnant.   (aï Sink) aïm *prèg·*nant

Je prends la pilule.
   I'm on the Pill.   aïm onn Zeu *pil*

Je n'ai pas eu mes règles depuis … semaines.
   I haven't had my   aï ha·veunnt had maï
   period for … weeks.   *pi·*riod for … *wiiks*

J'ai remarqué une grosseur ici.
   I've noticed a lump here.   aïv no·tist eu *leump* hiir

J'ai besoin…	I need …	aï niid …
d'un contraceptif	contraception	kon·tra·*sèp*·chonn
de la pilule	the morning-	Zeu *mor*·ninng·
du lendemain	after pill	*af*·teur pil
d'un test	a pregnancy test	eu *prèg*·nansi tèst
de grossesse		

avortement	abortion	a·*bor*·chonn
mammographie	mammogram	*mâ*·mo·gram
règles	menstruation	mènn·strou·*è*·chonn
fausse couche	miscarriage	mis·*ka*·ridj
frottis	pap smear	*pap* smiir
règles	period pain	pi·ri·od péïn
douloureuses		
syndrome	premenstrual	*pri*·mènns·trou·eul
prémenstruel	tension	*tènn*·chon

---

le médecin dira peut-être…

Utilisez-vous des contraceptifs ?
Are you using   âr you you·zinng
contraception?   kon·tra·*sèp*·chonn

Avez-vous toujours vos règles ?
Are you menstruating?   âr you *mènns*·trou·éï·tinng

À quand remontent vos dernières règles ?
When did you last   wènn did you *last*
have your period?   hav your pi·ri·od

Vous êtes enceinte.
You're pregnant.   your *prèg*·nant

allergies

Je suis allergique…	*I'm allergic to …*	aïm a·*leur*·djik tou
Il/Elle est	*He/She is*	hi/chi iz
allergique…	*allergic to …*	a·*leur*·dkjik tou …
aux antibiotiques	*antibiotics*	an·ti·bai·o·tiks
aux anti-	*anti-*	an·ti·
inflammatoires	*inflammatories*	inn·fla·meu·*teu*·riz
à l'aspirine	*aspirin*	*as*·pi·rinn
aux abeilles	*bees*	biiz
à la codéine	*codeine*	*ko*·dè·inn

J'ai une allergie cutanée.
 I have a skin allergy. aï hav eu *skinn* a·leur·dji

Voir également le chapitre **végétariens et régimes spéciaux**, p. 159.

---

expressions courantes

Voici quelques autres expressions qui peuvent vous être utiles avec le corps médical :

avoir une piqûre
 to have an injection tou hav eunn
    inn·*djèk*·chonn

avoir de la fièvre
 to have a temperature tou hav eu
    tèmp·rè·tchour

respirer
 to breathe tou briiZ

santé

les parties du corps

Mon/Ma … me fait mal.
  My … hurts.   maï … heurts

Je n'arrive pas à bouger mon/ma…
  I can't move my …   aï *kant* mouv maï …

J'ai une crampe au…
  I have a cramp in my …   aï hav eu krèmp in maï…

Mon/Ma … est enflé(e).
  My … is swollen.   maï … iz swo·leunn

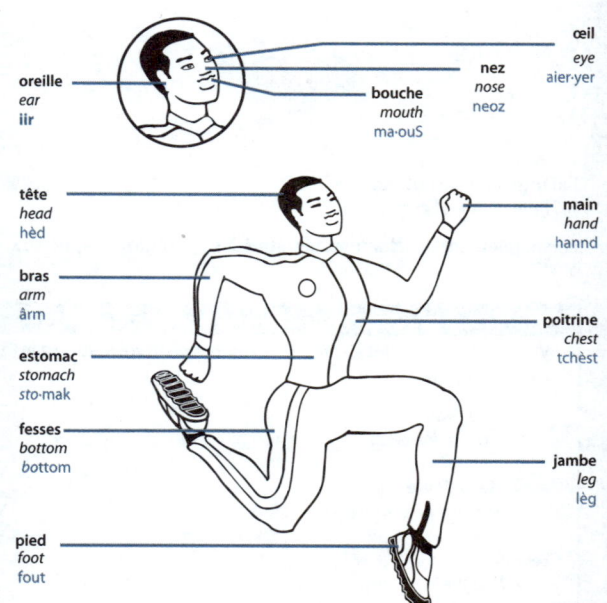

œil
eye
aier·yer

nez
nose
neoz

oreille
ear
iir

bouche
mouth
ma·ouS

tête
head
hèd

main
hand
hannd

bras
arm
àrm

poitrine
chest
tchèst

estomac
stomach
sto·mak

fesses
bottom
bottom

jambe
leg
lèg

pied
foot
fout

à la pharmacie

J'ai besoin d'un médicament pour…
I need something for …   aï niid *som*·Sinng for …

Est-ce qu'il faut une ordonnance pour… ?
Do I need a prescription   dou aï niid eu près·*krip*·chonn
for …?   for …

Combien de fois par jour ?
How many times a day?   hao mè·ni *taïmz* eu déï

Y a-t-il un risque de somnolence ?
Will it make me drowsy?   wil it méïk mi *drao*·si

santé

chez le dentiste

J'ai…	I have a …	aï hav eu …
une dent cassée	broken tooth	bro·keunn touS
une carie	cavity	ka·vi·ti
mal aux dents	toothache	touS·è·ik

J'ai perdu…	I've lost a …	aïv lost eu …
J'ai besoin…	I need a …	aï niid eu …
d'une couronne	crown	kroon
d'un plombage	filling	fi·linng

J'ai cassé mon appareil dentaire.
My denture is broken.   maï *denn*·tcheur iz bro·keunn

Mes gencives me font mal.
My gums hurt.   maï *geums* heurt

Je ne veux pas que vous l'arrachiez.
I don't want it extracted.   aï donnt want it ek·*strak*·teud

Aïe !
Ouch!   a·ouch

---

parler local

o·peunn waïd *Open wide.*	**Ouvrez bien grand.**
com *bak* aï hav·eunnt *fi*·nicht *Come back,* *I haven't finished.*	**Revenez,** **ce n'est pas terminé.**
rinns *Rinse*	**Rincez-vous la bouche.**
Zis *wont* heurt eu bit *This won't hurt a bit.*	**Ça ne fera pas mal.**
Zis *maït* heurt eu *li*·teul *This might hurt a little.*	**Ça pourrait faire un peu mal.**

À l'heure des grands débats sur l'avenir de la planète, la question des effets du tourisme se pose avec de plus en plus d'insistance. L'une des réponses dans le cadre de vos voyages consiste à faire en sorte que votre impact sur l'environnement, les cultures régionales et l'économie locale soit aussi positif que possible. Voici quelques phrases basiques pour vous aider…

différences culturelles et communication

J'aimerais apprendre l'un de vos dialectes régionaux.
I'd like to learn some   aïd laïk tou leurn som
of your local dialects.   of your *leu*·keul *daï*·lèkts

Voulez-vous que je vous apprenne un peu de français ?
Would you like me   woud you *laïk* mi
to teach you   tou titch you
some French?   some frènntch

Est-ce une coutume locale ou nationale ?
Is this a local or   iz Zis a *lo*·kal or
national custom?   *na*·cheu·neul *keu*·steum

Je respecte vos coutumes.
I respect your customs.   aï ris·*pèkt* your *keu*·steums

problèmes de société

À quelles difficultés est confrontée cette communauté ?
What sorts of issues   wat *sorts* of i·*ssiou*·z
is this community   iz Zis ko·*miou*·ni ti
facing?   *féï*·ssinng

le changement climatique
climate change   claï·meut·*tchèn*·ndj

la liberté *freedom of* *fri*·dom of
religieuse *religion* re·*li*·djon

le manque *lack of drinkable* lak of *drinn*·kè·beul
d'eau potable *water* *wo*·teur

la malnutrition *malnutrition* mal·niou·*tri*·cheun

le racisme *racism* *réï*·si·zeum

le chômage *unemployment* eunn·im·*ploï*·mènnt

J'aimerais proposer mes compétences.
I'd like to volunteer aïd laïk tou *vo*·lon·tiir
my skills. may *skils*

Existe-t-il des programmes de bénévolat dans la région ?
Are there any volunteer ar Zèr è·ni vo·lon·*tiir*
programs available pro·grams a·*vè*·lè·beul
in the area? inn Zi *a*·ré·a

environnement

Où puis-je recycler ceci ?
Where can I recycle *wèr* kann aï ri·*saï*·keul
this? Zis

transports

Peut-on s'y rendre en transports en commun ?
Can we get there kann wi gèt Zèr
by public transport? baï peu·blik *trènn*·sport

Peut-on s'y rendre en vélo ?
Can we get there by bike? kann wi *gèt* Zèrr baï baïk

Je préfère y aller à pied.
I'd prefer to walk there. aïd pri·*feur* tou wok Zèrr

hébergement

J'aimerais loger dans un hôtel géré localement.
I'd like to stay   aïd laïk tou stéï
at a locally-run hotel.   at a *lo*·keu·li·reun *ho*·teul

Y a-t-il des logements écologiques par ici ?
Are there any   ar Zèrr è·ni
ecolodges here?   è·ko·lo·djeuz hiir

Puis-je arrêter l'air conditionné et ouvrir la fenêtre ?
Can I turn the air   kann aï *teurn* Zi èr
conditioning off   kon·*di*·cheu·ninng
and open the window?   ènnd *o*·peun Zeu *winn*·dow

Ce n'est pas la peine de changer mes draps.
There's no need   Zèrz *no* niid
to change my sheets.   tou tchènndj maï *chiits*

achats

Où puis-je acheter des objets/souvenirs produits sur place ?
Where can I buy   wèr kann aï baï
locally produced   *lo*·keu·li pro·*dioust*
goods/souvenirs?   gouds/sou·veu·*nirz*

Vendez-vous des produits du commerce équitable ?
Do you sell   dou you sèl
Fair Trade products?   fèr trèd pro·*deukts*

alimentation

Est-ce que vous vendez… ?	*Do you sell …?*	dou you sèl …
des produits	*locally*	*lo*·keu·li
alimentaires	*produced*	pro·*dioust*
locaux	*food*	foud

| des produits | organic | or *ga*·nik |
| **bio** | products | *pro*·ducts |

Pouvez-vous me dire quels plats traditionnels je dois goûter ?

Can you tell me	Kann you *tèl* mi
which traditional foods	witch trè·*di*·cheu·neul *fouds*
I should try?	aï choud traï

visites touristiques

Proposez-vous des circuits culturels ?

| Are cultural tours | ar *keul*·trol tours |
| available? | a·*vè*·lè·beul |

Est-ce que votre	Does your	deuz your
compagnie… ?	company …?	*kom*·peu·ni …
donne de l'argent	donate money	do·nèït *mo*·nè
pour les causes	to charity	tou *tcha*·ri·ti
humanitaires		
fait appel à des	hire local	*ha*·yeur *lo*·kol
guides locaux	guides	gaïds
propose de visiter	visit local	vi·zit *lo*·kol
des entreprises	businesses	bi·znè·sseuz
locales		

Les mots et les expressions de ce dictionnaire sont classés par ordre alphabétique. Pour rechercher une expression, rendez-vous au premier mot (par exemple : **agence de voyages** *travel agency* tra·veul ëï·djèn·si est classée à "agence").

Certains termes, employés plus spécifiquement en Grande-Bretagne ou aux États-Unis, portent la mention **(GB)** ou **(USA)**.

Le genre des mots sera indiqué par **m** ou **f**. Le pluriel des noms sera désigné par **pl**. Pour éviter les confusions, nous avons précisé la nature des mots : adjectif **adj**, nom **n** ou verbe **v**. Enfin, certains termes, très familiers, sont à utiliser avec autant de mesure que leur équivalent français. Ils portent la mention **fam**.

à (lieu où l'on est) *at* at · **(indique un mouvement)** *to* tou
— **bord** *aboard* eu·boord
— **côté de** *beside* bi·saïd · *next to* nèkst tou
— **droite** *right* raït
— **gauche** *left* lèft
— **la maison** *home* hom
— **l'étranger** *abroad* eu·brood
— **l'heure** *on time* onn taïm
— **peu près** *approximately* eu·pro·ksi·méït·li
— **plein temps** *full-time* foul taïm
— **temps partiel** *part-time* pàrt taïm
abeille *bee* bii
abondance *plenty* plèn·ti
abri *shelter* chèl·teur
accepter *to accept* tou ak·sèpt
accident *accident* ak·seu·dènnt · **(voiture, avion)** *crash* krach
accueillir *to welcome* tou wèl·kom
accumulation *collection* ko·lèk·cheunn
acheter *to buy* tou baï
acte de naissance *birth certificate* boerS sèr·ti·fi·kéït
acteur/actrice *actor* ak·teur
actualités (nouvelles) *news* niouz
actuel(le) *current* keu·rènnt
acupuncture *acupuncture* a·kyou·ponk·tcheur
adaptateur *adaptor* eu·dap·teur
addition *bill* bill · *check* **(USA)** tchèk

admettre *to admit* tou ad·mit
administration *administration* ad·mi·nis·tréï·cheunn
admirer *to admire* tou eud·maï·eur
adorer (quelqu'un) *to worship* tou woor·chip
adresse *address* eu·drès
adulte *adult* eu·deult
adversaire *opponent* eu·po·nènnt
aérobic *aerobics* è·ro·biks
aérogramme *aerogram* è·ro·gram
aéroport *airport* èr·poort
affaires *business* biz·nès
affreux/affreuse *awful* o·foul · *terrible* tè·ri·beul
Afrique *Africa* a·fri·ka
âge *age* éïdj
âgé(e) *elderly* èl·deur·li
agence de voyages *travel agency* tra·veul ëï·djèn·si
agence immobilière *estate agency* ès·téït ëï·djèn·si
agenda *diary* daï·eu·ri
agent de police *(police) officer* (po·lis) o·fi·seur
agent immobilier *real estate agent* rè·eul ès·téït ëï·djènnt
agiter *to shake* tou chéïk
agréable *nice* naïs
agressif/agressive *aggressive* eu·grè·siv
agriculteur/agricultrice *farmer* fàr·meur
agriculture *agriculture* a·gri·keul·tcheur
aide *help* hèlp

aider *to help* tou hèlp
aiguille *needle* nii·deul
ailes *wings* winngz
aimant(e) *caring* kéî·rinng
aimer (apprécier) *to like* tou laïk
  • **(sentiment plus marqué)** *to love*
  tou lov
air *air* èr
  — **(de musique)** *tune* tyoun
alcool *alcohol* al·keu·hol
Allemagne *Germany* djeur·ma·ni
aller *to go* tou go
  — **voir (quelqu'un)** *to visit* tou vi·zit
aller-retour (billet) *return (ticket)*
  ri·tœrn (ti·keut)
allergie *allergy* a·leur·dji
allocation de chômage *dole* dool
allume-feu anti-moustiques *mosquito*
  coil meus·ki·to koïl
allumettes *matches* mat·cheuz
alors *then* Zènn
alpinisme *mountaineering*
  maon·téî·ni·rinng
alternative *alternative* al·teur·na·tiv
altitude *altitude* al·ti·tyoud
amant(e) *lover* lo·veur
amateur *amateur* a·meu·teur
ambassade *embassy* èm·beu·si
ambassadeur/ambassadrice
  ambassador èm·ba·seu·deur
ambulance *ambulance* èm·byu·lènns
améliorer *to improve* tou im·prouv
amende *fine* faïn
amener *bring* brinng
amer/amère *bitter* bi·teur
ami(e) *friend* frènnd
amical(e) *friendly* frènnd·li
amitié *friendship* frènnd·chip
amour *love* lov
ample (vêtements) *loose* louz
ampoule (peau) *blister* blis·teur
  • **(électrique)** *light bulb* laït beulb
analgésique *painkiller* pèîn ki·leur
analyse de sang *blood test* bleud tèst
Anglais(e) *English* inn·glich
Angleterre *England* inn·gland
animal *animal* a·ni·meul
  — **familier** *pet* pèt
anneau *ring* rinng
année *year* yeur

anniversaire *birthday* bœrS·déï
annuaire *phone book* foonn bouk
annuel(le) *annual* é·nyou·eul
annuler *to cancel* tou kan·seul
antibiotiques *antibiotics* an·ti·baï·o·tiks
antinucléaire *antinuclear*
  an·ti·nou·klè·eur
antique *ancient* ènn·chènnt
antiquité *antique* ènn·tiik
antiseptique *antiseptic* èn·ti·sèp·tik
août *August* o·geust
appareil acoustique *hearing aid*
  hi·rinng èd
appareil de chauffage *heater* hi·teur
appareil photo *camera* kâm·ra
appel en PCV *collect call* ko·lèkt kool
appeler *to call* tou kool
appendice *appendix* eu·pènn·diks
apporter *to bring* tou brinng
apprendre *to learn* tou lœrn
après *after* af·teur
après-demain *(the) day after tomorrow*
  (Zeu) déï af·teur tou·mo·ro
après-midi *afternoon* af·teur·noun
après-rasage *aftershave* af·teur·chéîv
après-shampooing *conditioner*
  konn·di·cheu·neur
araignée *spider* spaï·deur
arbitre *referee* rè·feu·rii
arbre *tree* trii
archéologie *archaeology* âr·ki·o·lo·dji
architecte *architect* âr·ki·tèkt
architecture *architecture*
  âr·ki·tèk tcheur
argent *money* mo·nè
  • **(espèces)** *cash* kach
  • **(métal)** *silver* sil·veur
arnaque *rip-off* rip·of
arrêt *stop* stop
  — **de bus** *bus stop* beus stop
arrêter *to stop* tou stop
  • **(par la police)** *to arrest* tou eu·rèst
arrière *rear* riir
arrivée *arrival* eu·raï·veul
  • **arrivées** *arrivals* eu·raï·veulz
arriver *to arrive* tou eu·raïv
art *art* ârt
artisanat *crafts* krafts
artiste *artist* âr·tist
arts martiaux *martial arts* mâr·cheul ârts

ascenseur *elevator* **(USA)** è·leu·véï·teur
• *lift* **(GB)** lift
Asie *Asia* è·jieu
aspirine *aspirin* as·preun
assez *enough* i·neuf
assiette *plate* pléït
assistance publique *welfare (aid)*
wèl·fèr (èd)
assurance *insurance* in·chou·rènns
assurer *to insure* tou in·chour
asthme *asthma* aZ·meu
atelier *studio* stou·di·o
athlétisme *athletics* a·Slè·tiks
atmosphère *atmosphere* at·meus·fir
attaché(e) *attached* eu·tatcht
atteindre *to reach* tou riitch
attendre *to wait (for)* tou wéït (for)
Attention ! *Careful!* kéïr·foul
attraper *to catch* tou kâtch
aube *dawn* doonn
auberge de jeunesse *youth hostel*
youS hos·teul
au coin *on the corner* on Zeu koor·neur
aucun(e) *none* nonn
au-dessus *above* eu·bov
aujourd'hui *today* tou·déï
au revoir *goodbye* goud·baï
aussi *also* eul·so
autel *altar* ol·teur
autobus *bus* beus
autocar *bus* beus
automatique *automatic* o·to·ma·tik
automne **(GB)** *autumn* o·teum
• *fall* **(USA)** fool
autoroute *highway* **(USA)** haï·wéï
• *motorway* **(GB)** mo·to·wéï
autour *around* eu·raond
autre *other* o·Zeur
avant *before* bi·for
avant-hier *(the) day before yesterday*
(Zeu) déï bi·for yès·teur·déï
avec *with* wiZ
avenir *future* fyou·tcheur
avenue *avenue* a·veu·nou
avertissement *warning* woor·ninng
aveugle *blind* blaïnnd
avide *greedy* gri·di
avion *plane* pléïn
aviron *rowing* roo·winng
avis *opinion* eu·pi·nyeunn

avocat(e) *lawyer* loo·yeur
avoir *to have* tou hav
— **besoin de** *to need* tou niid
— **de la chance** *to be lucky*
tou bi leu·ki
— **des hallucinations** *to hallucinate*
tou ha·lou·si·nêït
— **faim** *to be hungry* tou bi heun·gri
— **la tête qui tourne** *to be dizzy*
tou bi di·zi
— **le mal de mer** *to be seasick*
tou bi si·sik
— **mal au ventre** *to have a*
stomachache tou hav eu sto·mak·èk
— **mal aux dents** *to have a*
toothache tou hav eu touS·èk
— **raison** *to be right* tou bi raït
— **soif** *to be thirsty* tou bi Sœrs·ti
— **sommeil** *to be sleepy* tou bi sli·pi
— **tort** *to be wrong* tou bi rong
avortement *abortion* eu·bor·cheunn
avril *April* éï·preul

B

baby-sitter *babysitter* béï·bi·si·teur
bac *ferry* fè·ri
bagages *baggage* ba·gidj • *luggage*
leu·gidj
— **autorisés (poids)** *baggage*
allowance ba·gidj eu·lao·wans
bagarre *fight* faït
bague *ring* rinng
baignoire *bath* bâS
bail *lease* liis
bain *bath* bâS
baiser v fam *to fuck* tou feuk
baiser n *kiss* kis
balcon *balcony* bal·ko·ni
balle (de tennis) *(tennis) ball*
(tè·nis) bool
ballet *ballet* ba·lè
ballon (de football) *football* fout·bool
• *soccer ball* **(USA)** so·keur bool
bande (musique) *band* bènnd
bande-vidéo *video tape* vi·dè·o téïp
bande dessinée *comic book*
ko·mik bouk
banlieue *suburb* seu·beurb

banque *bank* bènnk
baptême *baptism* bap·ti·zeum
• *christening* cris·seu·ning
bar *bar* bâr • *pub* peub
barrière *fence* fènns • *gate* géït
bas *stockings* sto·kinngz
bas/basse *low* loo
base-ball *baseball* béïz·bool
basket *basketball* bâs·keut·bool
bateau *boat* boot
bâtiment *building* bil·dinng
batterie (voiture) *battery* ba·tri
• *(instrument) drums* dreumz
baume pour les lèvres *lip balm*
lip boolm
bavarder *to chat* tou tchat
bavoir *bib* bib
beau/belle *beautiful* byou·ti·foul
• *handsome* hand·som
beaucoup (de) *a lot (of)* eu lot (of)
beaucoup de *many* mè·ni • *plenty*
plènn·ti
beau-père *father-in-law*
fa·Zeur inn loo
bébé *baby* béï·bi
Belgique *Belgium* bèl·djieum
Belge *Belgian* bèl·djieun
belle-mère *mother-in-law*
mo·Zeur inn loo
bénéfice *profit* pro·fit
bénévole adj *voluntary* vo·leun·tè·ri
• n *volunteer* vo·leun·tiir
bible *bible* baï·beul
bibliothèque *library* laï·breu·ri
bien *well* wèl
bientôt *soon* sououn
bière *beer* biïeur
bijoux *jewellery* djou·eul·ri
billard américain *pool* pououl
billet *ticket* ti·keut
— **de banque** *banknote* bènnk·not
— **en stand-by** *stand-by ticket*
stand·baï ti·keut
blanc/blanche *white* waït
blanchisserie *laundry* lonn·dri
blessé(e) *hurt* heurt
• *injured* inn·djeurd
blessure *injury* inn·djeu·ri
bleu (hématome) *bruise* brouz
• *(couleur) blue* blouou

bloqué(e) *blocked* blokt
bœuf *ox* oks
bohémien(ne) *gipsy* djip·si
boire *to drink* tou drink
bois *wood* woud
— **de chauffage** *firewood*
faï·eur·woud
boisson *drink* drink
boîte *box* boks
— **(discothèque)** *nightclub* naït·cleub
— **(alimentaire en carton)** *carton*
kâr·teunn
— **aux lettres** *mailbox* méïl·boks
— **de conserve** *can* kann • *tin* tinn
bol *bowl* bool
bon(ne) *good* goud
bon marché *cheap* tchiip
bonde (évier) *plug* pleug
bondé(e) *crowded* krao·deud
bord *edge* èdj
— **de mer** *seaside* si·saïd
— **du trottoir** *kerb* keurb
botte *boot* bouout
bouche *mouth* maouS
boucherie *butcher's shop*
beut·cheurz chop
bouchon (bouteille) *cork* koork
— **(circulation)** **traffic jam** *tra·*fik djam
boucles d'oreilles *earrings* ii·rinngz
bouddhiste *Buddhist* bou·dist
boue *mud* meud
bouger *to move* tou mouv
bougie *candle* kan·deul
bouillie *baby food* béï·bi foud
bouillotte *water bottle* wo·teur bo·teul
boulangerie *bakery* béï·keu·ri
boules de coton *cotton balls*
ko·tonn bolz
boulevard *boulevard* bou·leu·var
boussole *compass* kom·pas
bout *end* ènnd
bouteille *bottle* bo·teul
bouton *button* beu·tonn
boxe *boxing* bok·sinng
boxer (sous-vêtement, short) *boxer*
shorts bok·seur chorts
braderie *street market* striit mâr·keut
braille *Braille* bréïl
bras *arm* ârm
briquet *cigarette lighter* si·geu·rèt laï·teur

brochure *brochure* bro·cheur • *flyer* fla·ieur
broderie *embroidery* im·brod·ri
bronchite *bronchitis* bron·kaï·tis
brosse *brush* breuch
— **à cheveux** *hairbrush* hèr·breuch
— **à dents** *toothbrush* touS·breuch
brûler *to burn* tou bœrn
brûlure *burn* bœrn
brumeux/brumeuse *foggy* fo·gi
brun/brune *brown* brawnn
bruyant(e) *noisy* noï·si
budget *budget* beu·djèt
buffet *buffet* beu·fèt
bureau *office* o·fis
— **de poste** *post office* post o·fis
— **des objets trouvés** *lost property office* lost pro·peur·ti o·fis
— **de tabac** *tobacconist* teu·ba·keu·nist
bus *bus* beus
but *goal* gool

C

cabine téléphonique *phone box* fonn boks
câble *cable* kéï·beul
cache-sexe *g-string* dji·strinng
cadeau *gift* gift • *present* prè·sènnt
cadenas *padlock* pad·lok
cafard *cockroach* kok·rotch
café (boisson) *coffee* ko·fi
• **(lieu)** *cafe* ka·fè
caisse (enregistreuse) *cash register* kach rè·djis·teur
caissier/caissière *cashier* ka·chiir
• **(banque)** *teller* tè·leur
calculatrice *calculator* kal·kyou·la·teur
calendrier *calendar* ka·lènn·deur
camion *lorry* lo·ri **(GB)**
• *truck* treuk **(USA)**
camionnette *van* vann
camp *camp* kamp
campagne *countryside* kon·tri·saïd
camping *camping ground* kam·pinng graond
Canada *Canada* ka·neu·da
Canadien(ne) *Canadian* ka·néi·dyann

canard *duck* deuk
cancer *cancer* kann·seur
canot à moteur *motorboat* mo·tor·boot
cape *cloak* klook
capitalisme *capitalism* ka·pi·ta·li·zeum
car *bus* beus
caravane *caravan* ka·reu·vann
carnet *notebook* not·bouk
carrefour *intersection* inn·teur·sèk·cheunn
carrière *career* ka·riieur
carte (menu) *menu* meu·nyou
• **(plan)** *map* map
— **de crédit** *credit card* krè·dit kârd
— **d'embarquement** *boarding pass* boor·dinng pâs
— **d'identité** *identification card (ID)* aï·dènn·ti·fi·kéï·cheunn kârd (aï·dii)
— **grise** *car owner's title* kâr o·neurz taï·teul
— **postale** *postcard* post·kârd
— **routière** *road map* rood map
cartouche de gaz *gas cartridge* gas kâr·tridj
cascade *waterfall* wo·teur·fol
casher *kosher* ko·cheur
casque *helmet* hèl·meut
cassé(e) *broken* bro·keunn
casse-croûte *snack* snak
casser *to break* tou brèk
casserole *pan* pann
cassette *cassette* ka·seut
cathédrale *cathedral* ka·Sii·dreul
catholique *Catholic* ka·Seu·lik
cause *cause* koz
CD *CD* sii·dii
ce *that* Zat • *this* Zis
ce soir *tonight* tou·naït
ceci *this (one)* Zis (wann)
ceinture de sécurité *seatbelt* siit·bèlt
cela *that (one)* Zat (wann)
célèbre *famous* féï·meus
célibataire *single* sinn·geul
cendrier *ashtray* ach·trëï
cent (chiffre) *hundred* heun·drèd
• **(monnaie)** *cent* sènnt
centimètre *centimetre* sènn·ti·mi·teur

centre *centre* sènn·teur
— **commercial** *shopping centre* cho·pinng sènn·teur
— -**ville** *city centre* si·ti sènn·teur
céramique *ceramic* si·ra·mik
cercle *circle* sœr·keul
certain(e) *certain* sœr·téïnn
certificat *certificate* seur·ti·fi·kéït
cette *that* Zat · *this* Zis
chaîne *chain* tchéïn
· (**télévision**) *channel* tcha·neul
— **de bicyclette** *bike chain* baïk tchéïn
— **de montagnes** *mountain range* maon·téïn rènndj
— **hi-fi** *stereo (system)* sti·ri·o (sis·teum)
chaise *chair* tchèr
chaleur *heat* hiit
chambre *room* roum
— **à air** *tube* tyoub
— **à coucher** *bedroom* bèd·roum
— **double/pour deux personnes** *double room* deu·beul roum
— **libre** *vacancy* véï·keun·si
— **simple/pour une personne** *single room* sinn·geul roum
champ *field* fild
— **de courses** *racetrack* réïs·trak
champagne *champagne* cham·péïn
championnat *championship* tcham·pyonn·chip
chance *luck* leuk · **avoir de la chance** *to be lucky* tou bi leu·ki
changer *to change* tou tchènndj
chanson *song* song
chanter *to sing* tou sinng
chanteur/chanteuse *singer* sinn·geur
chapeau *hat* hat
chaque *each* iitch · *every* è·vri
charcuterie *delicatessen* dè·li·keu·tè·seunn
chariot *trolley* tro·li
charmant(e) *charming* tchâr·minng
chasse *hunting* heun·tinng
chat *cat* kat
château *castle* kâ·seul
chaton *kitten* ki·teunn
chaud(e) (très) *hot* hot · (**agréable**) *warm* worm
chauffé(e) *heated* hi·teud
chaussettes *socks* soks

chaussure *shoe* chou
chaussures de marche *hiking boots* haï·kinng bououts
chef (cuisine) *chef* chèf
· (**dirigeant**) *leader* li·deur
chemin *path* paS · (**allée**) *lane* léïn
· (**passage**) *way* wéï
— **de fer** *railway* réïl·wéï
— **de montagne** *mountain path* maon·téïn paS
chemise *shirt* chœrt
chèque *check/cheque* tchèk
— **de voyage** *travellers cheque* trav·leurz tchèk
cher/chère *expensive* èks·pènn·siv
chercher *to look for* tou louk for
cheval *horse* hors
cheveux *hair* hèr
cheville *ankle* an·keul
chèvre *goat* goot
chien *dog* dog
— **d'aveugle** *guide dog* gaïd dog
chiot *puppy* peu·pi
chocolat *chocolate* tcho·kleut
choisir *to choose* tou tchouz
choix *choice* tchoïs
chômage *unemployment* eun·èm·ploï·mènnt
chômeur/chômeuse *unemployed* eun·èm·ploïd
chose *thing* Sinng
chrétien(ne) *Christian* kris·tieunn
ciel *sky* skaï
cigare *cigar* si·gâr
cigarette *cigarette* si·geu·rèt
cime *peak* piik
cimetière *cemetery* sè·mi·tri
cinéma *cinema* si·neu·ma
cinq *five* faïv
circulation *traffic* tra·fik
cirque *circus* sœr·keus
ciseaux *scissors* si·zeurz
citoyen(ne) *citizen* si·ti·zeunn
citoyenneté *citizenship* si·ti·zeunn·chip
clair(e) *clear* kliir · *light* laït
classe *class* klas
— **affaires** *business class* biz·nès klas
— **touriste** *economy class* i·ko·no·miklas
classique *classical* kla·si·keul
clavier *keyboard* kii·boord

clé *key kii*

client(e) *client klaï·*ènnt • *customer keus·*teu·meur

clignotant *indicator* inn·di·kéï·teur

climatisé *air-conditioned* èr·kon·di·cheunnd

clinique privée *private hospital* praï·veut hos·pi·teul

cochon *pig* pig

cocktail *cocktail* kok·téïl

code postal *post code* post kod

cœur *heart* hârt

coffre-fort *safe* séïf

coiffeur/coiffeuse *hairdresser* hèr·drè·seur

coin *corner* kor·neur

colis *parcel* pâr·seul

collant *pantyhose* pan·ti·hoz

colle *glue* glou

collectionner *to collect* tou ko·lèkt

collègue *colleague* ko·liig

collier *necklace* nèk·léïs

colline *hill* hil

colloque *conference* konn·frènns

colonne vertébrale *spine* spaïn

combinaison *combination* kom·bi·néï·cheun

comédie *comedy* ko·meu·di

comme *as az* • *like* laïk

commencement *start* stârt

commencer *to begin* tou bi·gin • *to start* tou stârt

comment *how* hao

commerce *trade* tréïd

commissariat *police station* peu·liis stéï·cheunn

commission *commission* keu·mi·cheunn

commotion cérébrale *concussion* kon·keu·cheun

commun(e) *common* ko·monn

communauté *community* keu·myou·ni·ti

communisme *communism* ko·myou·ni·zeum

communiste *communist* ko·myou·nist

compagnon/compagne *companion* keum·pa·nyeunn

compétence *skill* skil

compétition *competition* kom·peu·ti·cheunn

complet/complète *booked up* boukt eup • *no vacancy* no véï·keun·si

composition directe *direct-dial* daï·rèkt·da·yeul

comprendre *to understand* tou eun·deur·stand

compris(e) *included* in·klou·deud

compte *account* eu·kaont — **bancaire** *bank account* bènnk eu·kaont

compter *to count* tou kaont

compteur (de vitesse) *speedometer* spii·do·mè·teur

comptoir *counter* kaon·teur

concert *concert* konn·sœrt

concessionnaire *distributor* dis·tri·byou·teur

concevoir *to design* tou di·zaïnn

conduire *to drive* tou draïv

confession *confession* keunn·fè cheunn

confiance *trust* treust

confirmer *to confirm* tou konn·fœrm

confondre *to mix up* tou miks·eup

confortable *comfortable* komf·teu·beul

congrès *conference* konn·frènns

connaître *to know* tou no

conseil *advice* eud·vaïs

conservateur/conservatrice *conservative* konn·seur·va·tiv

consigne *left luggage (office)* lèft *lu*·gidj (o·fis) — **automatique** *luggage lockers* lu·gidj lo·keurs

constipation *constipation* konn·sti·péï·cheunn

construire *to build* tou bild

consulat *consulate* konn·su·léït

contraceptif *contraceptive* kon·tra·sèp·tiv

contrat *contract* konn·trakt

contre *against* eu·gènnst

contrôle *checkpoint* tchèk·poïnnt

contrôleur *ticket collector* ti·keut ko·lèk·teur

conversation *conversation* konn·veur·*séï*·cheunn
coopérer *to cooperate* tou ko·o·pè·*réït*
coq *rooster* rous·teur
coquillage *seashell* si·chèl
corde *rope* roop
— **à linge** *clothes line* klo·Zeus laïn
corps *body* bo·di
correct(e) *correct* ko·*rèkt*
corrompu(e) *corrupt* ko·*reupt*
côte *coast* koost
côté *side* saïd
coton *cotton* ko·teunn
• **boules de coton** *cotton balls* ko·tonn bolz
couche *diaper* daï·peur
• **nappy** na·pi **(GB)**
— **d'ozone** *ozone layer* o·zonn la·yeur
coucher du soleil *sunset* seun·sèt
coudre *to sew* tou soo
couleur *colour* keu·leur
couloir (avion) *aisle* éïl
coup de soleil *sunburn* seun·bœrn
coupable *guilty* gil·ti
coupe (de cheveux) *haircut* hèr·keut
coupe-ongles *nail clippers* néïl *kli* peurz
couper *to cut* tou keut
coupon *coupon* kou·ponn
courageux/courageuse *brave* bréïv
courant *current* keu·rènnt
courir *to run* tou reunn
courrier *mail* méïl
courroie de ventilateur *fanbelt* fann·bèlt
course *race* réïs
court(e) *short* chort
court de tennis *tennis court* tè·nis kourt
coût *cost* kost
couteau *knife* naïf
— **pliant** *penknife* pènn·naïf
coutume *custom* keus·teum
couvent *convent* konn·vènnt
couvert, prix du (droits d'entrée) *cover charge* ko·veur tchardj
couverts *cutlery* keu·teul·ri
couverture *blanket* blann·keut
crayon *pencil* pènn·sil
crèche *creche* krèch
crédit *credit* krè·dit

crème *cream* kriim
— **de bronzage** *tanning lotion* ta·ninng lo·cheunn
— **hydratante** *moisturiser* moïs·tyeu·raï·zeur
crevaison *puncture* peunk·tcheur
crier *to shout* tou shaout
crique *creek* kriik
critique (article) *review* reu·*vyou*
croire *to believe* tou beu·*liiv*
croix *cross* kros
croyance *belief* beu·*liif*
cru(e) *raw* roo
cueillette de fruits *fruit picking* frout pi·kinng
cuillère *spoon* spououn
cuir *leather* lè·Zeur
cuire *to cook* tou kouk
cuisine *kitchen* kit·cheunn
cuisinier/cuisinière *cook* kouk
culture (agriculture) *crop* krop
culotte *knickers* **(GB)** ni·kers
• **panties** pan·tiz
• **cure-dent** *toothpick* touS·pik
CV *CV* sii·vii • *resumé* rè·zeu·mè
cybercafé *Internet cafe* inn·teur·nèt ka·fè
cyclisme *cycling* saï·klinng
cycliste *cyclist* saï·klist

dangereux/dangereuse *dangerous* dènn·djeu·reus
dans *in* inn • **(mouvement)** *into* inn·tou
danse *dancing* dann·sinng
danser *to dance* tou danns
date *date* déït
— **de naissance** *date of birth* déït of bœrS
de *from* from
— **droite** *right-wing* raït·winng
— **gauche** *left-wing* lèft·winng
— **là** *there* from Zèèr
— **l'autre côté** *across* eu·kros
— **luxe** *luxury* leuk·cheu·ri
— **seconde classe** *second class* sè·konnd klas
— **valeur** *valuable* va·lou·éï·beul
débat *argument* âr·gyou·mènnt

déboisement *deforestation* di·fo·reu·stéï·cheunn

décalage horaire *time difference* taïm *di*·frènns

décembre *December* di·sèm·beur

décharge *rubbish dump* reu·bich deump

déchets nucléaires *nuclear waste* nou·kli·eur wëïst

déchets toxiques *toxic waste* tok·sik wëïst

décision *decision* dè·si·jeunn

découvrir *to discover* tou *dis*·ko·veur

déçu(e) *disappointed* di·seu·poïn·teud

dedans *inside* inn·saïd

défectueux/défectueuse *faulty* fol·ti

dégâts *damage* da·midj

dehors *outside* aout·saïd

déjà *already* ol·rè·di

déjeuner *lunch* leunnch

délicieux/délicieuse (plat) *tasty* téïs·ti

délit *crime* kraïm

demain *tomorrow* tou·mo·ro
  — après-midi *tomorrow afternoon* tou·mo·ro af·teur·noun
  — matin *tomorrow morning* tou·mo·ro moor·ninng
  — soir *tomorrow evening* tou·mo·ro iv·ninng

demander (quelque chose) *to ask for (something)* tou ask for (som·Sinng)

démangeaison *itch* itch

demi-litre *half a litre* hâf eu *li*·teur

démocratie *democracy* di·mo·kra·si

dent (dents) *tooth (teeth)* touS (tiiS)

dentelle *lace* léïs

dentifrice *toothpaste* touS·péïst

dentiste *dentist* dènn·tist

déodorant *deodorant* di·o·deu·reunnt

dépanneuse *tow truck* too treuk

départ *departure* di·pâr·tcheur

dépendance *addiction* a·dik·cheunn

dépenser *to spend* tou spènnd

dépôt *deposit* dè·po·zit

depuis (+ date précise) *since* sinns
  · (+ laps de temps) *for* for

déranger *to disturb* tou dis·*teurb*

dernier/dernière *last* last

derrière *behind* bi·haïnnd

des *some* som

désastre *disaster* di·zas·teur

descendant(e) *descendent* di·sènn·dènnt

descendre (d'un train, d'une voiture) *to get off* tou gèt off
  · (un escalier) *to go down* tou go daonn

désert *desert* dè·zeurt

désinfectant *disinfectant* dis·in·*fèk*·teunnt

dessert *dessert* di·zeurt

dessin animé *cartoon* kar·toun

dessiner *to draw* tou droo

destin *fate* féït

destination *destination* dès·ti·*néï*·cheunn

détail *detail* di·téïl

détaillé(e) *itemized* aï·teum·aïzd

détester *to hate* tou héït

détruire *to destroy* tou dis·troï

deux *two* tou
  — fois *twice* twaïs

devant *in front of* inn front of

développement *development* di·vé·leup·mènnt

devenir *to become* tou bi·*kom*

deviner *to guess* tou gès

devoir v *to owe* tou oo
  · (moral) n *duty* dyou·ti

devoirs (scolaires) *homework* hom·woork

diabète *diabetes* daï·eu·bi·tiz

diaphragme *diaphragm* daï·eu·fram

diapositive *slide* slaïd

diarrhée *diarrhoea* daï·eu·ri·eu

dictionnaire *dictionary* dik·cheu·neu·ri

dieu *god* god

différent(e) *different* di·frènnt

difficile *difficult* di·fi·keult

dimanche *Sunday* seunn·déï

dîner *dinner* di·neur

diplôme *degree* deu·*grii* **· diploma** di·*plo*·meu

dire *to say* tou séï **· (raconter)** *to tell* tou tèl

direct(e) *direct* di·rèkt

directeur/directrice *manager* ma·neu·djeur

direction *direction* di·rèk·cheunn

diriger *to manage* tou ma·nèdj

discours *speech* spiitch

discrimination *discrimination* dis·kri·mi·*néi*·cheunn

discuter *to discuss* tou dis·*keus*

diseuse de bonne aventure *fortune teller* for·tcheunn tè·leur

disponible *free* frii

dispute *quarrel* kwo·reul

disquaire *music shop* myou·sik chop

disquette *disk* disk

distance *distance* dis·tènns

distributeur automatique de billets (banque) (DAB) *automatic teller machine (ATM)* o·teu·*ma*·tik tè·leur meu·*chinn* (éï·tii·èm)

distributeur de billets (transport) *ticket machine* ti·keut meu·*chinn*

divorcé(e) *divorced* di·*voorst*

dix *ten* tènn

doigt *finger* finn·geur

dollar *dollar* do·leur

donc *therefore* Zèr·for

donner *to give* tou giv

dormir *to sleep* tou sliip

dos *back* bak

douane *customs* keus·tomz

double *double* deu·beul

douche *shower* cha·weur

douleur *ache* èk · *pain* péïn

douloureux/douloureuse *painful* péïn·foul · *sore* sor

doux/douce *soft* soft

douzaine *dozen* do·zeunn

draguer *to chat up* tou tchat eup

drap *sheet* chiit · *draps* *bed linen* bèd li·neunn

drapeau *flag* flag

drogué *addicted (to drugs)* a·*dik*·teud (tou dreugz)

drogue *drug* dreug

droit (études) *law* loo

droit(e) *straight* strèït

droite *right* raït

droits civils *civil rights* si·vil raïts

droits de l'homme *human rights* hyou·meunn raïts

drôle *funny* feu·ni

du *some* som

dur(e) *hard* hârd

eau *water* wo·teur

   — minérale *mineral water* minn·reul wo·teur

échange *exchange* èks·tchènndj

échanger *to change* tou tchènndj

   • to exchange tou èks·*tchènndj*

échapper *to escape* tou ès·*kéïp*

écharpe *scarf* skârf

échec *failure* féï·leur

échecs *chess* tchèss

échiquier *chess board* tchèss boord

école *school* skoul

   — professionnelle *college (vocational)* ko·lidj (vo·*kéï*·cheu·neul)

économie *economy* i·*ko*·neu·mi

Écosse *Scotland* skot·land

écouter *to listen (to)* tou *li*·seunn tou

écran *screen* skriin

   — solaire *sunscreen* seunn·skriin

   — total *sunblock* seunn·blok

écrire *to write* tou raït

écrivain *writer* raï·teur

eczéma *eczema* eg·zi·meu

éducation *education* è·dju·*kéï*·cheunn

effet *effect* i·*fèkt*

effrayé(e) *scared* skéïrd

égale *equal* i·kwol

égalité *equality* i·*kwo*·li·ti

   — des chances *equal opportunity* i·kwol o·por·*tyou*·ni·ti

église *church* tcheurtch

égoïste *selfish* sèl·fich

élection *election* i·*lèk*·cheunn

électricité *electricity* i·lèk·*tri*·si·ti

elle *she* chi

elles *they* Zéï

éloigné(e) *remote* ri·*mowt*

e-mail *email* i·*méïl*

embouteillage *traffic jam* tra·fik djam

embrasser *to kiss* tou kis

embrayage *clutch* kleutch

empêcher *to prevent* tou pri·*vènnt*

employé(e) *employee* èm·ploï·*ii*

   — de bureau *office worker* o·fis woor·keur

employeur *employer* èm·*ploï*·eur

emprunter *to borrow* tou bo·roo

en (coton, laine) *made of* méïd of
— **avant** *ahead* eu·**hèd**
— **bas** *down* daonn
— **désordre** *messy* mè·si
— **face de** *opposite* o·peu·zit
— **grève** *on strike* onn straïk
— **haut** *up* eup • *upstairs* eup·stèrz
— **panne** *broken down*
bro·keunn daonn
— **recommandé** *by registered mail/
post* baï rè·djis·teurd méïl/post
— **retard** *late* léït
encaisser *to cash* tou kach
enceinte *pregnant* prèg·nant
encore *again* eu·géïn
endroit *spot* spot
énergie *energy* è·neur·dji
— **nucléaire** *nuclear energy*
nou·kli·eur è·neur·dji
enfant *child* tchaïld • **enfants** *children*
tchil·dreunn • **siège pour enfant** *child
seat* tchaïld siit
ennuyeux/ennuyeuse *boring* bo·rinng
énorme *huge* hyoudj
enregistrement *check-in* tchèk·inn
enregistrer *to record* tou ri·kord
ensemble *together* tou·gè·Zeur
ensoleillé(e) *sunny* seu·ni
entendre *to hear* tou hiir
enterrement *funeral* fyoun·reul
enthousiaste *enthusiastic*
ènn·Sou·zi·as·tik
entorse *sprain* sprèïn
entracte *intermission*
inn·teur·mi·cheunn
entraîneur *coach* kootch
entre *between* bit·wiin
entrée *entry* ènn·tri
entreprise *company* com·peu·ni
entrer *to enter* tou ènn·teur
entrevue *interview* in·teur·vyou
enveloppe *envelope* ènn·veu·lop
envers *toward* to·weurd
environ *about* eu·baout
environnement *environment*
ènn·vaï·ronn·mènnt
envoyer *to send* tou sènnd
épais/épaisse *thick* Sik
épaule *shoulder* choul·deur
épicé(e) *spicy* spaï·si

épicerie *grocery* gros·rii
épilepsie *epilepsy* è·pi·lèp·si
épingle *pin* pinn
épouser *to marry* tou ma·ri
épuisé(e) *exhausted* èk·zos·teud
équipe *team* tiim
équipement *equipment* i·kwip·mènnt
— **de plongée** *diving equipment*
daï·vinng i·kwip·mènnt
équitation *horse riding* hors raï·dinng
erreur *mistake* mis·téïk
escalier *stairway* stèr·wéï
— **roulant** *escalator* ès·keu·léï·teur
escargot *snail* snéïl
escrime *fencing* fènn·sinng
espace *space* spéïs
Espagne *Spain* spéïn
Espagnol(e) *Spanish* spa·nich
espèce menacée de disparition
endangered species
inn·dan·djeurd spi·chiz
espérer *to hope* tou hop
espoir *hope* hop
esprit *mind* maïnnd • *spirit* spi·rit
essai *test* tèst
essayer *to try* tou traï
essence *gas* gas • *petrol* **(GB)** pè·treul
est *east* iist
estomac *stomach* sto·mak
et *and* ènnd
**établissement d'enseignement
secondaire** *high school* haï skoul
étage *floor* floor • *storey* **(USA)** sto·ri
étagère *shelf* chèlf
étang *pond* ponnd
été *summer* seu·meur
étiquette *tag* tag
étoiles *stars* stârz
étrange *strange* strènndj
étranger/étrangère *foreign* **adj** fo·réïn
• *stranger* **n** strènn·djeur
être *to be* tou bi
— **d'accord** *to agree* tou eu·grii
— **enrhumé** *to have a cold*
tou hav eu kold
étroit(e) *tight* taït
étudiant(e) *student* stou·dènnt
étudier *to study* tou steu·di
euro *euro* you·ro
Europe *Europe* you·rop

Européen(ne) *European* you·ro·*pi*·ann
euthanasie *euthanasia* you·Seu·*néï*·zi·eu
événement *event* i·*vènnt*
évident(e) *obvious* *ob*·vi·eus
exactement *exactly* èg·*zak*·tli
examen *exam* èg·*zam*
excédent *excess* ék·*seus*
excellent(e) *excellent* èk·*seu*·lènnt
exemple *example* ig·*zam*·peul
exercice *exercise* èk·seur·*saïz*
exiger *to demand* tou di·*mènnd*
expérience *experience* iks·pi·ri·*ènns*
expliquer *to explain* tou iks·*pléïnn*
exploitation *exploitation*
  èks·ploï·*téï*·cheunn
exporter *to export* tou èks·*poort*
exposé *talk* took
exposition *exhibition* èk·si·*bi*·cheunn
express *express* éks·*près*
expression *phrase* fréïz
extraordinaire *extraordinary*
  éks·*tror*·di·neu·ri

F

fâché(e) *angry* ènn·gri
facile *easy* ii·si
facilement ému *emotional*
  è·*mo*·cheu·neul
façon *manner* ma·neur
  • *way* wéï
facteur *postman* post·mann
faible *weak* wiik
faim *hungry* tou bi *heun*·gri
  • **avoir faim** *to be hungry*
  tou bi *heun*·gri
faire *to do* tou dou
  • **(fabriquer)** *to make* tou méïk
  — **attention** *to look out* tou louk *aout*
  — **confiance à** *to trust* tou treust
  — **de la planche à voile**
  to go windsurfing
  tou go winnd·*seur*·finng
  — **des courses** *to shop* tou chop
  — **du lèche-vitrines** *to go window-shopping* tou go *winn*·do·cho·pinng
  — **du stop** *to hitchhike* tou *hitch*·haïk
  — **du vélo** *to cycle* tou *saï*·keul
  — **frire** *to fry* tou fraï

  — **de la randonnée** *to hike* tou haïk
  — **les courses** *to go shopping* tou go
  cho·pinng
  — **semblant** *to pretend* tou pri·*tènnd*
  — **ses dévotions** *to worship* tou
  woor·chip
  — **une fausse couche** *to have a
  miscarriage* tou hav eu mis·*ka*·ridj
fait *fact* fakt
fait(e) à la main *handmade* hannd·méïd
falaise *cliff* klif
famille *family* fa·mi·li
fan *fan* fann
fasciste *fascist* fa·chist
fatigué(e) *tired* taï·yeud
faute *fault* folt • *foul* **(football)** faol
fauteuil *armchair* ârm·tchèr
  — **roulant** *wheelchair* wiil·tchèr
faux/fausse *false* fols • *wrong* rong
fax *fax machine* feuks meu·*chinn*
félicitations *congratulations*
  konn·gra·tu·*léï*·cheunnz
femelle *female* fii·méïl
femme *woman* wou·mann
  • **(épouse)** *wife* waïf
  — **au foyer** *homemaker* hom·*méï*·keur
  • *housewife* haousse·waïf
  — **d'affaires** *business woman* biz·nès
  wou·mann
fenêtre *window* winn·do
fer à repasser *iron* aï·ronn
ferme *farm* fârm
fermé(e) *closed* klozd
  — **à clé** *locked* lokt
fermer *to close* tou kloz
  — **à clé** *to lock* tou lok
fermeture Éclair *zip* zip • *zipper* zi·peur
fesses *fam ass* as • *bottom* boteum
fête *celebration* sè·leu·*bréï*·cheunn
  • *festival* fès·ti·veul
feu *fire* faï·eur
feuille (arbre) *leaf* liif
  • **(papier)** *sheet* chiit
feux *traffic lights* tra·fik laïts
février *February* fè·bru·eu·ri
fiançailles *engagement* ènn·géïdj·mènnt
fiancé *fiancé* fi·an·sé
fiancé(e) *engaged* ènn·géïdjd
fiancée *fiancee* fi·an·sé
ficelle *string* strinng

fiction *fiction* fik·cheunn
fièvre *fever* fi·veur
fil de fer *wire* waï·eur
fil dentaire *dental floss* dènn·teul flos
filet *net* nèt
fille *girl* œrl • **(famille)** *daughter*
　doo·teur
film *film* film • *movie (USA)* mou·vi
fils *son* sonn
fines herbes *herbs* hœrbs
fini(e) *over* o·veur
finir *to end* tou ènnd • *to finish* tou fi·nich
fleur *flower* fla·weur
fleuriste *florist* flo·rist
flic *cop* kop
foi *faith* féïS
foie *liver* li·veur
foncé(e) *dark* dârk
fondamental *basic* béï·zik
foot(ball) *football* fout·bool
　• *soccer (USA)* so·keur
forêt *forest* fo·rèst
forme *shape* chéïp
fort(e) *strong* strong
　• **(son)** *loud* laod
fortune *fortune* for·tcheunn
fou/folle *crazy* kréï·zi
foule *crowd* kraod
four *oven* o·veunn
　— **à micro-ondes** *microwave (oven)*
　maï·kro·wéïv (o·veunn)
fourchette *fork* foork
fourmi *ant* ènnt
fragile *fragile* fra·djil
frais/fraîche *cool* kououl • *fresh* frèch
freins *brakes* bréïks
fréquent(e) *frequent* fri·kwènnt
frère *brother* bro·Zeur
froid(e) *cold* kold
frontière *border* bor·deur
frottis *pap smear* pap smiir
fruit *fruit* frout
fumée *smoke* smook
fumer *to smoke* tou smook

G

gagnant(e) *winner* wi·neur
gagner *to earn* tou œrn
　• *to win* tou winn

galerie *art gallery* ârt gal·ri
gamin(e) *kid* kid
gant de toilette *face cloth* féïs cloS
gants *gloves* glovz
garage *garage* geu·raj
garanti(e) *guaranteed* ga·rèn·tid
garçon *boy* boï
garde-fou *rail* raïl
garderie *childminding*
　chaïld·maïnn·dinng
gardien de but *goalkeeper* gool·ki·peur
gare *train station* trëïn stéï·cheunn
　— **routière** *bus station* beus
　stéï·cheunn
garer (une voiture) *to park (a car)* tou
　pârk (eu kâr)
gas-oil *diesel* dii·zeul
gastro-entérite *gastroenteritis*
　gas·tro·èn·teu·raï·tis
gaz *gas* gas
gazon *grass* gras
gel *frost* frost
gelé(e) *frozen* fro·zeunn
geler *to freeze* tou friiz
gênant(e) *embarrassing* im·ba·reu·sinng
gendarme *police officer* plis o·fi·seur
gêné(e) *embarrassed* im·ba·reust
gêner *to embarrass* tou im·ba·reus
général(e) *general* djèn·reul
généreux/généreuse *generous* djèn·reus
génial(e) *brilliant* bri·li·eunnt
genou *knee* nii
genre *kind* kaïnnd
gens *people* pi·peul
gentil/gentille *kind* kaïnnd • *nice* naïs
gérant(e) *manager* ma·neu·djeur
gilet de sauvetage *life jacket* laïf dja·keut
glace *ice* aïs • *ice cream* aïs kriim
gorge *throat* Sroot
gourmand(e) *greedy* gri·di
goût *flavour* fléï·veur
gouvernement *government*
　go·veurn·meunnt
grâce *blessing* blè·sinng
gramme *gram* gram
grand(e) *big* big • *large* lârdj • *tall* tool
　— **lit** *double bed* deu·beul bèd
　— **magasin** *department store*
　di·pârt·mènnt stoor
　— **route** *main road* mëïn rood

grand-mère *grandmother*
  grannd·mo·Zeur
grand-père *grandfather* grannd·fa·Zeur
grands-parents *grandparents*
  grannd·pa·rènnts
gras/grasse *fat* fat
gratuit(e) *free* frii
grenouille *frog* frog
grille-pain *toaster* toos·teur
grippe *flu* flou
gris(e) *gray/grey* gréï
grosseur (kyste) *lump* leump
grotte *cave* kéïv
groupe *group* group
  — **de rock** *rock group* rok group
  — **sanguin** *blood group* bleud group
guêpe *wasp* wasp
guerre *war* wor
guichet *ticket office* ti·keut o·fis
guide (personne) *guide* gaïd
  · **(livre)** *guidebook* gaïd·bouk
  — **des spectacles** *entertainment guide*
  eunt·teur·téïn·meunnt gaïd
guidon *handlebars* hann·deul·barz
guitare *guitar* geu·târ
gym *gym* djim
gymnase *gym* djim
gym(nastique) *gymnastics* djim·nas·tiks
gynécologue *gynaecologist*
  gaï·neu·ko·lo·djist

H

habiter *to live* tou liv
habitude *habit* ha·bit
habituellement *usually* you·jeu·li
halal *Halal* ha·lal
hall *foyer* foï·eur
hamac *hammock* ha·meuk
handicapé(e) *disabled* di·zéï·beuld
harcèlement *harassment* heu·ras·mènnt
hasard *chance* tchanns
haut(e) *high* haï
hauteur *height* haït
hémisphère Sud *southern hemisphere*
  saou·Zeurn hè·meus·fir
hémisphère Nord *northern hemisphere*
  nor·Zeurn hè·meus·fir
hépatite *hepatitis* hè·peu·taï·tis
herboriste *herbalist* heur·beu·list

heure *hour* aoueur · *time* taïm
heures d'ouverture *opening hours*
  o·peu·ning aoueurz
heureux/heureuse *happy* ha·pi
hier *yesterday* yès·teur·déï
hindou(e) *Hindu* hinn·dou
histoire *history* his·teu·ri · *story* sto·ri
historique *historical* his·to·ri·keul
hiver *winter* winn·teur
hockey *hockey* ho·kii
  — **sur glace** *ice hockey* aïs ho·kii
homme *man* mann
  — **d'affaires** *business man*
  biz·nès mann
homme/femme politique *politician*
  po·li·ti·cheunn
homosexuel(le) *gay* géï · *homosexual*
  ho·mo·sèk·chu·eul
honnête *honest* o·nèst
hôpital *hospital* hos·pi·teul
horaire *timetable* taïm·téï·beul
horoscope *horoscope* ho·reus·kop
hors jeu *offside* of·saïd
hors service *out of order* aout of or·deur
hospitalité *hospitality* hos·pi·ta·li·ti
hôtel *hotel* ho·teul
huile *oil* oïl
huit *eight* éït
humain *human* hyou·mann
humour *humour* hyou·meur

I

ici *here* hiir
idée *idea* aï·dii
idiot(e) *idiot* i·di·eut
ignorant(e) *ignorant* ig·neu·rènnt
il *he* hi
île *island* aï·land
illégal(e) *illegal* i·lii·geul
ils *they* Zéï
image *picture* pik·tcheur
imagination *imagination*
  i·meu·dji·néï·cheunn
immatriculation *car registration*
  kâr rè·djis·tréï·cheunn
immédiatement *immediately/right now*
  i·mi·dit·li/raït nao
immigration *immigration*
  i·mi·gréï·cheunn

imperméable *raincoat* n *rèïn*·coot
• *waterproof* **adj** *wo*·teur·prouf
impoli(e) *rude* roud • *impolite* im·po·laït
important(e) *important* im·*por*·tant
importer *to import* tou *im*·poort
impossible *impossible* im·*po*·si·beul
impôt sur le revenu *income tax* i
nn·kom taks
imprimante *printer* prinn·teur
incertain(e) *uncertain* eunn·*seur*·teunn
inconfortable *uncomfortable*
eunn·*komf*·teu·beul
Inde *India* inn·di·eu
indépendant(e) *independent*
inn·dè·*pènn*·dènnt
• *self-employed* sèlf·im·*ploïd*
indigestion *indigestion*
inn·daï·*djè*·cheunn
indiquer *to point* tou poïnnt
individu *individual* inn·di·*vi*·dou·eul
industrie *industry* inn·deus·tri
industriel/industrielle *industrial*
inn·*deus*·tri·eul
infection *infection* inn·*fèk*·cheunn
infirmier/infirmière *nurse* nœrs
inflammation *inflammation*
inn·fleu·*mèï*·cheunn
influence *influence* inn·flou·ènns
informatique *IT* aï·tii
ingénierie *engineering* inn·djè·ni·rinng
ingénieur *engineer* inn·djè·*niir*
ingrédient *ingredient* inn·*gri*·di·ènnt
injecter *to inject* tou inn·*djèkt*
injuste *unfair* eunn·*féïr*
innocent(e) *innocent* i·neu·sènnt
inondation *flood* fleud
inopportun(e) *inconvenient*
inn·konn·*vi*·ni·eunnt
inquiet/inquiète *worried* wo·rid
insecte *bug* beug • *insect* inn·sèkt
institut universitaire *college* ko·lidj
intelligent(e) *intelligent* inn·*tè*·li·djènnt
intéressant(e) *interesting* inn·*trè*·stinng
international(e) *international*
inn·teur·*na*·cheu·nal
Internet *Internet* inn·teur·net
interprète *interpreter*
inn·*teur*·preu·teur
intime *intimate* inn·teu·meut
invité(e) *visitor* vi·zi·teur

inviter *to invite* tou inn·*vaït*
Irlande *Ireland* aï·land
itinéraire *itinerary* i·ti·neu·rè·ri
• *route* rouout
— **de randonnée** *hiking route*
haï·kinng rouout
ivre *drunk* dreunnk

J

jaloux/jalouse *jealous* djè·leus
jamais *never* nè·veur
jambe *leg* lèg
jambon *ham* ham
janvier *January* dja·nu·eu·ri
Japon *Japan* djeu·*pann*
jardin *garden* gâr·deunn
— **botanique** *botanic garden*
beu·*ta*·nik gâr·deunn
— **d'enfants** *kindergarten*
kinn·deur·gâr·teunn
jardinage *gardening* gâr·deu·ninng
jaune *yellow* yè·loo
je *I* aï
jean *jeans* djiins
jeep *jeep* djiip
jeter *to throw* tou Sroo
jeu *game* géïm
— **électronique** *computer game*
kom·*pyou*·teur géïm
jeudi *Thursday* Sœrs·déï
jeune *young* yong
Jeux Olympiques *Olympic Games*
eu·*lim*·pik géïmz
jockey *jockey* djo·ki
jogging *jogging* djo·ginng
joie *joy* djoï
joindre *to join* tou djoïnn
joli(e) *pretty* pri·ti
jouer (théâtre) *to act* tou akt
• **(jeu)** *to play* tou pléï
jouet *toy* toï
jour *day* déï
— **de l'an** *New Year's Day*
nyou yœrz déï
— **de Noël** *Christmas Day*
kris·meus déï
journal *newspaper* niouz·péï·peur
journaliste *journalist* djeur·neu·list

juge *judge* djeudj
juif/juive *Jewish* djou·wich
juillet *July* djou·laï
juin *June* djoun
jumeaux/jumelles *twins* twinnz
jupe *skirt* skœrt
jusqu'à (+ date) *until* eunn·til
justice *justice* djeus·tis

K

kasher *kosher* ko·cheur
kilo *kilo* ki·lo
kilogramme *kilogram* ki·lo·gram
kilomètre *kilometre* ki·lo·mè·teur
kinésithérapeute *physiotherapist*
 fi·zi·o·Sè·ra·pist
kinésithérapie *physiotherapy*
 fi·zi·o·Sè·ra·pi
kiosque *kiosk* ki·osk

L

là *there* Zèèr
lac *lake* léïk
laid(e) *ugly* eu·gli
laine *wool* wououl
laisser *to leave* tou liiv
 — **tomber** *to drop* tou drop
lait *milk* milk
lame de rasoir *razor blade* réï·zeur bléïd
lampe *lamp* lamp
 — **de poche** *flashlight* flach·laït
 • *torch* tortch
langue *language* lènn·gwidj
lapin *rabbit* ra·bit
large *wide* waïd
laver *to wash* tou woch
laverie *launderette* lon·deu·rèt
laxatif *laxative* lak·seu·tiv
le/la moins *the least* Zeu liist
le/la plus *the most* Zeu most
le plus petit/la plus petite *the smallest*
 Zeu smo·leust
le/la plus grand(e) *the biggest*
 Zeu bi·geust
le/la plus proche *the nearest*
 Zeu ni·reust

le/la meilleur(e) *the best* Zeu bèst
légal(e) *legal* lii·geul
léger/légère *light* laït
législation *legislation* lè·djis·léï cheunn
légume *vegetable* vèdj·teu·beul
lent(e) *slow* sloo
lentement *slowly* sloo·li
lentilles de contact *contact lenses*
 konn·takt lèn·zeuz
lequel/laquelle *which* witch
lesbienne *lesbian* lèz·bi·eun
lettre *letter* lè·teur
lettres classiques *humanities*
 hyou·ma·ni·tiz
leur/leurs *their* Zèr
lever *to lift* tou lift
 — **du soleil** *sunrise* seunn·raïz
lèvre *lip* lip
lézard *lizard* li·zeurd
liaison (amoureuse) *affair* eu·fèr
liberté *freedom* fri·deum
librairie *bookshop* bouk·chop
libre *free* fri • (**chambre**) *vacant*
 véï·keunnt
libre-service *self service* sèlf seur·vis
lieu *place* pléïs
 — **de naissance** *place of birth*
 pléïs of bœrS
 — **saint** *shrine* chraïn
lièvre *hare* héïr
ligne *line* laïnn
 — **aérienne** *airline* èr·laïnn
limitation de vitesse *speed limit*
 spiid li·mit
lin *linen* li·neunn
linge (vêtements à laver) *laundry* lon·dri
 • *linen* li·neunn
lingerie *lingerie* lon·djeu·rii
lire *to read* tou riid
lit *bed* bèd
literie *bedding* bè·dinng
lits jumeaux *twin beds* twinn bèdz
livre *book* bouk
 • (**monnaie**) *pound* paond
livrer *to deliver* tou dè·li·veur
local(e) *local* lo·keul
locataire *tenant* tè·neunnt
location de voitures *car hire* kâr haï·yeur
logement *accommodation*
 eu·ko·meu·déï·cheunn

logiciel *software* soft·weïr
loi *law* loo
lointain(e) *far* far
long/longue *long* long
long-courrier *long-distance* long·dis·tènns
longueur *length* lènnS
louer *to hire* tou haï·yeur
  • *to rent* tou rènnt
  — **à bail** *to lease* tou liiz
lourd(e) *heavy* hè·vi
loyal(e) *loyal* lo·yeul
lubrifiant *lubricant* lou·bri·keunnt
lumière *light* laït
lundi *Monday* monn·déï
lune *moon* moun
  — **de miel** *honeymoon* ho·ni·moun
lunettes *glasses* gla·seuz
  — **(de ski, de protection)** *goggles* go·geulz
  — **de soleil** *sunglasses* seunn·gla·seuz
luxe *luxury* leuk·cheu·ri

M

ma *my* maï
machine *machine* meu·chinn
  — **à laver** *washing machine* wo·chinng meu·chinn
mâchoire *jaw* djoo
Madame *Mrs* mis·iz
Mademoiselle *Ms/Miss* mis
magasin *shop* chop
  — **d'appareils électriques** *electrical store* i·lèk·tri·keul stoor
  — **de chaussures** *shoe shop* chou chop
  — **de matériel de camping** *camping store* kam·pinng stoor
  — **de souvenirs** *souvenir shop* sou·veu·nir chop
  — **de sports** *sports store/shop* sports stoor/chop
  — **de vêtements** *clothing store* clo·Zinng stoor
  — **de vins et spiritueux** *liquor store* li·keur stoor
magazine *magazine* ma·geu·zinn

magicien/magicienne *magician* ma·dji·cheunn
magnétoscope *video recorder* vi·dè·o ri·kor·deur
mai *May* maï
maigre *thin* Sinn
maillot de corps *singlet* sinn·glèt
  • *vest* vèst
maillot de bain *bathing suit* béï·Zinng sout
main *hand* hannd
maintenant *now* nao
maire *mayor* mè·yeur
mairie *city hall* ci·ti hool
mais *but* beut
maison *house* haous
majorité *majority* meu·djo·ri·ti
mal à la tête *headache* hè·dèk
mal des transports *travel sickness* tra·veul sik·neus
malade *ill* il • *sick* sik
maladie *disease* di·ziz • *sickness* sik·nès
  — **vénérienne** *venereal disease* veu·ni·ri·eul di·ziz
  — **de cœur** *heart condition* hârt konn·di·cheunn
malhonnête *dishonest* di·so·nèst
maman *mum* meum
mammographie *mammogram* ma·meu·gram
manger *to eat* tou iit
manifestation *protest* pro·tèst
manifester *to protest* tou pro·tèst
manœuvre *labourer* léï·beu·reur
manque *shortage* chor·tidj
manquer *to miss* tou mis
  • **manquer de** *to run out of* tou reun aout of
manteau *coat* koot
maquillage *make-up* méïk·eup
marchand *shopkeeper* chop·ki·peur
  — **de journaux** *newsagent* nyouz·éï·djènnt
  — **de légumes** *greengrocer* griin·gro·seur
marche *step* stèp
marché *market* mar·keut
  — **aux puces** *fleamarket* flii·mar keut
marcher *to walk* tou wook
mardi *Tuesday* tyous·déï

marée *tide* taïd
mari *husband* heus·bannd
mariage *marriage* mè·ridj • *wedding* wè·dinng
marié(e) *married* ma·rid
mars *March* mârtch
marteau *hammer* ha·meur
massage *massage* meu·sâj
masser *to massage* tou meu·sâj
masseur/masseuse *masseur/masseuse* ma·sœr/ma·sœz
match *game* géïm
— **nul** *tie* taï
matelas *mattress* ma·treus
matériel *material* meu·ti·ri·eul
matin *morning* mor·ninng
mauvais(e) *bad* bad • **(viande)** *off* of • **(direction)** *wrong* rong
mécanicien/mécanicienne *mechanic* mi·ka·nik
médecin *doctor* dok·teur
médecine *medicine* mè·deu·seunn
médias *media* mi·di·eu
médicament *medicine* mè·deu·seunn
méditation *meditation* mè·di·téï·cheunn
meilleur(e) *better* bè·teur
mélanger *to mix* tou miks
membre *member* mèm·beur
même *same* séïm
mémoire *memory* mèm·ri
ménage *housework* haous·woork
mensonge *lie* laï
menstruation *menstruation* mèns·strou·éï·cheunn
menteur/menteuse *liar* laï·yeur
mentir *to lie* tou laï
menuisier *carpenter* kâr·peunn·teur
mer *sea* sii
mercredi *Wednesday* wèns·déï
mère *mother* mo·Zeur
merveilleux/merveilleuse *wonderful* wonn·deur·foul
mes *my* maï
message *message* mè·sidj
messe *mass* mas
métal *metal* mè·teul
météo *weather forecast* wè·Zeur for·kast
mètre *metre* mi·teur
métro *subway* **(USA)** seub·wéï • *underground* **(GB)** eunn·deur·graond

mettre *to put* tou pout
meublé(e) *furnished* fœr·nicht
meubles *furniture* feur·ni·tcheur
midi *midday* mid·déï • *noon* nououn
mignon/mignonne *cute* kyout
migraine *migraine* mi·grèèn
militaire *military* mi·li·tri
militant(e) *activist* ak·ti·vist
millénaire *millennium* meu·lè·ni·eum
millimètre *millimetre* mi·leu·mi·teur
million *million* mi·li·onn
minorité *minority* maï·no·ri·ti
minuit *midnight* mid·naït
minuscule *tiny* taï·ni
minute *minute* mi·nut
miroir *mirror* mi·reur
mode *fashion* fa·cheunn
modem *modem* mo·deum
moderne *modern* mo·deurn
moi *me* mi
moins de *less* lès
mois *month* monnS
moitié *half* hâf
mon *my* maï
monarchie *monarchy* mo·neur·ki
monastère *monastery* mo·neu·stè·ri
monde *world* woord
monnaie (pièces) *change* tchènndj
mononucléose infectieuse *glandular fever* glan·djeu·leur fi·veur
Monsieur *Mr* mis·teur
montagne *mountain* maon·téïn
monter *to climb* tou klaïmb
— **à bord de** *to board* tou boord
— **à cheval** *to ride* tou raïd
montre *watch* wotch
montrer *to show* tou choo
monument *monument* mo·nyou·mènnt
morceau *piece* piis
mordre *to bite* tou baït
morsure *bite* baït
mort *death* dèS
mort(e) *dead* dèd
mosquée *mosque* moosk
mot *word* word
motel *motel* mo·tèl
moteur *motor* ènn·djinn
moto *motorcycle* mo·to·saï·keul
mouche *fly* flaï
mouchoir *handkerchief* hann·keu·tchiif

mouchoirs en papier *tissues* ti-chyouz
mouillé(e) *wet* wèt
mourir *to die* tou daï
mousse à raser *shaving cream*
  chéï-vinng kriim
moustiquaire *mosquito net*
  meus-ki-to nèt
moustique *mosquito* meus-ki-to
mouton *sheep* chiip
muguet (maladie) *thrush* Sreuch
multimédia *multimedia* meul-ti-mi-di-eu
mur *wall* wool
muscle *muscle* meu-seul
musée *museum* myou-zi-om
  • *art gallery* àrt ga-leu-ri
musicien/musicienne *musician*
  myou-zi-cheunn
  — des rues *busker* beus-keur
musique *music* myou-zik
musulman(e) *Muslim* meuz-lim

N

nager *to swim* tou swimm
  — avec un tuba *to snorkel*
  tou snor-keul
nappe *tablecloth* téï-beul-cloS
nationalité *nationality* na-cheu-na-li-ti
nature *nature* néï-tcheur
naturopathe *naturopath*
  néï-tcheu-reu-paS
nausée *nausea* no-zi-eu
nausées matinales *morning sickness*
  mor-ninng sik-nès
navire *ship* chip
né(e) *born* boorn
nécessaire *necessary* nè-seu-sè-ri
neige *snow* snoo
neiger *to snow* tou snoo
nettoyage *cleaning* kli-ninng
nettoyer *to clean* tou kliin
neuf *nine* naïnn
nez *nose* noz
ni *neither* néï-Zeur
nier *to deny* tou di-naï
n'importe où *anywhere* è-ni-wèr
n'importe quel/quelle *any* è-ni
n'importe qui *anyone* è-ni-wann

n'importe quoi *anything* è-ni-Sinng
niveau *level* lè-veul
Noël *Christmas* kris-meus
noir(e) *black* blak
noir et blanc *B&W* bii-ènnd-vii
nom *name* néïm
  — de famille *family name* fa-mi-li
  néïm • *surname* seur-néïm
non *no* neo
  — compris (service) *excluded*
  eks-klou-deud
  — -direct *non-direct* nonn-di-rèkt
  — -fumeur *non-smoking*
  nons-smo-kinng
  — -meublé(e) *unfurnished*
  eunn-fœr-nicht
nord *north* noorS
normal(e) *regular* rè-geu-leur
nostalgique (du pays) *homesick*
  hom-sik
notre *our* a-weur
nourrir *to feed* tou fiid
nourriture *food* foud
nous *us* eus • *we* wi
nouveau/nouvelle *new* nyou
Nouvelle-Zélande *New Zealand*
  nyou zi-land
nuage *cloud* klaoud
nuageux/nuageuse *cloudy* klaou-di
nuit *night* naït
numéro *number* neum-beur
  — de chambre *room number*
  roum neum-beur
  — de passeport *passport number*
  pas-port neum-beur

O

objectif (photo) *lens* lènnz
objet (but) *purpose* peur-peus
objets artisanaux *handicrafts*
  han-di-krafts
obscur(e) *dark* dark
obtenir *to obtain* tou ob-téïn
occasion *opportunity* eu-por-tyou-ni-ti
occupation *occupation*
  o-kyou-péï-cheunn
occupé(e) *busy* bi-zi
océan *ocean* o-cheunn
odeur *smell* smèl

O

œil *eye* aï
office du tourisme *tourist office*
  tou·rist o·fis
officier *officer* o·fi·seur
oiseau *bird* bœrd
ombre *shade* shëïd • *shadow* cha·doo
opéra *opera* op·reu
opérateur/opératrice *operator*
  o·peu·rëï·teur
opération *operation* o·peu·rëï·cheunn
or *gold* gold
orage *storm* stoorm
orange *orange* o·rènndj
ordinaire *ordinary* ord·nè·ri
ordinateur *computer* kom·*pyou*·teur
  — portable *laptop* lap·top
ordonnance *prescription*
  près·krip·cheunn
ordonner *to order* tou or·deur
ordre *order* or·deur
ordures *garbage* gar·bidj • *rubbish*
  reu·bich
oreille *ear* iir
oreiller *pillow* pi·lo
organisation *organisation*
  or·geu·ni·*zëï*·cheun
organiser *to organise* tou or·geu·naïz
orgasme *orgasm* or·ga·zeum
original(e) *original* o·ri·dji·neul
orteil *toe* too
os *bone* beonn
ou *or* or
où *where* wèr
oublier *to forget* tou feur·gèt
ouest *west* wèst
oui *yes* yès
outre-mer *overseas* o·veur·siz
ouvert(e) *open* o·peunn
ouvre-boîte *can/tin opener*
  kann/tinn o·peu·neur
ouvre-bouteille *bottle opener*
  bo·teul o·peu·neur
ouvrier/ouvrière *manual worker*
  ma·nu·eul wor·keur
  — d'usine *factory worker*
  fak·teu·ri wor·keur
ouvrir *to open* tou o·peunn
oxygène *oxygen* ok·si·djeunn

P

pacemaker *pacemaker* pèïs·*mëï*·keur
page *page* péïdj
paiement *payment* *péï*·meunnt
pain *bread* brèd
  — grillé *toast* toost
paire *pair* pèr
paix *peace* pis
palais *palace* pa·leus
panier *basket* bas·keut
panne *break down* brèk daonn
pansement *bandage* bann·didj
pantalon *pants* • *trousers*
  trao·zeurs
papa *dad* dad
paperasserie *paperwork* péï·peur·work
papeterie *stationer's (shop)*
  stëï·cheu·neurz (chop)
papier *paper* *péï*·peur
  — hygiénique *toilet paper*
  toï·lèt *péï*·peur
papillon *butterfly* beu·teur·flaï
Pâques *Easter* is·teur
paquet *package* pa·keudj • *packet*
  pa·keut
par *by* baï • *per (jour)* peur
  — avion *airmail* èr·mëïl
  — express *by express mail*
  baï èks·*près* mëïl
  — voie de terre *by surface mail (land)*
  baï sur·feus mëïl (land)
  — voie maritime *by surface mail (sea)*
  baï sur·feus mëïl (sii)
parade *parade* peu·râd
paraplégique *paraplegic* pa·reu·*plè*·djik
parapluie *umbrella* eum·brè·leu
parc *park* pârk
  — national *national park*
  na·cheu·neul pârk
parce que *because* bi·koz
par-dessus *over* o·veur • *above* eu·bov
pardonner *to forgive* tou for·giv
pare-brise *windscreen* winnd·skriin
  • *windshield* winnd·child
parents *parents* *péï*·reunnts
paresseux/paresseuse *lazy* lëï·zi
parfait(e) *perfect* peur·fèkt
parfum *perfume* peur·fyoum
pari *bet* bèt

parier *to bet* tou bèt
parking *carpark* kâr·pârk
parler *to speak* tou spiik • *to talk* tou took
parmi *among* eu·mong
partager *to share* tou shéïr
parti *party* par·ti
participer *to participate* tou par·ti·si·péït
particulier/particulière *particular*
   par·ti·kyeu·leur
partie *part* pàrt
partir *to depart* tou di·pârt
   • (quitter) *to leave* tou liiv
pas encore *not yet* not yèt
pas frais/fraîche *stale* stéïl
pas mal *not bad* not bad
passe (foot) *pass* pas
passé *past* past
passeport *passport* pas·port
passer *to pass* tou pas
   • (du temps) *to spend* tou spènnd
passe-temps *hobby* ho·bi
pâtisserie *cake shop* kéïk chop
pauvre *poor* pour
pauvreté *poverty* po·veur·ti
payer *to pay* tou péï
pays *country* konn·tri
paysage *scenery* si·neu·ri
Pays-Bas *Netherlands* nè·Zeur·landz
peau *skin* skinn
pêche *fishing* fi·chinng
pédale *pedal* pè·deul
peigne *comb* komb
peine *trouble* treu·beul
peintre *painter* péïnn·teur
peinture *painting* péïnn·tinng
pellicule *film* film
pendant *during* du·rinng
   — **la nuit** *overnight* o·veur·naït
penderie *wardrobe* word·rob
pendule *clock* klok
pénicilline *penicillin* pè·neu·si·leunn
pénis *penis* pi·neus
penser *to think* tou Sinnk
pension *boarding house* boor·dinng
   haous • *guesthouse* gèst·haous
perdant(e) *loser* lou·zeur
perdre *to lose* tou louz
perdu(e) *lost* lost
père *father* fa·Zeur

permanent(e) *permanent*
   peur·ma·neunnt
permettre *to allow* tou eu·lao
permis *permit* peur·mit
   — **de conduire** *driving licence*
   draï·vinng laï·seunns
   — **de travail** *work permit*
   woork peur·mit
permission *permission*
   peur·mi·cheunn
personnalité *personality*
   peur·so·na·li·ti
personne *person* peur·sonn
personnel(le) *personal* peur·so·neul
perte *loss* los
pertinent(e) *relevant* rè·leu·veunnt
peser *to weigh* tou wéï
petit(e) *little* li·teul • *small* smol
   — **ami** *boyfriend* boï·frènnd
   — **amie** *girlfriend* gœrl·frènnd
   — **déjeuner** *breakfast* brèk·feust
   — **tapis** *mat* mat
   — **cuillère** *teaspoon* tii·spoun
   — **monnaie** *loose change*
   louz tchènndj
petite-fille *granddaughter*
   grand·do·teur
petit-fils *grandson* grand·sonn
pétition *petition* peu·ti·sheunn
pétrole *oil* oïl
peu *little bit* li·teul bit
   — **commun(e)** *unusual*
   eunn·you·jou·eul
   — **profond(e)** *shallow* cha·lo
peur *fear* fiir
peut-être *maybe* maï·bi
phares *headlights* hèd·laïts
pharmacie *chemist* kè·mist • *pharmacy*
   far·meu·si
pharmacien(ne) *chemist* kè·mist
photo *photo* fo·to
photographe *photographer*
   fo·to·gra·feur
photographie *photography* fo·to·gra·fi
pièce (de théâtre) *play* pléï
pièce d'identité *identification*
   aï·dènn·ti·fi·kéï·cheunn
pièces *coins* koïnnz
pied *foot* fout • **pieds** *feet* fiit
pierre *stone* stonn

piéton *pedestrian* peu·dès·tri·eunn
pile *battery* bat·ri
pilule *pill* pil
pince à épiler *tweezers* twi·zeurz
pipe *pipe* païp
pique-nique *picnic* pik·nik
piquets de tente *tent pegs* tènnt pègz
piqûre (insecte) *bite* baït • **(injection)** *injection* inn·djèk·cheunn
pire *worse* woors
piscine *swimming pool* swi·minng poul
piste *track* trak • *trail* tréïl
 — **cyclable** *bike path* baïk paS
pistolet *gun* geunn
placard *cupboard* keu·boord
place (assise) *seat* siit
 • **(dans une ville)** *square* skwèr
 — **centrale** *main square* méïn skwèr
plage *beach* biitch
plainte *complaint* kom·plènnt
plaisanterie *joke* djook
plan *map* map
planche à voile *windsurfer* winnd·seur·feur
plancher *floor* floor
planète *planet* pla·neut
plaque d'immatriculation *license plate number* laï·seunns plèït neum·beur
plastique *plastic* plas·tik
plat *dish* dich
plat(e) *flat* flat
plein(e) *full* foul
pleurer *to cry* tou kraï
pleuvoir *to rain* tou réïn
plongée sous-marine *diving* daï·vinng
plonger *to dive* tou daïv
 — **avec un tuba** *to snorkel* tou snor·keul
pluie *rain* réïn
plus (que) *more* more (zann)
plus grand(e) *bigger* bi·geur
plus petit(e) *smaller* smo·leur
plus tard *later* léï·teur
plusieurs *several* sèv·reul
pneu *tyre* taï·yeur
poche *pocket* po·keut
poêle *frying pan* fraï·inng pann
poésie *poetry* po·eu·tri
poids *weight* wéït
poignet *wrist* rist

pointe *point* poïnnt
poisson *fish* fich
poissonnerie *fish shop* fich chop
poitrine *chest* tchèst
police *police* po·liis
policier *police officer* peu·liis o·fi·seur
politique (ligne de conduite) *policy* po·li·si • **(carrière)** *politics* po·li·tiks
pollen *pollen* po·leunn
pollution *pollution* po·lou·sheunn
pompe *pump* pump
pont *bridge* bridj
populaire *popular* po·pyou·leur
port *harbour* har·beur • *port* poort
porte *door* dor
porte-monnaie *purse* pœrs
porter (objet) *to carry* tou ka·ri
 • **(vêtement)** *to wear* tou wèr
posemètre *light meter* laït mi·teur
poser (une question) *to ask (a question)* tou ask (eu kwès·tcheunn)
positif/positive *positive* po·zi·tiv
possible *possible* po·si·beul
poste *mail* méïl
pot *jar* djar • *pot* pot • *carton* kar·teunn
 — **d'échappement** *exhaust* ig·zost
pot-de-vin *bribe* braïb
poterie *pottery* po·teu·ri
poubelle *garbage/rubbish can* gar·bidj/reu·bich kann
poulet *chicken* tchi·keunn
poumon *lung* leunng
poupée *doll* dol
pour *for* for
 — **cent** *percent* peur·sènnt
pourcentage *percentage* peur·sènn·tèdge
pourboire *tip* tip
pourquoi *why* waï
pousser (grandir) *to grow* tou groo
 • *to push* tou pouch
poussette *push chair* pouch tchèr
 • *stroller* stro·leur
poussière *dust* deust
pouvoir (auxiliaire de mode) *can* kann
pouvoir n *power* pa·weur
poux *lice* laïs
pratique *practical* prak·ti·keul
pratiquer *to practise* tou prak·tis
précédent(e) *previous* pri·vi·eus

précis(e) *definite* dè·fi·nit
préférer *to prefer* tou pri·*feur*
premier/première *first* fœrst
premier ministre *prime minister*
   praïm *mi*·nis·teur
première classe *first class* fœrst klas
prendre *to take* tou tëïk
   — **en photo** *to take a photo of*
   tou tëïk eu *fo*·to of
prénom *Christian name* kris·tcheunn néïm
préparer *to prepare* tou pri·*pèr*
près de *near* niir
présent *present* prè·zeunnt
présenter *to introduce* tou inn·tro·*dyous*
préservatif *condom* konn·deum
président *president* prè·zeu·deunnt
presque *almost* ol·most
pressé(e) *in a hurry* inn eu *heu*·ri
pression *pressure* prè·cheur
prêt(e) *ready* rè·di
prêtre *priest* priist
prévenir *to warn* tou worn
prévision *forecast* for·kast
prévoir *to forecast* tou *for*·kast
prière *prayer* prèèr
principal(e) *main* méïn
printemps *spring* sprinng
prise *plug* pleug
prison *jail* djéïl • *prison* pri·zeunn
prisonnier/prisonnière *prisoner*
   pri·zeu·neur
privé(e) *private* praï·veut
prix *price* praïs
   — **d'entrée** *admission price*
   eud·*mi*·cheunn praïs
probable *probable* pro·beu·beul
problème *problem* pro·blèm
prochain(e) *next* nèkst
proche *close* kloz
produire *to produce* tou pro·dyous
professeur *teacher* tit·cheur
   — **(à l'université)** *lecturer*
   lèk·tcheu·reur
professionnel(le) *professional*
   pro·*fèch*·neul
profond(e) *deep* diip
programme *programme* pro·gram
   — **des spectacles** *entertainment guide*
   eunt·teur·*téïn*·meunnt gaïd
projecteur *projector* pro·*djèk*·teur

prolongation *extension* iks·*tènn* cheunn
promenade *ride* raïd
promesse *promise* pro·meus
promettre *to promise* tou *pro*·meus
promouvoir *to promote* tou pro·*mot*
propre *clean* klin
propriétaire *owner* ow·neur
   • **(femme)** *landlady* land·lé·di
   • **(homme)** *landlord* land·lord
prostituée *prostitute* pros·ti·tyout
protection *protection* pro·*tèk*·cheunn
protégé(e) *protected* pro·*tèk*·teud
protéger *to protect* tou pro·*tèkt*
protège-slips *panty liners* pan·ti *laï*·neurs
provisions *food supplies* foud seu·*plaï*
   • *provisions* preu·*vi*·jeunnz
prudence *caution* ko·cheunn
psychothérapie *psychotherapy*
   saï·ko·*Sè*·reu·pi
public *public* peu·blik
publicité *advertisement*
   ad·veur·taïz·meunnt
puce *flea* flii
puis *then* Zèn
puissance nucléaire *nuclear power*
   nou·kli·eur pa·weur
pull *jumper* djeum·peur • *sweater*
   swè·teur
punir *to punish* tou *peu*·nich
pur(e) *pure* pyour

Q

quai *platform* plat·feurm
qualification *qualification*
   kwa·leu·feu·*kéï*·cheunn
qualité *quality* kwa·li·ti
quand *when* wèn
quantité *quantity* kwan·ti·ti
quarantaine *quarantine* kwo·reunn·tinn
quart *quarter* kor·teur
quatre *four* foor
quel(le) *what* wat • *which* witch
quelque chose *something* som·Sinng
quelquefois *sometimes* som·taïmz
quelques *some* som
quelqu'un *someone* som·wann

R

question *question* kwès·tcheunn
queue (file d'attente) *queue* kyou
• (extrémité) *tail* téïl
qui *which* witch • *who* hou
quincaillerie *hardware store*
hard·wéïr stoor
quitter *to quit* tou kwit
quotidien(ne) *daily* déï·li

race *race* réïs
racisme *racism* réï·si·zeum
raconter *to tell* tou tèl
radiateur *radiator* réï·di·éï·teur
radical(e) *radical* ra·di·keul
radio *radio* réï·di·o
raide *steep* stiip
raison *reason* rii·zeun
raisonnable *sensible* sènn·si·beul
ramasser *to pick up* tou pik eup
randonnée *hiking* haï·kinng • *trek* trèk
rapide *fast* fast • *quick* kwik
rapport *connection* keu·nèk·sheunn
rapports sexuels protégés *safe sex*
séïf sèks
raquette *racquet* ra·keut
rare *rare* réïr
rasoir *razor* réï·zeur
rassis(e) *stale* stéïl
rat *rat* rat
rave *rave* réïv
réalisateur/réalisatrice *director*
di·rèk·teur
réaliser *to direct* tou di·rèkt
réaliste *realistic* ri·eu·lis·tik
réalité *reality* ri·a·li·ti
rebord *ledge* lèdj
récemment *recently* ri·seunt·li
receveur *conductor* konn·deuk·teur
recevoir *to receive* tou ri·siv
réchaud *stove* stoov
recherches *research* ri·sœrtch
récolte *crop* krop
recommander *to recommend*
tou re·keu·mènnd
reconnaissant(e) *grateful* gréït·foul

reconnaître *to recognise* tou rè·keug·naïz
reçu *receipt* ri·siit
recyclable *recyclable* ri·saï·keu·leu·beul
recyclage *recycling* ri·saï·klinng
recycler *to recycle* tou ri·saï·keul
rédacteur/rédactrice *editor* è·di·teur
réduire *to reduce* tou ri·dyous
référence *reference* rè·freunns
réfrigérateur *refrigerator*
ri·fri·djeu·réï·teur
réfugié(e) *refugee* rè·fyou·djii
refuser *to refuse* tou ri·fyouz
regarder *to look* tou louk • *to look at*
tou louk at • *to watch* tou wotch
régime *diet* daï·eut
région *region* ri·djeunn
règles *rules* roulz
— **douloureuses** *period pain*
pi·ri·eud péïn
reine *queen* kwiin
relation *relationship* ri·léï·cheun·chip
religieuse (sœur) *nun* neunn
religieux/religieuse *religious* ri·li·djeus
religion *religion* ri·li·djeunn
remboursement *refund* ri·fonnd
remercier *to thank* tou Sank
remise *discount* dis·kaont
remplir *to fill* tou fill
rencontrer *to meet* tou miit
rendez-vous *appointment*
eu·poïnnt·meunnt
• (amoureux) *date* déït
renseignements *information*
inn·feur·méï·cheunn
réparer *to repair* tou ri·pèr
repas *meal* miil
repasser *to iron* tou aï·eunn
répondre *to answer* tou ann·seur
• *to reply* tou ri·plaï
réponse *answer* ann·seur
• *response* ri·ponns
repos *rest* rèst
représenter *to represent* tou rè·pri·zènnt
république *republic* ri·peu·blik
réseau *network* nèt·work
réservation *reservation*
rè·zeur·véï·cheunn
réserver *to book* tou bouk
respirer *to breathe* tou briiZ
ressort *spring* sprinng

restaurant *restaurant* rèst·reunnt
rester *to stay* tou stéï
retard *delay* di·léï
retrait *withdrawal* wiZ·drool
   — des bagages *baggage claim*
   ba·gidj kléïm
retraité(e) *pensioner* pènn·cheu·neur
   • *retired* ri·taïrd
réussite *achievement* eu·tchiv·meunnt
réveil *alarm clock* eu·*lorm* klok
réveiller *to wake (someone) up*
   tou wéïk (*som*·wann) eup
revenir *to return* tou ri·*tœrn*
revenus *income* inn·kom
rêver *to dream* tou driim
révolution *revolution* rè·veu·*lou*·cheunn
rhume *cold* kold
   — des foins *hay fever* héï *fi*·veur
riche *rich* ritch • *wealthy* wèl·Si
rien *nothing* no·Sinng
rire *to laugh* tou lâf
risque *risk* risk
rivière *river* ri·veur
riz *rice* raïs
robe *dress* drès
robinet *faucet* fo·seut • *tap* tap
rocher *rock* rok
rock *rock* rok
roi *king* kinng
roller *rollerblading* ro·leur·bléïd·inn
roman *novel* no·veul
romantique *romantic* ro·*mann*·tik
rond(e) *round* raond
rond-point *roundabout* raon·deu·baout
rose *pink* pink
roue *wheel* wiil
rouge *red* rèd
   — à lèvres *lipstick* lip·stik
rougeole *measles* mi·zeulz
rougeur *rash* rach
route *road* rood
royaume *kingdom* kinnd·deum
rue *street* striit
ruelle *lane* léïn
rugby *rugby* reug·bi
ruines *ruins* rou·ounz
ruisseau *stream* strim
ruse *trick* trik
rythme *rhythm* ri·Zeum

S

s'allonger *to lie* tou laï
s'amuser *to enjoy* tou ènn·djoï
   • *to have fun* tou hav feunn
s'arrêter *to stop* tou stop
s'asseoir *to sit* tou sit
s'ennuyer *to be bored* tou bi bord
s'habiller *to dress* tou drès
s'inquiéter *to worry* tou wo·ri
s'occuper de *to look after*
   tou louk af·teur
sa *her* heur • *his* hiz
sabbat *Sabbath* sa·beut
sable *sand* sannd
sac *bag* bag
   — à dos *backpack* bag·pak
   — à main *handbag* hannd·bag
   — de couchage *sleeping bag*
   slii·pinng bag
saint(e) *saint* sènnt
Saint-Sylvestre *New Year's Eve*
   nyou yeurz iiv
saison *season* sii·zeunn
salaire *salary* sal·rii • *wage* wéïdj
salaud *bastard* bas·teurd
sale *dirty* deur·ti
salle *room* roum
   — d'attente *waiting room*
   wéï·tinng roum
   — de bain *bathroom* bâS·roum
   — de transit *transit lounge*
   trann·zit laondj
salon de beauté *beauty salon*
   byou·ti sa·lonn
salope *fam* *bitch* bitch
samedi *Saturday* sa·teur·déï
sandales *sandals* sann·deulz
sang *blood* bleud
sans *without* wiZ·aout
   — plomb *unleaded* eun·*lè*·deud
sans-abri *homeless* hom·lès
santé *health* hèlS
satisfait(e) *satisfied* sa·tis·faïd
sauf *except* ék·sèpt
sauna *sauna* so·neu
sauter *to jump* tou djeump
sauvage *wild* waïld
sauver *to save* tou séïv
savoir *to know* tou noo

savon *soap* soop
scénario *script* skript
scénariste *scriptwriter* skript·raï·teur
scène *stage* stéïdj
science *science* saï·eunns
science-fiction *science fiction* saï·eunns fik·cheunn
scientifique *scientist* saï·eunn·tist
score *score* skoor
sculpture *sculpture* skeulp·tcheur
se coucher *to go to bed* tou go tou bèd
se décider *to decide* tou di·saïd
se disputer *to argue* tou ar·gyou
se laver *to wash* tou woch
se mettre à genoux *to kneel* tou niil
se mettre en grève *to go on strike* tou go onn straïk
se plaindre *to complain* tou keum·pléïn
se raser *to shave* tou chéïv
se rendre compte de *to realise* tou ri·eu·laïz
se reposer *to relax* tou ri·laks • *to rest* tou rèst
se réveiller *to wake up* tou wéïk eup
se souvenir *to remember* tou ri·mèm·beur
seau *bucket* beu·keut
sec/sèche *dry* draï
sécher *to dry* tou draï
second(e) *second* sè·konnd
seconde (temps) *second* sè·konnd
secret *secret* si·keut
secrétaire *secretary* sè·kreu·tè·ri
sécurité *safety* séïf·ti • *security* si·kyou·ri·ti
— **sociale** *social welfare* so·cheul wèl·fèr
sein *breast* brèst
sel *salt* solt
selle *saddle* sa·deul
semaine *week* wiik
semblable *similar* si·meu·leur
séminaire *seminar* sè·meu·nèr
sensation *feeling* fii·linng
sensibilité de la pellicule *film speed* film spiid
sensuel(le) *sensual* sènn·chou·eul
sentier *footpath* fout·paS
sentiment *feeling* fii·linng
sentir *to smell* tou smèl
séparé(e) *separate* sèp·réït

sept *seven* sè·veunn
septembre *September* sèp·teum·beur
série *series* si·riiz
sérieux/sérieuse *serious* si·ri·eus
seringue *syringe* seu·rinndj
séropositif/séropositive *HIV positive* ètch·aï·vi po·zi·tiv
serpent *snake* snéïk
serrer dans ses bras *to hug* tou heug
serrure *lock* lok
serveur/serveuse *waiter* wéï·teur
service *service* seur·vis • *service charge* seur·vis tchârdj
— **militaire** *military service* mi·leu·tè·ri seur·vis
serviette (porte-document) *briefcase* brif·kéïz
— **(de table)** *napkin* nap·kinn
— **(de toilette)** *towel* ta·weul
— **hygiénique** *sanitary napkin* sa·neu·tè·ri nap·kinn
ses *her* heur • *his* hiz
seule(e) *only* onn·li
sexe *sex* sèks
sexisme *sexism* sèk·si·zeum
sexiste *sexist* sèk·sist
sexy *sexy* sèk·si
shampooing *shampoo* cham·pouou
short *shorts* chorts
si *if* if
Sida *AIDS* éïdz
siège pour enfant *child seat* tchaïld siit
siffler *to whistle* tou wi·seul
signature *signature* sig·neu·tcheur
signe *sign* saïnn
simple *simple* sim·peul
Singapour *Singapore* sinn·geu·por
singe *monkey* monn·ki
sirop contre la toux *cough medicine* kof mè·deu·seunn
situation *situation* si·tyeu·éï·cheunn
— **familiale** *marital status* ma·reu·teul stéï·teus
six *six* siks
skateboard *skateboarding* skéït·bor·dinng
ski (l'activité) *skiing* ski·inng
— **nautique** *waterskiing* wo·teur·ski·inng
skier *to ski* tou ski

skis *skis* skiz
slip (panties (USA) *pan*·tiz
  • *underwear (GB)* eunn·deur·pants
socialisme *socialism* so·cheu·li·zeum
socialiste *socialist* so·cheu·list
societé *society* seu·*saï*·eu·ti
sœur *sister* sis·teur
  • *(religieuse)* nun neunn
soie *silk* silk
soif *thirst* Seu·rst • **avoir soif** *to be thirsty*
  tou bi *Sœrs*·ti
soigner *to care (for)* tou kéïr (for)
soigneux/soigneuse *careful* kéïr·foul
soir *evening* iv·ninng
soirée (fête) *night out* naït aout
  • *party* pâr·ti
soldat *soldier* sol·djeur
solde (reste à payer) *balance* ba·leunns
  • *(de marchandises)* sale sëï·le
soleil *sun* seunn
solide *solid* so·lid
somme *amount* eu·*maont*
sommeil *sleep* sliip • **avoir sommeil**
  to be sleepy tou bi *sli*·pi
somnifère *sleeping pill* slii·pinng pil
son *her* heur • *his* hiz
sonner *to ring* tou rinng
sortie *exit* èg·zit
sortir *to go out* tou go aout
sortir avec (avoir un rendez-vous)
  to date tou déït
soudoyer *to bribe* tou braïb
souffrir *to suffer* tou seu·feur
souhaiter *to wish* tou wich
soulever *to lift* tou lift • *to raise* tou rèz
sourd(e) *deaf* dèf
sourire n *smile* smaïl
  • **v** *to smile* tou smaïl
souris *mouse* maous
sous *below* bi·loo • *under* eunn·deur
sous-titres *subtitles* seub·taï·teulz
sous-vêtements *underwear*
  eunn·deur·wèr
soutien-gorge *bra* bra
souvenir *memory* mèm·ri • *souvenir*
  sou·veu·*nir*
souvent *often* o·feunn
sparadrap *Band-Aid* bannd·éïd
spécial(e) *special* spè·cheul
spécialiste *specialist* spè·cheu·list

spectacle *performance* peur·for·meunns
  • *show* choo
sport *sport* sport
sportif/sportive *sportsperson*
  sports·peur·sonn
stade *stadium* stè·di·eum
stage en entreprise *work experience*
  woork iks·pi·ri·eunns
station de métro *metro station*
  mè·tro *stéï*·cheunn
station de taxi *taxi stand* tak·si stannd
station-service *petrol station*
  pè·treul *stéï*·cheunn
stérilet *IUD* aï·you·dii
stupéfiant *narcotic* nar·ko·tik
stupéfiant(e) *amazing* eu·*méï*·zinng
stupide *stupid* styou·pid
style *style* staïl
stylo *pen* pènn
sucré(e) *sweet* swiit
sud *south* saouS
Suisse (pays) *Switzerland* swi·tze·land
Suisse (nationalité) *swiss* swéss
suivre *to follow* tou fo·loo
supérette de quartier *convenience store*
  konn·vi·ni·eunns stoor
supermarché *supermarket*
  syou·peur·mar·keut
superstition *superstition*
  sou·peur·sti·cheunn
supplémentaire *additional*
  a·di·cheu·neul • *extra* iks·treu
supporter *to support* tou seu·*poort*
sur *on* onn
sûr(e) *sure* cheur
surf *surfboard* seurf·boord
  — **des neiges** *snowboarding*
  sno·boor·dinng
surfer *to surf* tou sœrf
surnom *nickname* nik·néïm
surprise *surprise* seur·praïz
survivre *to survive* tou seur·vaïv
synagogue *synagogue* si·neu·gog
syndicat *trade union* tréïd you·nieunn
syndrome prémenstruel *premenstrual*
  tension pri·mènn·strou·eul
  tènn·cheunn
synthétique *synthetic* sinn·Sè·tik

ta *your* your
tabac *tobacco* teu·ba·ko
table *table* téï·beul
tableau *painting* péïnn·tinng
— **d'affichage** *scoreboard* skoor·boord
taie d'oreiller *pillowcase* pi·lo·kéïz
taille *size* saïz
tailleur *tailor* téï·leur
talc *baby powder* béï·bi pao·deur
tambour *drum* dreum
tampon hygiénique *tampon* tam·ponn
tante *aunt* annt
tapis *rug* reug
tarif *fare* féïr
tarifs postaux *postage* pos·tidj
tasse *cup* keup
taux de change *currency exchange* keu·reunn·si éks·tchènndj • *exchange rate* éks·tchènndj réït
taxe *tax* taks
— **à la vente** *sales tax* séïlz taks
— **d'aéroport** *airport tax* èr·port taks
taxi *taxi* tak·si
technique *technique* tèk·nik
télé *TV* tii·vii
télécarte *phone card* fonn kârd
télécommande *remote control* ri·mot keunn·trol
télégramme *telegram* tè·leu·gram
téléphérique *cable car* kéï·beul kâr
téléphone *telephone* tè·leu·fonn
— **portable** *mobile phone* mo·baïl fonn
— **public** *public telephone* peu·blik tè·leu·fonn
téléphoner *to telephone* tou tè·leu·fonn
télescope *telescope* tè·leus·kop
télésiège *chairlift* tchèr·lift
télévision *television* tè·leu·vi·jeunn
témoin *witness* wit·neus
température *temperature* tèmp·reu·tcheur
temple *temple* tèm·peul
temps (qui passe) *time* taïm • **(météo)** *weather* wè·Zeur
tennis *tennis* tè·neus
— **de table** *table tennis* téï·beul tè·neus

tension artérielle *blood pressure* bleud prè·cheur
tente *tent* tènnt
terrain *ground* graond
— **de camping** *campsite* kamp·saït
— **de golf** *golf course* golf kours
— **de jeux** *playground* pléï·graond
— **de sport** *sports ground* sports graond
Terre *Earth* œrS
terre *earth* œrS • *land* land
terrorisme *terrorism* tè·ro·ri·zeum
tes *your* your
test de grossesse *pregnancy test kit* prèg·neunn·si tèst kit
tête *head* hèd
tétine *pacifier* pa·seu·faï·eur • *dummy* deu·mi
théâtre *drama* dra·meu • *theatre* Si·eu·teur
timbre *stamp* stamp
timide *shy* chaï
tire-bouchon *corkscrew* kork·skrou
tirer *to pull* tou poul • **(avec une arme à feu)** *to shoot* tou chout
tissu *fabric* fa·brik
toilettes *public toilet* peu·blik toï·leut
toit *roof* rouf
tombe *grave* gréïv
tomber *to fall* tou fool
ton *your* your
tonalité *dial tone* daï·eul tonn
tôt *early* œr·li
toucher (sens figuré) *to feel* tou fiil • **(sens propre)** *to touch* tou teutch
toujours *always* ol·wéïz
tour *tower* ta·weur
touriste *tourist* tou·rist
tourner *to turn* tou tœrn
tournoi *tournament* tour·neu·meunnt
tous *every* èvri
— **les deux** *both* boS
— **les jours** *every day* èvri déï
tout *all* ool • *everything* èvri·Sinng
— **droit** *straight ahead* strèït eu hèd
— **le monde** *everyone* èvri·wann
— **près** *nearby* niir·baï
—**(e) seul(e)** *alone* eu·lonn
toux *cough* koof

traduire *to translate* tou·tranns·léït
train *train* tréïnn
traite bancaire *bank draft* bènnk draft
traitement *treatment* trit·meunnt
tranchant(e) *sharp* chârp
tranche *slice* slaïs
tranquille *quiet* kwaï·euT
transfert *transfer* tranns·feur
transport *transport* tranns·port
travail *job* djob • *work* woork
  — **dans un bar** *bar work* bâr woork
  — **intermittent** *casual work*
  ka·jou·eul woork
travailler *to work* tou woork
traverser *to cross* tou kros
tremblement de terre *earthquake*
  œrS·kwéïk
très *very* vè·ri
tribunal *court* kourt
tricheur/tricheuse *cheat* tchiit
tricot *knitting* ni·tinng
triste *sad* sad
trois *three* Srii
troisième *third* Sœrd
tromper *to trick* tou trik
trop *too* touou
  — **de** *too much* + **sg** touou *meutch*
  • *too many* + **pl** touou mè·ni
trou *hole* hol
trousse à pharmacie *first-aid kit*
  fœrst·èd kit
trouver *to find* tou faïnnd
T-shirt *T-shirt* tii·shœrt
tu *you* you
tuer *to kill* tou kil
  • **(d'un coup de pistolet)** *to shoot*
  tou chout
type *type* taïp
typique *typical* ti·pi·keul

U

ultrason *ultrasound* eul·treu·saond
un peu *a little* eu li·teul
un(e) *a/an* eu/eunn • *one* wann
une fois *once* wanns
uniforme *uniform* you·ni·form
union *union* you·nieunn

université *university* you·ni·veur·si·ti
univers *universe* you·ni·vœrs
urgent(e) *urgent* œr·djeunnt
  • **cas urgent** *emergency* è·meur·djèn·si
usine *factory* fak·teu·ri
utile *useful* youz·foul
utiliser *to use* tou youz

V

vacances *holidays* ho·li·déïz
  • *vacation* **(USA)** vè·kè·sheunn
vaccination *vaccination*
  vak·si·né̈·cheunn
vache *cow* kao
vagin *vagina* veu·dji·neu
vague *wave* wéïv
valeur *value* va·lyou
valider *to validate* tou va·li·déït
valise *suitcase* sout·kéïz
vallée *valley* va·li
varappe *rock climbing* rok klaïm·binng
végétarien/végétarienne *vegetarian*
  vè·djeu·tè·ri·eunn
véhicule *vehicle* vi·eu·keul
veine *vein* véïnn
vélo *bicycle* baï·si·keul
vélo tout-terrain (VTT) *mountain bike*
  maon·téïn baïk
vendre *to sell* tou sèl
vendredi *Friday* fraï·déï
venimeux/venimeuse *poisonous*
  poï·zeu·neus
venir *to come* tou kom
vent *wind* winnd
vente *sale* séïl
  — **aux enchères** *auction* ok·cheunn
ventilateur *fan* fann
ver de terre *worm* woorm
vérifier *to check* tou tchèk
vérité *truth* trouS
verre (boisson) *drink* drink • *glass* glas
vers (direction) *toward* to·weurd
vert(e) *green* griin
veste *jacket* dja·keut
vestiaire *cloakroom* klok·roum
vêtements *clothing* klo·Zinng
veuf *widower* wi·do·weur
veuve *widow* wi·doo

via *via* vaï·eu
viande *meat* miit
vide *empty* èmp·ti
vie *life* laïf
vieux/vieille *old* old
vigne *vine* vaïnn
vignoble *vineyard* vi·nyeurd
VIH *HIV (human immunodeficiency virus)* ètch·aï·vii (hyou·mann i·myou·no·di·fi·cheunn·si vaï·reus)
village *village* vi·lidj
ville *city* si·ti • **(plus petite)** *town* taonn
vin *wine* waïnn
violer *to rape* tou réïp
violet(te) *purple* peur·peul
virus *virus* vaï·reus
visa *visa* vii·zeu
visage *face* féïs
visite guidée *guided tour* gaï·deud touour
visiter *to visit* tou vi·zit
visiteur/visiteuse *visitor* vi·zi·teur
vitamine *vitamin* vi·teu·meunn
vitesse *speed* spiid
vivant(e) *alive* eu·laïv
vivre *to live* tou liv
voile *sail* sèïl • *sailing* sèï·linng
voir *to see* tou sii
voiture *car* kâr
— **de location** *rental car* rènn·teul kâr
— **de police** *police car* peu·liis kâr
— **de sport** *sports car* sports kâr
vol (avion) *flight* flaït
• **(escroquerie)** *robbery* ro·beu·ri
volé(e) (escroqué) *stolen* sto·leunn
voler (oiseau, avion) *to fly* tou flaï
• **(escroquer)** *to rob* tou rob
• *to steal* tou stiil
voleur/voleuse *thief* Siif

volume *volume* vo·lyoum
vomir *to vomit* tou vo·mit
vos *your* your
voter *to vote* tou vot
votre *your* your
vouloir *to want* tou wonnt
vous *you* you
voyage *journey* djœr·ni
tour touour • *trip* trip
— **d'affaires** *business trip* biz·nès trip
voyager *to travel* tou tra·veul
voyageur/voyageuse *passenger* pa·seunn·djeur
vrai(e) (réél) *real* ri·eul
• **(vérité)** *true* trou
vraiment *really* rii·li
vue *view* vyou

W

wagon *carriage* ka ri èdge
• *car* kar **(USA)**
wagon-lit *sleeping car* slii·pinng kâr
wagon-restaurant *dining car* daï·ninng kâr
week-end *weekend* wik·ènnd

Y

yeux *eyes* aïz
yoga *yoga* yo·geu

Z

zéro *zero* zi·ro
zoo *zoo* zouou
zéro *zero* zi·ro
zoo *zoo* zouou

Les mots et les expressions de ce dictionnaire sont classés par ordre alphabétique. Pour rechercher une expression, rendez-vous au premier mot (par exemple : **blood group** *bleud group groupe sanguin* est classée à "groupe").

Certains termes, employés plus spécifiquement en Grande-Bretagne ou aux États-Unis, portent la mention **(GB)** ou **(USA)**.

Le genre des mots sera indiqué par **m** ou **f**. Le pluriel des noms sera désigné par **pl**. Pour éviter les confusions, nous avons précisé la nature des mots : adjectif **adj**, nom **n** ou verbe **v**. Enfin, certains termes, très familiers, sont à utiliser avec autant de mesure que leur équivalent français. Ils portent la mention **fam**.

A

a/an eu/eunn *un(e)*
a little eu *li*·teul *un peu*
a lot (of) eu *lot of beaucoup (de)*
aboard eu·*boord à bord*
abortion eu·*bor*·cheunn *avortement*
about eu·*baout environ*
above eu·*bov au-dessus*
abroad eu·*brod à l'étranger*
accept ak·*sèpt accepter*
accident *ak*·si·dennt *accident*
accommodation eu·ko·mo·*déï*·cheunn *logement*
account eu·*kaont compte*
ache éïk *douleur*
achievement eu·*chiiv*·mènnt *réussite*
across eu·*kros de l'autre côté de*
act akt *jouer*
activist *ak*·ti·vist *militant/militante*
actor *ak*·tor *acteur/actrice*
acupuncture a·kyou·*ponk*·tcher *acupuncture*
adaptor a·*dap*·teur *adaptateur*
addicted eu·*dik*·teud *drogué*
addiction eu·*dik*·cheunn *dépendance*
additional a·*di*·cho·neul *supplémentaire*
address a·*drès adresse*
administration ad·mi·nis·*tréï*·cheunn *administration*
admire eud·*maï*·eur *admirer*
admission (price) eud·*mi*·cheunn (praïs) *prix d'entrée*
admit ad·*mit admettre*
adult a·*deult adulte*

advertisement ad·*vèr*·taïz·mènt *publicité*
advice eud·*vaïs conseil*
aerobics è·ro·biks *aérobic*
aerogram *è*·ro·gram *aérogramme*
aeroplane (GB) è·ro·*pléïn avion*
affair eu·*fèr liaison (amoureuse)*
Africa *a*·fri·ka *Afrique*
after *af*·teur *après*
afternoon af·teur·*noun après-midi*
aftershave *af*·teur·chéïv *après-rasage*
again eu·*géïnn encore*
against eu·*gènst contre*
age éïdj *âge*
aggressive eu·*grè*·siv *agressif/agressive*
agree eu·*grii être d'accord*
agriculture a·gri·*keul*·tcheur *agriculture*
ahead eu·*hèd en avant*
AIDS éïdz *sida*
air èr *air*
air-conditioned *èr*·kon·di·cheunn *climatisé*
airline *èr*·laïnn *ligne aérienne*
airmail *èr*·méïl *par avion*
airplane (USA) èr·*pléïn avion*
airport *èr*·port *aéroport*
   — tax èr·port taks *taxe d'aéroport*
aisle aïl *couloir (dans un avion)*
alarm clock a·*lârm klok réveil*
alcohol *al*·ko·hol *alcool*
alive eu·*laïv vivant(e)*
all ool *tout*
allergy *a*·leur·dji *allergie*

allow eu·*loo* permettre
almost *eul*·most presque
alone eu·*leonn* tout(e) seul(e)
already ol·*rè*·di déjà
also *ol*·so aussi
altar *ol*·teur autel
alternative ol·*teur*·neu·tiv alternative
altitude *al*·ti·tyud altitude
always *ol*·wèz toujours
amateur *a*·ma·teur amateur
amazing eu·*méï*·zinng stupéfiant(e)
ambassador èm·*ba*·sa·deur ambassadeur/ambassadrice
ambulance *èm*·byu·lènns ambulance
America eu·*mé*·ri·ka Amérique
american eu·*mé*·ri·kann américain
among eu·*monng* parmi
amount eu·*maont* somme
ancient *ènnt*·chènnt antique
and ènnd et
angry *ènn*·gri fâché(e)
animal *a*·ni·meul animal
ankle *enn*·keul cheville
annual *a*·nyu·eul annuel(le)
another eu·*no*·Zeur un(e) autre
answer n *an*·sœur réponse
 • v répondre
ant annt fourmi
antibiotics èn·ti·*baï*·o·tiks antibiotiques
antinuclear èn·ti·*nu*·klè·eur antinucléaire
antique an·*tik* antiquité
antiseptic èn·ti·*sèp*·tik antiseptique
any è·ni n'importe quel(le)
anyone è·ni·*wann* quiconque
anything è·ni·*Sinng* quoi que ce soit
anywhere è·ni·*wèr* où que ce soit
apartment eu·*par*·tmènnt appartement
appendix eu·*pènn*·diks appendice
appointment eu·*point*·mènnt rendez-vous
approximately eu·*prok*·si·méït·li à peu près
April *éï*·preul avril
archaeology ar·ki·o·lo·dji archéologie
architect *âr*·ki·tèkt architecte
architecture *âr*·ki·tèkt·cheur architecture
argue *âr*·gyu se disputer
argument *âr*·gyu·mènnt débat
arm ârm bras

armchair *ârm*·tchèr fauteuil
around eu·*raond* autour
arrest eu·*rèst* arrêter
arrivals eu·*raï*·veulz arrivées
arrive eu·*raïv* arriver
art ârt art
 — **gallery** ârt *ga*·leu·ri musée, galerie
artist *âr*·tist artiste
as az comme
ashtray *ach*·tréï cendrier
Asia *éï*·jia Asie
ask ask poser (une question)
 — **for** ask for demander quelque chose
aspirin *as*·peu·rinn aspirine
ass as fam cul
asthma *aZ*·meu asthme
at at à
athletics at·*lè*·tiks athlétisme
atmosphere *at*·mo·sfiir atmosphère
attached eu·*tatcht* attaché(e)
auction *ok*·cheunn vente aux enchères
August *o*·goust août
aunt annt tante
Australia o·*stréï*·lia Australie
automatic o·teu·*ma*·tik automatique
 — **teller machine (ATM)** o·teu·*ma*·tik *tè*·leur meu·*chinn* (éï·ti·èm) distributeur automatique de billets (DAB)
autumn *o*·teum automne
avenue *a*·veu·nou avenue
awful *o*·foul affreux/affreuse

B

B&W bi·ènnd·vi noir et blanc (film, pellicule)
baby *béï*·bi bébé
 — **food** *béï*·bi foud bouillie
 — **powder** *béï*·bi pao·deur talc
babysitter *béï*·bi·si·teur baby-sitter
back bak dos
backpack *bak*·pak sac à dos
bad bâd mauvais(e)
bag bag sac
baggage *bâ*·gidj bagages
 — **allowance** *bâ*·gidj eu·*lao*·ènns poids limite des bagages (avion)
 — **claim** *bâ*·gidj kléïm retrait des bagages

bakery *béï*-keu·ri *boulangerie*
balance *ba*-lanns *solde (d'un compte)*
balcony *bal*-ko·ni *balcon*
ball bool *balle/ballon*
ballet *ba*-lè *ballet*
band bènnd *bande (son)*
bandage *bènn*-didj *pansement*
Band-Aid bennd·èd *sparadrap*
bank bènnk *banque*
   — **account** bènnk eu·*kaont* *compte bancaire*
   — **draft** bènnk draft *traite bancaire*
banknote bènnk·not *billet de banque*
baptism *bap*-ti·zeum *baptême (de l'air, par exemple)*
bar bâr *bar*
   — **work** *bâr* woork *travail dans un bar*
baseball *béïz*-bool *base-ball*
basic *béï*-zik *fondamental*
basket *bas*-keut *panier*
basketball *bas*-keut·bool *basket(-ball)*
bastard *bas*-teurd fam *salaud*
bath bâS *baignoire* • **have a bath** hav eu bâS *prendre un bain*
bathing suit *béï*-Zinng syout *maillot de bain*
bathroom (USA) *bâS*-roum *salle de bains/toilettes*
battery *ba*-trii *pile* • *ba*-trii *batterie*
be bi *être*
   — **bored** bi boord *s'ennuyer*
   — **hungry** bi *heunn*-gri *avoir faim*
   — **lucky** bi *leu*-ki *avoir de la chance*
   — **right** bi raït *avoir raison*
   — **seasick** bi *sii*-sik *avoir le mal de mer*
   — **sleepy** bi *slii*-pi *avoir sommeil*
   — **thirsty** bi *Sœr*-sti *avoir soif*
   — **wrong** bi rong *avoir tort*
beach bitch *plage*
beautiful *byou*-ti·foul *beau/belle*
beauty salon *byou*-ti seu·*lonn* *salon de beauté*
because bi·*koz* *parce que*
become bi·*kom* *devenir*
bed bèd *lit*
   — **linen** *bèd* li·neunn *draps*
bedding *bè*-dinng *literie*
bedroom *bèd*-roum *chambre à coucher*
bee bii *abeille*
beer biieur *bière*
before bi·*for* *avant*

begin bi·*ginn* *commencer*
behind bi·*haïnnd* *derrière*
Belgian *bèl*-djiann *Belge*
Belgium *bèl*-djeum *Belgique*
belief bè·*liif* *croyance*
believe bè·*liiv* *croire*
below bi·*loo* *sous*
beside bi·*saïd* *à côté de*
best bèst *le/la meilleur(e)*
bet n bèt *pari*
   • **v** bèt *parier*
better bè·teur *meilleur(e)*
between bit·*wiin* *entre*
bib bib *bavoir*
bible *baï*-beul *bible*
bicycle *baï*-si·keul *vélo*
big big *grand(e)*
bigger *bi*-geur *plus grand(e)*
biggest *bi*-geust *le/la plus grand(e)*
bike baïk *vélo*
   — **chain** *baïk* tchèn *chaîne de vélo*
   — **path** *baïk* paS *piste cyclable*
bill bil *addition (au restaurant)*
bird boerd *oiseau*
birth certificate *bœrS* sèr·ti·fi·*kéït* *acte de naissance*
birthday *bœrS*-déï *anniversaire*
bitch bitch fam *salope*
bite baït v *mordre*
   • **baït** n *morsure, piqûre*
bitter *bi*-teur *amer/amère*
black blak *noir(e)*
blanket *blan*-kèt *couverture*
blessing *blè*-sinng *grâce*
blind blaïnnd *aveugle*
blister *blis*-teur *ampoule (peau)*
blocked blokt *bloqué(e)*
blood bleud *sang*
   — **group** *bleud* group *groupe sanguin*
   — **pressure** bleud *prè*-cheur *tension artérielle*
   — **test** *bleud* tèst *analyse de sang*
blue blou *bleu(e)*
board boord *monter à bord (bateau, avion)*
boarding house *boor*-dinng haous *pension*
boarding pass *boor*-dinng pâs *carte d'embarquement*
boat boot *bateau*

body *bo*-di *corps*
bone bonn *os*
book bouk n *livre* • v *réserver*
booked up boukt *eup complet/complète*
bookshop *bouk*-chop *librairie*
boot bouout *botte*
border *bor*-deur *frontière*
bored (be) boord (bi) *s'ennuyer*
boring *bo*-rinng *ennuyeux/ennuyeuse*
born born *né(e)*
borrow *bo*-reo *emprunter*
botanic garden bo-*ta*-nik *gâr*-deunn *jardin botanique*
both booS *tous les deux*
bottle *bo*-teul *bouteille*
— **opener** *bo*-teul o-*peu*-neur *ouvre-bouteille*
botom *bo*-tom *fesses, derrière*
boulevard *bou*-leu-vâr *boulevard*
bowl bool *bol*
box boks *boîte*
boxer shorts *bok*-seur choorts *short*
boxing *bok*-sinng *boxe*
boy boï *garçon*
boyfriend *boï*-frènnd *petit ami*
bra bra *soutien-gorge*
Braille brèïl *braille*
brakes brèïks *freins*
brave brèïv *courageux/courageuse*
bread brèd *pain*
break brèk *casser*
— **down** brèk daonn *tomber en panne*
breakfast *brèk*-feust *petit-déjeuner*
breast brèst *sein*
breathe brèÏZ *respirer*
bribe n braïb *pot-de-vin* • v *soudoyer*
bridge bridj *pont*
briefcase *brif*-kès *serviette*
brilliant *bril*-yannt *génial(e)*
bring brinng *amener, apporter*
brochure *bro*-chour *brochure*
broken *bro*-keun *cassé(e)*
— **down** *bro*-keun daonn *(tombé) en panne*
bronchitis bron-*kaï*-tis *bronchite*
brother *bro*-Zeur *frère*
brown braonn *brun(e)*
bruise brououz *bleu (hématome)*

brush breuch *brosse*
bucket *beu*-kèt *seau*
Buddhist *bou*-dist *bouddhiste*
budget *beu*-djèt *budget*
buffet *beu*-fèt *buffet*
bug beug *insecte*
build biïld *construire*
building *biïl*-dinng *bâtiment*
burn n bœrn *brûlure* • v *brûler*
bus beus *bus, car*
— **station** beus *stéï*-cheunn *gare routière*
— **stop** beus stop *arrêt de bus*
business *biz*-nès *affaires*
— **class** *biz*-nès klas *classe affaires*
— **man/woman** *biz*-nès mann/ *wou*-mann *homme/femme d'affaires*
— **trip** *biz*-nès trip *voyage d'affaires*
busker *beus*-keur *musicien/musicienne des rues*
busy *bi*-zi *occupé(e)*
but beut *mais*
butcher's shop *beut*-cheurs chop *boucherie*
butterfly *beu*-teur-flaï *papillon*
button *beu*-tonn *bouton*
buy baï *acheter*
by baï *par*

C

cable *kéï*-beul *câble*
— **car** *kéï*-beul kâr *téléphérique*
cafe ka-fè *café*
cake shop kéïk chop *pâtisserie*
calculator kal-ku-*léï*-teur *calculatrice*
calendar ka-len-deur *calendrier*
call kool *appeler*
camera *kam*-ra *appareil photo*
camp kéïmp *camp*
camping ground *kéïm*-pinng graond *camping*
camping store *kéïm*-pinng stor *magasin de matériel de camping*
campsite *kéïmp*-saït *terrain de camping*
can v *pouvoir, être capable de* • n *boîte de conserve*
can opener kann o-*peu*-neur *ouvre-boîte*

Canada *ka·na·da* Canada
Canadian *ka·nèï·dyan* Canadien/
Canadienne
cancel *kan·seul* annuler
cancer *kan·seur* cancer
candle *kan·deul* bougie
capitalism *ka·pi·teu·li·zeum* capitalisme
car *kâr* voiture
— **hire** *kâr ha·yeur* location de
voitures
— **owner's title** *kâr o·neurz taï·teul*
carte grise
— **registration** *kâr rè·djis·tréï·cheunn*
immatriculation
caravan *ka·reu·vann* caravane
care for *kéïr for* s'occuper de quelqu'un
career *keu·riir* carrière
careful *kéïr·foul* soigneux/soigneuse
Careful! *kéïr·foul* Attention !
caring *kéï·rinng* aimant(e)
carpark *kar·pârk* parking
carpenter *kar·pènn·teur* menuisier
carry *ka·ri* porter
carton *kâr·teunn* pot (de yaourt, de
glace)
cartoon *kâr·touounn* dessin animé
cash *kach* n argent
• v encaisser
— **register** *kach rè·djis·teur* caisse
enregistreuse
cashier *ka·chiir* caissier/caissière
cassette *keu·sèt* cassette
castle *ka·seul* château
casual work *ka·jou·eul woork* travail
temporaire
cat *kat* chat
catch *katch* attraper
cathedral *ka·Si·dreul* cathédrale
Catholic *kâS·lik* catholique
cause *koz* cause
caution *ko·cheunn* prudence
cave *kéïv* grotte
CD *sii·dii* CD
celebration *sè·lè·bréï·cheunn* fête
cemetery *sè·meu·tè·ri* cimetière
cent *sènnt* cent
centimetre *sènn·ti·mi·teur* centimètre
centre *sènn·teur* centre
ceramic *seu·ra·mik* céramique
certain *sœr·teunn* certain(e)
certificate *seur·ti·fi·kèt* certificat

chain *tchéïn* chaîne
chair *tchèèr* chaise
chairlift *tchèèr·lift* télésiège
champagne *cham·péïnn* champagne
championship *tcham·pyonn·chip*
championnat
chance *tchanns* hasard
change *tchènndj* v changer
• *tchènndj* v échanger
• *tchènndj* n monnaie
changing room *tchènn·djinng roum*
cabine d'essayage
channel *tcha·neul* chaîne (TV)
charming *tchâr·minng* charmant(e)
chat *tchat* bavarder
— **up** *tchat eup* draguer
cheap *tchiip* bon marché
cheat *tchiit* tricheur, tricher
check *tchèk* v vérifier
• (USA) n chèque
• (USA) n addition (au restaurant)
check-in (desk) *tchèk·inn* (dèsk)
enregistrement
checkpoint *tchèk·poïnnt* contrôle
cheese *tchiiz* fromage
chef *chèf* chef (cuisinier)
chemist *kè·mist* pharmacie,
pharmacien/pharmacienne
cheque *tchèk* chèque
chess *tchès* échecs
— **board** *tchès* boord échiquier
chest *tchèst* poitrine
chewing gum *tchou·inng geum*
chewing-gum
chicken *tchi·keunn* poulet
child *tchaïld* enfant
— **seat** *tchaïld* sit siège pour enfant
childminding *tchaïld·maïnn·dinng*
garderie
children *tchil·dreunn* enfants
chocolate *tcho·klèt* chocolat
choice *tchoïs* choix
choose *tchouz* choisir
Christian *kris·tcheun* chrétien(ne)
— **name** *kris·tcheun* néïm prénom
Christmas *kris·meus* Noël
— **Day** *kris·meus* déï jour de Noël
— **Eve** *kris·meus* iiv veille de Noël
(réveillon)
church *tchœrtch* église
cigar *si·gâr* cigare

cigarette si·geu·*rèt* cigarette
— **lighter** si·geu·*rèt* *laï*·teur briquet
cinema si·neu·ma cinéma
circle *sœr*·keul cercle
circus *sœr*·keus cirque
citizen *si*·ti·zeunn citoyen/citoyenne
citizenship *si*·ti·zeunn·chip citoyenneté
city *ci*·ti ville
— **centre** *ci*·ti sènn·teur centre-ville
— **hall** *ci*·ti hool mairie
civil rights *ci*·vil raïts droits civils
class klas classe
classical *kla*·si·keul classique
clean kliin a propre
• v̂ nettoyer
cleaning *klii*·ninng nettoyage
clear kliir clair(e)
client *klaï*·ènnt client(e)
cliff klif falaise
climb klaïmb monter
cloak klook cape
cloakroom *klook*·roum vestiaire
clock klok pendule
close kloz a proche
• v fermer
closed klozd fermé(e)
clothes line *kloZ* laïnn corde à linge
clothing *klo*·Zinng vêtements
— **store** *klo*·Zinng stor magasin de vêtements
cloud klaoud nuage
cloudy *kla*·oudi nuageux/nuageuse
clutch kleutch embrayage
coach kootch entraîneur
coast koost côte
coat koot manteau
cockroach *kok*·rootch cafard
cocktail *kok*·téïl cocktail
coffee *ko*·fi café
coins koïnnz pièces (de monnaie)
cold kold froid(e)
colleague *ko*·lig collègue
collect ko·*lèkt* collectionner
— **call** ko·*lèkt* kool appel en PCV
collection ko·*lèk*·cheunn accumulation
college *ko*·lidj université
— **(vocational)** *ko*·lidj (vo·*kéï*·cheu·neul) école professionnelle
colour *keu*·leur couleur
comb komb peigne

combination kom·bi·*néï*·cheunn combinaison
come kom venir
comedy *ko*·mè·di comédie
comfortable *komf*·teubl confortable
comic *ko*·mic bande dessinée
commission keu·*mi*·cheunn commission
common *ko*·meunn commun(e)
communism *ko*·myou·ni·zeum communisme
communist *ko*·myou·nist communiste
community keu·*myou*·ni·ti communauté
companion kom·*pa*·nyonn compagnon/compagne
company *kom*·peu·ni entreprise
compass *kom*·pas boussole
competition kom·pè·*ti*·cheunn compétition
complain kom·*pléïn* se plaindre
complaint kom·*pléïnt* plainte
complimentary kom·pli·*mènn*·teu·ri gratuit(e), à titre gracieux
computer com·*pyou*·ter ordinateur
— **game** kom·*pyou*·teur géïm jeu électronique
concert *konn*·seurt concert
concussion kon·*keu*·cheunn commotion cérébrale
conditioner kon·*di*·cheu·neur après-shampooing
condom *konn*·dom préservatif
conductor kon·*deuk*·teur receveur (bus)
conference *konnf*·rènns congrès, colloque
confession kon·*fè*·cheunn confession
confirm konn·*fœrm* confirmer
congratulations konn·gra·tyu·*léï*·cheunnz félicitations
connection ko·*nèk*·cheunn rapport, lieu
conservative konn·*seur*·va·tiv conservateur/conservatrice
constipation konn·sti·*péï*·cheunn constipation
consulate *konn*·su·léït consulat
contact lenses *konn*·takt lèn·zeus lentilles de contact
contraceptive konn·tra·*sèp*·tiv contraceptif
contract *konn*·trakt contrat

convenience store konn·vi·nyèns stor *supérette de quartier*
convent *konn*·vènnt *couvent*
conversation konn·veur·*séï*·cheunn *conversation*
cook kouk n *cuisinier/cuisinière*
• v *cuire, cuisiner*
cool koul *frais/fraîche*
cooperate ko·o·pè·*réït coopérer*
cop kop *flic*
corkscrew kork·skrou *tire-bouchon*
corner *kor*·neur *coin*
correct ko·*rèkt correct(e)*
corrupt ko·*reupt corrompu(e)*
cost kost *coût*
cotton ko·tonn *coton (vêtements)*
— **balls** ko·tonn boolz *boules de coton*
cough kof *toux*
— **medicine** kof mè·di·cinn *sirop contre la toux*
count kaonnt *compter*
counter *kaonn*·teur *comptoir (bar)*
country konn·tri *pays*
countryside konn·tri·saïd *campagne*
coupon kou·ponn *coupon*
court kourt *tribunal* • *court (tennis)*
cover charge ko·veur tchardj *prix d'entrée/du couvert*
cow kaoo *vache*
crafts krafts *artisanat*
crash krach *accident*
crazy *kréï*·zi *fou/folle*
cream kriim *crème*
creche krèch *crèche*
credit *krè*·dit *crédit*
— **card** *krè*·dit kârd *carte de crédit*
creek kriik *crique*
crime kraïm *délit*
crop krop *récolte, culture*
cross kross v *traverser* • a *fâché(e)*
• n *croix*
crowd kraod *foule*
crowded krao·deud *bondé(e)*
cry kraï *pleurer*
cup keup *tasse*
cupboard *keu*·beurd *placard*
currency exchange keu·rènn·si eks·tchènndj *taux de change*

current *keu*·rènnt a *actuel(le)*
• n *courant (électrique)*
— **affairs** keu·rènnt eu·*féïrz actualité*
custom keus·teum *coutume*
customer *keus*·teu·meur *client(e)*
customs keus·teumz *douane*
cut keut *couper*
cute kyouout *mignon/mignonne*
cutlery *keu*·teul·ri *couverts*
CV sii·vii *CV*
cycle saï·keul *faire du vélo*
cycling saï·klinng *cyclisme*
cyclist saï·klist *cycliste*

D

dad dad *papa*
daily *déï*·li *quotidien/quotidienne*
damage da·midj *dégâts*
dance danns *danser*
dancing dann·sinng *danse*
dangerous dènn·jeu·reus *dangereux/dangereuse*
dark dârk a *obscur(e)* • a *foncé(e)*
date déït v *sortir avec*
• *donner rendez-vous*
• n *rendez-vous (amoureux)*
• n *date* déït *date*
— **of birth** déït of *bœrS date de naissance*
daughter doo·teur *fille*
dawn doon *aube*
day déï *jour*
— **after tomorrow** déï af·teur tou·mo·ro *après-demain*
— **before yesterday** déï bi·for yès·teu·déï *avant-hier*
dead dèd *mort(e)*
deaf dèf *sourd(e)*
deal diil *distribuer (cartes)* • *négocier*
death dèS *mort*
December di·*sèm*·beur *décembre*
decide di·*saïd se décider*
decision di·si·jeunn *décision*
deep diip *profond(e)*
definite *dè*·fi·nit *déterminé, certain*
deforestation di·fo·reus·*téï*·cheunn *déboisement*
degree di·*grii diplôme*

delay di-*léï* retard
delicatessen dè-li-keu-*tè*-seunn charcuterie • traiteur
deliver deu-*li*-veur livrer
demand di-*mannd* exiger
democracy dè-mo-kra-si démocratie
demonstration dè-mon-*strëï*-cheunn manifestation
dental floss *dènn*-teul flos fil dentaire
dentist *dènn*-tist dentiste
deny di-*naï* nier
deodorant di-o-do-rant déodorant
depart di-*pârt* partir
department store di-*pârt*-mènnt stor grand magasin
departure di-*pâr*-tcheur départ
deposit di-*po*-sit dépôt
descendent dè-*sènn*-dènnt descendant(e)
desert *dè*-zeurt désert
design di-*zaïnn* concevoir
dessert di-*zeurt* dessert
destination dès-ti-*nëï*-cheunn destination
destroy dès-*troï* détruire
detail *di*-téïl détail
development di-vè-lop-mènnt développement
diabetes daï-a-*bi*-tiz diabète
dial tone *daï*-eul tonn tonalité
diaper *daï*-peur couche
diaphragm *daï*-fram diaphragme
diarrhoea daï-*rii*-a diarrhée
diary *daï*-eu-ri agenda
dice *daïs* dé
dictionary *dik*-cheu-nè-ri dictionnaire
die daï mourir
diesel *dii*-zeul gasoil
diet *daï*-eut régime
different *dif*-rènt différent(e)
difficult *di*-fi-keult difficile
dining car *daï*-ninng kâr wagon-restaurant
dinner *di*-neur dîner
diploma di-*plo*-ma diplôme
direct di-*rèkt* direct(e)
direct di-*rèkt* réaliser (un film)
direct-dial di-*rèkt*-*daï*-eul numérotation directe
direction di-*rèk*-cheunn direction

director di-*rèk*-teur réalisateur/réalisatrice
dirty *dœr*-ti sale
disabled di-*zëï*-beuld handicapé(e)
disappointed di-zeu-*poïnn*-teud déçu(e)
disaster di-*zas*-teur désastre
discount *dis*-kaont remise
discover dis-*keu*-veur découvrir
discrimination dis-kri-mi-*nëï*-cheunn discrimination
discuss dis-*keus* discuter
disease di-*ziiz* maladie
dish dich plat
dishonest diz-o-nèst malhonnête
disinfectant dis-in-*fèk*-tènnt désinfectant
disk disk disque • disquette
distance *dis*-tènns distance
distributor dis-tri-*byu*-teur concessionnaire
disturb dis-*tœrb* déranger
dive daïv plonger
diving *daï*-vinng plongée sous-marine
— **equipment** *daï*-vinng i-*kwip*-mènnt équipement de plongée sous-marine
divorced di-*voorst* divorcé(e)
dizzy (be) di-zi (bi) avoir la tête qui tourne
do dou faire
doctor *dok*-teur médecin
dog dog chien
dole dool allocation de chômage
doll dol poupée
dollar *do*-leur dollar
door door porte
dope doop drogue
dose dooz dose
double *deu*-beul double
— **bed** *deu*-beul bèd grand lit
— **room** *deu*-beul roum chambre avec un lit à deux places • chambre double
down da-onn en bas
dozen *do*-zeunn douzaine
drama *dra*-ma théâtre
draw droo dessiner
draw droo match nul
dream driim rêver
dress drès s'habiller
dress drès robe

drink drink n *boisson*
• **v** *boire* • **n** *verre (d'une boisson alcoolisée)*
drive draïv *conduire*
driving licence *draï*-vinng *laï*-sènns *permis de conduire*
drop drop *laisser tomber*
drug dreug *drogue*
drugs dreugz *drogue • médicament*
drum dreum *tambour*
drums dreumz *batterie*
drunk dreunk *ivre*
dry draï *sec/sèche*
dry draï *sécher*
duck deuk *canard*
dummy *deu*-mi *tétine*
during *dyou*-rinng *pendant*
dust deust *poussière*
dustbin (GB) *deust*-bin *poubelle*
duty *dyou*-ti *devoir*

E

each itch *chaque*
ear ir *oreille*
early *œr*-li *tôt*
earn œrn *gagner*
earrings *i*-rinngz *boucles d'oreilles*
Earth œrS *Terre*
earth œrS *terre*
earthquake *œrS*-kwéïk *tremblement de terre*
east iist *est*
Easter *is*-teur *Pâques*
easy *ii*-zi *facile*
eat iit *manger*
economy i-*keu*-no-mi *économie*
— class i-*keu*-no-mi klas *classe touriste*
eczema èg-*zii*-ma *eczéma*
edge èdj *bord*
editor é-di-teur *rédacteur/rédactrice (presse)* • *éditeur/éditrice*
education è-dyou-*kéï*-cheunn *éducation*
effect i-*fèkt* *effet*
eight éït *huit*
elderly *èl*-deur-li *âgé(e)*
election i-*lèk*-cheunn *élection*
electrical store i-*lèk*-tri-keul stor *magasin d'appareils électriques*
electricity i-lèk-*tri*-si-ti *électricité*

elevator è-lè-véï-teur *ascenseur*
email *i*-méïl *e-mail*
embarrass im-*bè*-reus *gêner*
embarrassed im-*bè*-reust *gêné(e)*
embarrassing im-*bè*-reu-sinng *gênant(e)*
embassy *èm*-beu-si *ambassade*
embroidery im-*broï*-deu-ri *broderie*
emergency i-*mœr*-djèn-si *urgence*
emotional i-*mo*-cheu-neul *émotif/émotive*
employee èm-ploï-*ii* *employé(e)*
employer èm-*ploï*-eur *employeur*
empty *èmp*-ti *vide*
end ènnd n *fin* • **n** *bout*
• **v** *finir*
endangered species in-*dèn*-djeurd *spi*-chiz *espèces en voie de disparition*
energy *è*-neur-djii *énergie*
engaged ènn-*géïdjd* *fiancé(e)*
engagement ènn-*géïdj*-mènnt *fiançailles*
engine *ènn*-djinn *moteur*
engineer ènn-dji-*niir* *ingénieur*
engineering ènn-dji-*nii*-rinng *ingénierie*
England *inn*-gland *Angleterre*
English *inn*-glich *Anglais(e)*
• *anglais(e)*
enjoy ènn-*djoï* *s'amuser*
enough i-*naf* *assez*
enter *ènn*-teur *entrer*
entertainment guide
ènn-tèr-*téïn*-mènnt gaïd *programme des spectacles*
enthusiastic inn-Sou-zi-*as*-tik *enthousiaste*
entry *ènn*-tri *entrée*
envelope *ènn*-veu-lop *enveloppe*
environment ènn-*vaï*-ron-mènnt *environnement*
epilepsy *è*-pi-lèp-sii *épilepsie*
equal *i*-kwol *égale*
— opportunity *i*-kwol o-por-*tyu*-ni-ti *égalité des chances*
equality i-*kwo*-li-ti *égalité*
equipment i-*kwip*-mènnt *équipement*
escalator *ès*-keu-*léï*-teur *escalier roulant*
escape ès-*kéïp* *échapper*

estate agency ès·*téït éï*·djèn·si *agence immobilière*
euro *you*·ro *euro*
Europe *you*·rop *Europe*
European *you*·ro·*pi*·ann *Européen/ Européenne* • *européen/européenne*
euthanasia *you*·Sa·*néï*·jeu *euthanasie*
evening *iv*·ninng *soir*
event i·*vènt événement*
every *èv*·ri *chaque*
— day *èv*·ri *déï tous les jours*
everyone *èv*·ri·*wann tout le monde*
everything *èv*·ri·Sinng *tout*
exactly ig·*zak*·tli *exactement*
exam ig·*zam examen*
example ig·*zam*·peul *exemple*
excellent *ék*·sè·lènnt *excellent(e)*
except ik·*sèpt sauf*
excess ik·*sès excédent*
exchange èks·*tchènndj* n *échange* • v *échanger*
— rate èks·*tchènndj réït taux de change*
excluded èks·*klou*·deud *non compris*
exercise *èk*·zèr·saïz *exercice*
exhaust ig·*zost pot d'échappement*
exhausted ig·zo·steud *épuisé(e)*
exhibition ég·zi·*bi*·cheunn *exposition*
exit *èk*·zit *sortie*
expensive iks·*pènn*·siv *cher/chère*
experience iks·*pi*·ri·ènns *expérience*
explain iks·*pléïn expliquer*
exploitation èks·ploï·*téï*·sheunn *exploitation*
export *èks*·port *exporter*
express iks·*près express*
— mail (by) iks·*près méïl (baï) envoi par express*
extension èks·*tènn*·cheunn *prolongation (visa)*
extra *iks*·tra *supplémentaire*
extraordinary iks·*tror*·di·neu·ri *extraordinaire*
eye aï *œil*
eyes aïz *yeux*

fabric *fa*·brik *tissu*
face *féïs visage*
— cloth *féïs* kloS *gant de toilette*

fact fakt *fait*
factory *fak*·to·ri *usine*
— worker *fak*·to·ri *woor*·keur *ouvrier/ ouvrière d'usine*
failure *féï*·leur *échec*
faith féïS *foi*
fall fool v *tomber* • n *automne*
false fols *faux/fausse*
family *fa*·mi·li *famille*
— name *fa*·mi·li nëïm *nom de famille*
famous *féï*·meus *célèbre* ·rer
fan fann n *ventilateur* • n *fan*
fanbelt *fann*·bèlt *courroie de ventilateur*
far fâr *lointain(e)*
fare *féïr tarif*
farm fârm *ferme*
farmer *fâr*·meur *agriculteur/agricultrice*
fascist *fa*·chist *fasciste*
fashion *fa*·cheunn *mode*
fast fast *rapide*
fat fat *gras/grasse*
fate féït *destin*
father *fa*·Zeur *père*
father-in-law *fa*·Zeur·inn·*loo beau-père*
faucet (USA) *fo*·ceu *robinet*
fault foolt *faute*
faulty *fool*·ti *défectueux/défectueuse*
fax machine faks *meu*·chinn *fax*
fear fiir *peur*
February *fè*·bru·eu·ri *février*
feed fiid *nourrir*
feel fiil *toucher* • *sentir*
feeling *fii*·linng n *sensation* • n *sentiment*
female *fi*·méïl *femelle*
fence fènns *barrière*
fencing *fènn*·sinng *escrime*
ferry *fè*·ri *bac*
festival *fès*·ti·veul *fête*
fever *fi*·veur *fièvre*
few fiou *peu*
fiance *fi*·an·sè *fiancé(e)*
fiction *fik*·cheunn *fiction*
field fild *champ*
fight faït *bagarre*
fill fil *remplir*
film film *film* • n *pellicule*
— speed film spiid *sensibilité de la pellicule*
find faïnnd *trouver*
fine faïnn *amende*

finger *fin·geur doigt*
finish *fi·nich finir*
fire *faï·eur feu*
firewood *faï·eur·woud bois de chauffage*
first *fœrst premier/première*
  — class *fœrst klas première classe*
first-aid kit *fœrst·èd kit trousse à pharmacie*
fish *fich poisson*
  — shop *fich chop poissonnerie*
fishing *fi·chinng pêche*
five *faïv cinq*
flag *flag drapeau*
flannel *fla·neul gant de toilette*
flashlight *flach·laït lampe de poche*
flat *flat plat(e)*
flavour *fléï·veur goût*
flea *flii puce*
fleamarket *flii·mâr·keut marché aux puces*
flight *flaït vol*
flood *fleud inondation*
flooding *fleu·ding inondation (en cours)*
floor *floor* n *plancher* • n *étage*
florist *floo·rist fleuriste*
flower *fla·weur fleur*
flu *flouou grippe*
fly *flaï* n *mouche* • v *voler*
foggy *fo·gi brumeux/brumeuse*
follow *fo·lo suivre*
food *foud nourriture*
food supplies *foud seu·plaïz provisions*
foot *fout pied*
football *fout·bool football*
footpath *fout·paS sentier*
for *for pour*
forecast *for·kast prévision*
forecast *for·kast prévoir*
foreign *fo·rèïnn étranger/étrangère*
forest *fo·rèst forêt*
forever *for·è·veur pour toujours*
forget *for·gèt oublier*
forgive *for·giv pardonner*
fork *foork fourchette*
fortnight *fort·naït quinze jours*
fortune *for·tcheunn fortune*
fortune teller *for·tcheunn tè·leur diseuse de bonne aventure*
foul *faol faute (football)*
four *foor quatre*

foyer *foï·eur hall*
fragile *fra·djil fragile*
free *frii* a *disponible*
  • a *gratuit(e)* • a *libre*
freedom *frii·deum liberté*
freeze *friiz geler*
frequent *fri·kwènnt fréquent(e)*
fresh *frèch frais/fraîche*
Friday *fraï·déï vendredi*
fridge *fridj réfrigérateur*
friend *frènnd ami(e)*
friendly *frènnd·li amical(e)*
friendship *frènnd·chip amitié*
frog *frog grenouille*
from *from de* • *depuis*
frost *frost gel*
frozen *fro·zeunn gelé(e)*
fruit *frouout fruit*
  — picking *frouout pi·kinng cueillette de fruits*
fry *fraï faire frire*
frying pan *fraï·inng pann poêle*
fuck *feuk* fam *baiser*
full *foul plein(e)*
full-time *foul·taïm à plein temps*
fun *feunn plaisir*
funeral *fyou·ne·reul enterrement*
funny *feu·ni drôle*
furnished *fœr·nicht meublé(e)*
furniture *fœr·ni·tcheur meubles*
future *fyou·tcheur avenir*

G

game *géïm* n *jeu* • n *match*
garage *geu·râj garage*
garbage *gar·bidj ordures*
  — can (USA) *gar·bidj kann poubelle*
garden *gâr·deunn jardin*
gardening *gâr·deu·ninng jardinage*
gas *gas* n *gaz* • n *essence*
  — cartridge *gas kâr·tridj cartouche de gaz*
gastroenteritis *gas·tro·èn·tè·raï·tis gastro-entérite*
gate *géït barrière*
gay *géï homosexuel(le)*
general *djènn·reul général(e)*
generous *djè·nè·reus généreux/généreuse*

Germany *djèr*·ma·ni *Allemagne*
get off gèt off *descendre (d'un train, d'une voiture)*
gift gift *cadeau*
gig djig *concert*
gipsy *dji*·psi *bohémien/bohémienne*
girl gœrl *fille*
girlfriend *gœrl*·frènnd *petite amie*
give giv *donner*
glandular fever *glann*·dju·leur fi·veur *mononucléose infectieuse*
glass glas *verre*
glasses *gla*·seuz *lunettes*
gloves glovz *gants*
glue glouou *colle*
go go *aller*
   — to bed go tou bèd *se coucher*
   — down go da·onn *descendre (les escaliers)*
   — out go a·out *sortir*
   — out with go a·out wiZ *sortir avec*
   — shopping go cho·pinng *faire les courses*
   — window-shopping go *winn*·do·cho·pinng *faire du lèche-vitrines*
goal gool *but*
goalkeeper *gool*·kii·peur *gardien de but*
goat goot *chèvre*
god god *dieu*
goggles go·geulz *lunettes (de ski, de protection)*
gold gold *or*
golf course golf kours *terrain de golf*
good goud *bon/bonne*
goodbye goud·baï *au revoir*
government go·vèrn·mènnt *gouvernement*
gram gram *gramme*
grandchild grand·chaïld *petit-fils/ petite-fille*
grandfather grand·fa·Zeur *grand-père*
grandmother grand·mo·Zeur *grand-mère*
grandparents grand·pa·rènnts *grands-parents*
grass gras *gazon*
grateful *gréït*·foul *reconnaissant(e)*
grave gréïv *tombe*
gray gréï *gris(e)*
great gréït *génial(e)*

greedy *grii*·di a *gourmand(e)*
   • a *avide*
green griin *vert(e)*
greengrocer *griin*·gro·seur *primeur*
grey gréï *gris(e)*
grocery gro·seu·ri *épicerie*
grow groo *pousser*
g-string *dji*·strinng *cache-sexe*
guaranteed ga·ran·tiid *garanti(e)*
guess gès *deviner*
guesthouse gest·haous *pension (de famille)*
guide gaïd *guide*
   — dog gaïd dog *chien d'aveugle*
guidebook *gaïd*·bouk *guide (livre)*
guided tour *gaï*·deud ta·our *visite guidée*
guilty *gil*·ti *coupable*
guitar gi·târ *guitare*
gun geunn *pistolet*
gym djim *gymnase*
gymnastics dji·*mna*·stiks *gymnastique*
gynaecologist gaï·nè·*ko*·lo·djist *gynécologue*

habit ha·bit *habitude*
hair hèr *cheveux*
hairbrush *hèr*·breuch *brosse à cheveux*
haircut *hèr*·keut *coupe*
hairdresser *hèr*·drè·seur *coiffeur/ coiffeuse*
Halal ha·*lal* *halal*
half hâf *moitié*
   — a litre hâf eu *li*·teur *demi-litre*
hallucinate ha·*lou*·si·néït *avoir des hallucinations*
ham ham *jambon*
hammer ha·meur *marteau*
hammock ha·meuk *hamac*
hand hand *main*
handbag hand·bag *sac à main*
handicrafts han·di·krafts *objets artisanaux*
handkerchief han·kœr·tchiif *mouchoir*
handlebars han·deul·barz *guidon*
handmade hand·méïd *fait(e) à la main*
handsome hand·som *beau/belle*
happy ha·pi *heureux/heureuse*

harassment heu·*râs*·mènnt
harcèlement

harbour *har*-beur port

hard hard a *difficile* • a *dur(e)*

hardware store *hard*·wèr stor
quincaillerie

hare hèr *lièvre*

hat hat *chapeau*

hate héït *détester*

have hav *avoir*
   — a cold hav eu *kold être enrhumé*
   — fun hav *feunn s'amuser*
   — a stomachache hav eu
   sto·meuk·èk *avoir mal au ventre*

hay fever *héï* fi·veur *rhume des foins*

he hi *il*

head hèd *tête*

headache hè·dèk *mal à la tête*

headlights *hèd*·laïts *phares*

health hèlS *santé*

hear hiir *entendre*

hearing aid *hii*·rinng èd *appareil auditif*

heart hârt *cœur*
   — condition hârt kon·*di*·cheun
   maladie cardiaque

heat hiit *chaleur*

heated *hii*·teud *chauffé(e)*

heater *hii*·teur *appareil de chauffage*

heavy hè·vi *lourd(e)*

height héït *hauteur*

helmet *hèl*·mèt *casque*

help hèlp v *aider*
   • n *aide*

hepatitis hè·pa·*taï*·tis *hépatite*

her heur *son/sa/ses (pour une femme)*

herbalist *heur*·beu·lis *herboriste*

herbs *heur*·bz *fines herbes*

here hiir *ici*

high haï *haut(e)*
   — school *haï* skoul *établissement*
   d'enseignement secondaire

highway *haï*·wéï *autoroute*

hike haïk *faire de la randonnée*

hiking *haï*·kinng *randonnée*
   — boots *haï*·kinng bouts *chaussures*
   de marche
   — route *haï*·kinng rout *itinéraire de*
   randonnée

hill hil *colline*

Hindu *hinn*·dou *hindou(e)*

hire *haï*·yeur *louer*

his hiz *son/sa/ses (pour un homme)*

historical his·to·ri·keul *historique*

history *his*·to·ri *histoire*

hitchhike *hitch*·haïk *faire du stop*

**HIV (human immunodeficiency
virus)** éïtch·aï·vii (*hyou*·mann
i·myou·no·dè·fi·chèn·si *vaï*·reus)
*VIH (virus de l'immunodéficience
humaine)*

HIV positive éïtch·aï·vii *po·zi·tiv*
séropositif/séropositive

hobby *ho*·bi *passe-temps*

hockey *ho*·kéï *hockey*

hole hol *trou*

holidays *ho*·li·déïz *vacances*

home hom *à la maison*

homeless *hom*·lès *sans-abri*

homesick *hom*·sik *nostalgique de
son pays*

homework *hom*·woork *devoirs*

homosexual ho·mo·*sèk*·cheul
homosexuel(le)

honest *o*·nèst *honnête*

honeymoon ho·nè·*moun lune de miel*

hope hop *espoir*

hope hop *espérer*

horoscope *ho*·reus·skop *horoscope*

horse hoors *cheval*

horse riding *hoors* raï·dinng *équitation*

hospital *hos*·pi·teul *hôpital*

hospitality hos·pi·*ta*·li·ti *hospitalité*

hot hot *chaud(e)*

hotel ho·*tèl hôtel*

hour aoueur *heure*

house *ha*·ouz *maison*

housewife *ha*·ouz waïf *femme au foyer*

housework *ha*·ouz·worrk *ménage*

how ha·o *comment*

hug heug *serrer dans ses bras*

huge hyoudj *énorme*

human *hyou*·mann *humain*
   — rights *hyou*·mann raïts *droits de
l'homme*

humanities hyou·*ma*·ni·tiz *lettres
classiques*

humour *hyou*·meur *humour*

hundred *heunn*·drèd *cent*

hungry (be) *heunn*·gri (bi) *avoir faim*

hunting *heunn*·tinng *chasse*

hurt heurt *blessé(e)*

husband *heus*·bannd *mari*

I

I aï *je*
ice aïs *glace • glaçon*
— **cream** *aïs* kriim *glace • crème glacée*
— **hockey** aïs ho-*kéï* *hockey sur glace*
idea aï-*dii* *idée*
identification aï-den-ti-fi-*kéï*-cheunn *pièce d'identité*
— **card (ID)** aï-den-ti-fi-*kéï*-cheunn kârd (aï-dii) *carte d'identité*
idiot *i*-di-o-t *idiot(e)*
if if *si*
ignorant ig-neu-rènnt *ignorant(e)*
ill il *malade*
illegal i-*lii*-geul *illégal(e)*
imagination i-ma-dji-*néï*-cheunn *imagination*
immediately i-*mii*-dit-li *immédiatement*
immigration i-mi-*gréï*-cheunn *immigration*
impolite im-po-laït *impoli(e)*
import im-*poort* *importer*
important im-*por*-tènnt *important(e)*
impossible im-*po*-si-beul *impossible*
improve im-*prouv* *améliorer*
in inn *dans*
in a hurry enn eu *heu*-ri *pressé(e)*
in front of inn front of *devant*
included in-*klou*-deud *compris(e)*
income *in*-kom *revenus*
— **tax** *in*-kom tax *impôt*
inconvenient inn-keun-*vii*-niènnt *inopportun(e)*
independent in-dè-*pèn*-dènnt *indépendant(e)*
India *inn*-dia *Inde*
indicator in-di-*kéï*-teur *clignotant*
indigestion in-daï-*djès*-cheun *indigestion*
individual in-di-*vi*-du-eul *individu*
industrial in-*deus*-tri-eul *industriel(le)*
industry *in*-deus-tri *industrie*
infection in-*fèk*-cheunn *infection*
inflammation in-fleu-*méï*-cheunn *inflammation*
influence *in*-flou-ènns *influence*
influenza in-flou-*ènn*-za *grippe*
information in-for-*méï*-cheunn *renseignements*
ingredient in-*gri*-di-ènnt *ingrédient*

inject in-*djèkt* *injecter*
injection in-*djèk*-tcheunn *piqûre*
injured *in*-djeurd *blessé(e)*
injury *in*-djeu-ri *blessure*
innocent *i*-no-sènnt *innocent(e)*
insect *in*-sèkt *insecte*
inside in-*saïd* *dedans*
insurance in-*cheu*-ranns *assurance*
insure in-*chœr* *assurer*
intelligent in-*tè*-li-djènnt *intelligent(e)*
interesting *int*-rès-tinng *intéressant(e)*
intermission in-teur-*mi*-cheunn *entracte*
international in-teur-*na*-cho-neul *international(e)*
Internet *in*-teur-nèt *Internet*
Internet cafe *in*-teur-nèt *ka*-fè *cybercafé*
interpreter in-*teur*-preu-teur *interprète*
intersection in-teur-*sèk*-cheunn *carrefour*
interview *in*-teur-viou *entrevue*
intimate *in*-ti-méït *intime*
into *in*-tou *dans*
introduce in-tro-*dyous* *présenter*
invite in-*vaït* *inviter*
Ireland *air*-land *Irlande*
iron *aï*-yonn *repasser*
iron *aï*-yonn *fer à repasser*
island *aï*-land *île*
IT aï-tii *informatique*
itch itch *démangeaison*
itemised *aï*-teu-maïzd *détaillé(e)*
itinerary aï-*ti*-nè-reu-ri *itinéraire*
IUD aï-you-dii *stérilet*

J

jacket *dja*-keut *veste*
jail djéïl *prison*
January *dja*-nu-eu-ri *janvier*
Japan djeu-*pann* *Japon*
jar djâr *pot*
jaw djoo *mâchoire*
jealous *djè*-leus *jaloux/jalouse*
jeans djiins *jean*
jeep djiip *jeep*
jet lag *djèt* lag *fatigue due au décalage horaire*
jewellery *djou*-wèl-ri *bijoux*
Jewish *djou*-wich *juif/juive*
job djob *travail*

jockey *djo*·ki *jockey*
jogging *djo*·ginng *jogging*
join djoïnn *joindre*
joke djook *plaisanterie*
journalist *djour*·na·list *journaliste*
journey *djour*·néï *voyage*
joy djoï *joie*
judge djeudj *juge*
July djou·*laï juillet*
jump djeump *sauter*
jumper *djeum*·peur *pull*
  — leads *djeum*·peur liidz *câbles de démarrage (voiture)*
June djououn *juin*
justice *djeus*·tis *justice*

L

K

kerb kœrb *bord du trottoir*
key kii *clé*
keyboard *kii*·boord *clavier*
kick kik *donner un coup de pied*
kid kid *gamin(e)*
kill kil *tuer*
kilo *ki*·lo *kilo*
kilogram *ki*·lo·gram *kilogramme*
kilometre ki·lo·*mi*·teur *kilomètre*
kind kaïnnd a *gentil/gentille*
  • n *genre*
kindergarten *kin*·deur·gâr·teunn *jardin d'enfants*
king king *roi*
kingdom *king*·deum *royaume*
kiosk *ki*·osk *kiosque*
kiss kis n *baiser* • v *embrasser*
kitchen *kit*·cheunn *cuisine*
kitten *ki*·teunn *chaton*
knee nii *genou*
kneel niil *se mettre à genoux*
knife naïf *couteau*
knitting *ni*·tinng *tricot*
know noo v *savoir* • v *connaître*
kosher *ko*·cheur *casher/kasher*

L

labourer *léï*·beu·reur *manœuvre*
lace léïs *dentelle*
lake léïk *lac*

lamp lamp *lampe*
land land *terre*
landlady *land*·léï·di *propriétaire (femme)*
landlord *land*·lord *propriétaire (homme)*
lane léïnn n *ruelle* • n *chemin*
language *lan*·gwidj *langue*
laptop *lap*·top *ordinateur portable*
large lârdj *grand(e)*
last last *dernier/dernière*
late léït *en retard*
later *léï*·teur *plus tard*
laugh lâf *rire*
launderette lonn·drèt *laverie*
laundry *lonn*·dri n *blanchisserie* • n *linge*
law loo n *loi* • n *droit*
lawyer *loo*·yeur *avocat(e)*
laxative *lak*·seu·tiv *laxatif*
lazy *léï*·zi *paresseux/paresseuse*
leader *lii*·deur *chef*
leaf liif *feuille*
learn lœrn *apprendre*
lease liiz n *bail* • v *louer avec un bail*
least liist *moins*
leather *lè*·Zeur *cuir*
leave liiv v *partir* • v *laisser*
lecturer *lèk*·tcheu·reur *professeur (à l'université)*
ledge lèdgj *rebord*
left lèft *(à) gauche*
  — luggage *lèft* leu·gidj *consigne à bagages*
left-wing lèft *winng de gauche*
leg lèg *jambe*
legal *lii*·geul *légal(e)*
legislation lè·djis·*léï*·cheunn *législation*
length lènnS *longueur*
lens lènns *objectif* • *lentille*
lesbian *lèz*·bi·eunn *lesbienne*
less lès *moins* • *moins de*
letter *lè*·teur *lettre*
level *lè*·veul *niveau*
liar *laï*·eur *menteur/menteuse*
library *laï*·breu·ri *bibliothèque*
lice laïs *poux*
license plate number *laï*·sènns pléït neum·beur *plaque d'immatriculation*

L

lie laï n *mensonge*
  • v *mentir* • v *s'allonger*
life laïf *vie*
  — **jacket** laïf dja·keut *gilet de sauvetage*
lift lift v *soulever* • v *lever (le bras, etc.)*
  • (GB) n lift *ascenseur*
light laït n *lumière* • n *phare*
  • n *léger/légère* • n *clair(e)*
  — **bulb** laït beulb *ampoule*
  — **meter** laït mi·teur *posemètre*
lighter laï·teur *briquet*
lights laïts *phares*
like laïk *comme*
  • v *aimer*
line laïnn *ligne*
linen li·neunn n *lin*
  • n *linge (de maison)*
lingerie lon·djeu·rèè *lingerie*
lip lip *lèvre*
  — **balm** lip boolm *pommade pour les lèvres*
lipstick lip·stik *rouge*
liquor store li·keur stor *magasin de vins et spiritueux*
listen (to) li·seunn (tou) *écouter*
little li·teul *petit(e)*
  — **bit** li·teul bit *peu*
live liv v *vivre*
  • v *habiter*
liver li·veur *foie*
lizard li·zeurd *lézard*
local leu·keul *local(e)*
lock lok v *fermer à clé* • n *serrure*
locked lokt *fermé(e) à clé*
long long *long/longue*
long-distance long·dis·tènns *long-courrier*
look louk *regarder*
  — **after** louk af·teur *s'occuper de*
  — **at** louk at *regarder*
  — **for** louk for *chercher*
look out louk a·out *faire attention*
loose lous *ample*
  — **change** lous tchènndj *petite monnaie*
lorry lo·ri *camion*
lose louz *perdre*
loser lou·zeur *perdant(e)*
loss los *perte*

lost lost *perdu(e)*
  — **property office** lost pro·peur·ti o·fis *bureau des objets trouvés*
loud la·oud *fort(e) (son)*
love lov n *amour* • v *aimer*
lover lo·veur *amant(e)*
low loo *bas/basse*
loyal lo·yeul *loyal(e)*
lubricant lou·bri·kant *lubrifiant*
luck leuk *chance*
lucky (be) leu·ki (bi) *avoir de la chance*
luggage leu·gidj *bagages*
  — **lockers** leu·gidj lo·keurs *consigne automatique*
  — **tag** leu·gidj tag *étiquette*
lump leump *grosseur*
lunch leunnch *déjeuner*
lung leung *poumon*
luxury leuk·cheu·ri *luxe* • *de luxe*

M

machine meu·chinn *machine*
mad mâd a *fâché(e)* • a *fou/folle*
made of méïd of *en (coton, laine, etc.)*
magazine ma·geu·zinn *magazine*
magician meu·dji·cheun *magicien/ magicienne*
mail méïl n *courrier* • n *poste*
mailbox méïl·box *boîte aux lettres*
main méïn *principal(e)*
  — **road** méïn rood *grande route*
  — **square** méïn skwèr *place centrale*
majority meu·djo·ri·ti *majorité*
make méïk *faire*
make-up méïk·eup *maquillage*
mammogram ma·mo·gram *mammographie*
man mann *homme*
manage ma·nèdj *diriger, gérer*
manager ma·nè·djeur n *directeur/ directrice* • n *gérant(e)*
manner ma·neur *façon*
manual ma·nou·eul *manue(le)*
  — **worker** ma·nou·eul woor·keur *ouvrier/ouvrière*
many mè·ni *beaucoup (de)*
map map n *carte* • n *plan*
March mârtch *mars*

marital status *meu·ri·teul stëï·*teus situation familiale
market *mar·*keut marché
marriage *ma·*ridj mariage
married *ma·*rid marié(e)
marry *ma·*ri épouser
martial arts *mar·*cheul àrts arts martiaux
mass mas messe
massage *meu·sàj* n massage
  • v masser
masseur *ma·sœr* masseur
mat mat petit tapis
match match match
matches *ma·*tcheuz allumettes
material *meu·ti·ri·*eul matériel
mattress *ma·*très matelas
May *mëï* mai
maybe *mëï·*bi peut-être
mayor *mè·*yeur maire
me mi moi
meal *miil* repas
measles *mi·*zeuls rougeole
meat miit viande
mechanic *mè·ka·*nik mécanicien/mécanicienne
media *mi·di·*a médias
medicine *mè·di·*sinn n médecine
  • n médicament
meditation *mè·di·tëï·*cheunn méditation
meet miit rencontrer
member *mèm·*beur membre
memory *mè·mo·*ri n mémoire
  • n souvenir
menstruation *mènn·strou·eï·*cheunn menstruation
menu *meu·*nyou carte
message *mè·*sidj message
messy *mè·*si en désordre
metal *mè·*teul métal
metre *mi·*teur mètre
metro station *mè·*tro *stëï·*cheunn station de métro
microwave (oven) *maï·*kro·wèv (o·veunn) four à micro-ondes
midday mid·*dëï* midi
midnight mid·*naït* minuit
migraine *maï·*grèn migraine
military *mi·*li·tè·ri militaire
  — service *mi·*li·tè·ri sœr·vis service militaire
milk milk lait
millennium mi·*lè·*ni·eum millénaire
millimetre *mi·*li·mè·teur millimètre

million *mi·*li·onn million
mind maïnnd esprit
mineral water *mi·nè·*reul *wo·*teur eau minérale
minority maï·*no·*ri·ti minorité
minute *mi·*nut minute
mirror *mi·*ror miroir
miscarriage mis·*ka·*ridj fausse couche
  • **have a miscarriage** hav mis·*ka·*ridj faire une fausse couche
miss miss manquer
mistake mis·*tëïk* erreur
mix mix mélanger
  — up mix eup confondre
mobile phone *mo·*baïl fonn téléphone portable
modem *mo·*deum modem
modern *mo·*deurn moderne
moisturiser *moïs·*teu·ri·zeur crème hydratante
mum mom maman
monarchy *mo·*nar·ki monarchie
monastery *mo·*na·steu·ri monastère
Monday monn·*dëï* lundi
money *mo·*nè argent
monkey *monn·*ki singe
month monS mois
monument *mo·*nyou·mènnt monument
more moor plus • plus de
morning *mor·*ninng matin
  — sickness *mor·*ninng sik·nès nausées matinales
mosque moosk mosquée
mosquito mos·*ki·*to moustique
  — coil mos·*ki·*to coïl allume-feu antimoustiques
  — net mos·*ki·*to nèt moustiquaire
most most plus
motel *mo·*tèl motel
mother *mo·*Zeur mère
mother-in-law *mo·*Zeur·inn·loo belle-mère
motorboat *mo·*tor·boot canot à moteur
motorcycle *mo·*to·saï·keul moto
motorway *mo·*to·wëï autoroute
mountain *maon·*tëïnn montagne
  — bike *maon·*tëïnn baïk vélo tout-terrain (VTT)
  — path *maon·*tëïnn paS chemin de montagne
  — range *maon·*tëïnn rénndj chaîne de montagnes
mountaineering *maon·*tëï·ni·rinng alpinisme

mouse maous *souris*
mouth maouS *bouche*
move *mouv bouger*
movie *mou*-vi *film • cinéma*
Mr *mis*-teur *Monsieur*
Mrs *mi*-siz *Madame*
Ms, Miss mis *Mademoiselle*
mud meud *boue*
multimedia meul-ti-*mi*-di-a *multimédia*
mum meum *maman*
muscle *meu*-seul *muscle*
museum myou-*zi*-eum *musée*
music *myou*-zik *musique*
— **shop** *myou*-zik chop *disquaire*
musician myou-*zi*-cheunn *musicien/
musicienne*
Muslim *meus*-lim *musulman(e)*
my maï *mon/ma/mes*

N

nail clippers *néïl* kli-*peurz coupe-ongles*
name *néïm nom*
napkin *nap*-kinn *serviette*
nappy *na*-pi *couche*
narcotic nar-ko-tik *stupéfiant*
national park *na*-cheu-neul pârk *parc
national*
nationality na-cheu-*na*-li-ti *nationalité*
nature *néï*-tcheur *nature*
naturopath *néï*-tcheu-ro-paS
naturopathe
nausea no-zi-a *nausée*
near niir *près de*
nearby niir-baï *tout près*
nearest nii-*rèst le/la plus proche*
necessary nè-sè-seu-ri *nécessaire*
necklace *nèk*-léïs *collier*
need niid *avoir besoin de*
needle *nii*-deul *aiguille*
neither *naï*-Zeur *ni*
net nèt *filet*
Netherlands *nè*-Zèr-landz *Pays-Bas*
network *nèt*-woork *réseau*
never *nè*-veur *jamais*
new nyou *nouveau/nouvelle*
New Year's Day nyou yœrz *déï
Jour de l'an*
New Year's Eve nyou yœrz iiv
Saint-Sylvestre
New Zealand nyou-zè-land
Nouvelle-Zélande

news nyouz n *les nouvelles • n
les actualités*
newsagent *nyouz*-éï-djènnt *marchand
de journaux*
newspaper *nyouz*-péï-peur *journal*
next nèkst *prochain(e)*
— **to ...** nèkst tou *à côté de ...*
nice naïs a *agréable • a gentil/gentille*
nickname *nik*-néïm *surnom*
night naït *nuit*
— **out** *naït* a-out *soirée (fête)*
nightclub *naït*-kleub *boîte*
nine naïnn *neuf*
no neo *non*
— **vacancy** no *vè*-keunn-si *complet*
noisy *noï*-si *bruyant(e)*
non-direct nonn-*di*-rèkt *non-direct*
none nonn *aucun(e)*
non-smoking nonn-*smo*-kinng
non-fumeur
noon noun *midi*
north noorS *nord*
northern hemisphere nor-Zeurn
hè-mis- fir *hémisphère*
nose noz *nez*
not bad not bad *pas mal*
notebook *noot*-bouk *carnet*
nothing no-Sinng *rien*
not yet not yèt *pas encore*
novel *no*-veul *roman*
now na-o *maintenant*
nuclear energy *nyou*-kli-eur è-nèr-dji
énergie nucléaire
nuclear power *nyou*-kli-eur pa-weur
puissance nucléaire
nuclear test *nyou*-kli-eur tèst
essai nucléaire
nuclear waste *nyou*-kli-eur wéïst
déchets nucléaires
number *num*-beur *numéro*
nun neunn *religieuse*
nurse nœrs *infirmier/infirmière*

O

obtain ob-*téïn obtenir*
obvious *ob*-vi-eus *évident(e)*
occupation o-kyou-*péï*-cheunn
occupation
ocean *o*-cheunn *océan*

offence o-fènns *délit*
office o-fis *bureau*
— **worker** o-fis woor-keur
employé(e) de bureau
officer o-fi-seur n *officier* • n *agent de police*
offside of-saïd *hors jeu*
often o-feunn *souvent*
oil oïl n *huile* • n *pétrole*
old old *vieux/vieille*
Olympic Games o-lim-pik géïmz
les Jeux Olympiques
on onn *sur*
— **strike** onn straïk *en grève*
— **the corner** onn Zeu koor-neur
au coin
— **time** onn taïm *à l'heure*
once wanns *une fois*
one wann *un(e)*
one-way (ticket) wann-wéï (ti-keut)
(billet) simple
only oonn-li *seul(e)*
open oo-peunn a *ouvert(e)*
• v *ouvrir*
opening hours oo-peu-ninng ha-ourz
heures d'ouverture
opera o-peu-ra *opéra*
operation o-pè-réï-cheunn *opération*
operator o-pè-réï-teur *opérateur/opératrice*
opinion eu-pi-ni-eunn *avis*
opponent eu-po-nènt *adversaire*
opportunity eu-por-tyou-ni-ti *occasion*
opposite eu-po-zit *en face de*
or or *ou*
orange o-rinndj *orange*
order or-deur n *ordre* • v *ordonner*
ordinary or-di-neu-ri *ordinaire*
organisation or-geu-ni-zéï-cheunn
organisation
organise or-geu-naïz *organiser*
orgasm or-ga-zeum *orgasme*
original o-ri-dji-neul *original(e)*
other o-Zeur *autre*
our a-weur *notre*
out of order a-out of or-deur *hors service*
outside a-out-saïd *dehors*
oven o-veunn *four*
over o-veur *par dessus* • a *fini(e)*
overnight o-veur-naït *pendant la nuit*
overseas o-veur-siz *outre-mer*

owe oo *devoir*
owner o-neur *propriétaire*
ox oks *bœuf*
oxygen ok-si-djeunn *oxygène*
ozone layer o-zonn lè-yeur *couche d'ozone*

P

pacemaker pès-mè-keur *pacemaker*
pacifier (USA) pa-si-faï-eur *tétine*
package pa-kidj *paquet*
padlock pad-lok *cadenas*
page péïdj *page*
pain péïnn *douleur*
painful péïnn-foul *douloureux/douloureuse*
painkiller péïnn-ki-leur *analgésique*
painter péïnn-teur *peintre*
painting péïnn-tinng n *tableau*
• n **painting** péïnn-tinng *peinture*
pair pèr *paire*
palace pa-las *palais*
pan pann *casserole*
panties pann-tiz *slip*
pants (USA) pants *pantalon*
pants (GB) pants *slip*
pantyhose (USA) pann-ti-hoz *collant*
panty liners pann-ti laï-neurz
protège-slips
paper pè-peur *papier*
pap smear pap smiir *frottis*
paperwork pè-peur-woork
paperasserie
parade peu-râd *parade*
paraplegic pa-reu-pli-djik
paraplégique
parcel par-seul *colis*
parents pa-rènnts *parents*
park pârk n *parc*
• v *garer (une voiture)*
part pârt *partie*
participate par-ti-si-péït *participer*
particular par-ti-ku-leur *particulier/particulière*
part-time pâr-taïm *à temps partiel*
party pâr-ti n *soirée (fête)*
• n *parti*
pass pas v *passer* • n *passe (sport)*
passenger pa-sènn-djeur *voyageur/voyageuse*

passport *pas*-poort passeport
— **number** *pas*-poort *neum*-beur numéro de passeport
past past passé
path paS chemin
pay péï payer
payment *péï*-mènnt paiement
peace piis paix
peak piik cime
pedal pè-deul pédale
pedestrian pè-*dès*-tri-eunn piéton
pen pènn stylo
pencil *pènn*-sil crayon
penicillin pè-neu-*si*-linn pénicilline
penis *pii*-neus pénis
penknife *pènn*-naïf canif
pensioner *pènn*-chon-neur retraité(e)
people *pi*-peul gens
per pèr par (jour)
percent peur-*sènnt* pour cent
perfect *peur*-fèkt parfait(e)
performance pèr-*for*-mènns spectacle
perfume *peur*-fyum parfum
period pain *pi*-ri-od péïn règles douloureuses
permanent *peur*-ma-nènnt permanent(e)
permission peur-*mi*-cheunn permission
permit *peur*-mit n permis
• v permettre
person *peur*-son personne
personal *peur*-so-neul personnel/personnelle
personality peur-so-*na*-li-ti personnalité
pet pèt animal familier
petition pè-*ti*-cheunn pétition
petrol *pè*-trol essence
— **station** *pè*-trol stéï-cheunn station-service
pharmacy *far*-meu-si pharmacie
phone book foon bouk annuaire
phone box foon boks cabine téléphonique
phone card foon kârd télécarte
photo *foo*-to photo
photographer fo-*to*-gra-feur photographe
photography fo-*to*-gra-fi photographie
phrase fréïz expression
phrasebook *fréïz*-bouk guide de conversation

physiotherapist fi-zi-o-*Sè*-ra-pist kinésithérapeute
physiotherapy fi-zi-o-*Sè*-ra-pi kinésithérapie
pick pik choisir
— **up** pik eup ramasser
picnic *pik*-nik pique-nique
picture *pik*-tcheur image
piece pis morceau
pig pig cochon
pill pil pilule
pillow *pi*-leo oreiller
pillowcase *pi*-leo-kéïz taie d'oreiller
pin pinn épingle
pink pink rose
pipe païp pipe
place pléïs lieu
— **of birth** pléïs of bœrS lieu de naissance
plane pléïnn avion
planet *pla*-neut planète
plastic *plas*-tik plastique
plate pléït assiette
platform *plat*-form quai
play pléï jouer • jouer d'un instrument • jouer à un jeu • jouer dans une pièce de théâtre
playground *pléï*-graound terrain de jeux
plenty *plènn*-ti n abondance • beaucoup de
plug pleug n bonde • n prise électrique
pocket *po*-keut poche
poetry *po*-è-tri poésie
point poïnnt n pointe
• v indiquer
poisonous *poï*-so-neus venimeux/venimeuse
police peu-*liis* police
— **car** peu-*liis* kâr voiture de police
— **officer** peu-*liis* o-fi-seur policier
— **station** peu-*liis* stéï-cheunn commissariat
policy *po*-li-si politique
politician po-li-*ti*-cheunn homme/femme politique
politics *po*-li-tiks politique
pollen *po*-leunn pollen
pollution po-*lou*-cheunn pollution
pond pond étang
pool poul billard américain
pool (swimming) poul (*swi*-minng) piscine

poor pour *pauvre*
popular po·pyou·leur *populaire*
port poort *port*
positive po·zi·tiv *positif/positive*
possible po·si·beul *possible*
postage pos·tidj *tarifs postaux*
postcard post·kârd *carte postale*
post code poost kod *code postal*
post office o·fis *bureau de poste*
postman post·mann *facteur*
pot pot *pot*
pottery po·teu·ri *poterie*
pound paound *livre (sterling)* • *unité de mesure*
poverty po·veur·ti *pauvreté*
power pa·weur *pouvoir*
practical prak·ti·keul *pratique*
practise prak·tis *pratiquer*
prayer prèèr *prière*
prefer pri·feur *préférer*
pregnancy test prèg·nan·si tèst *test de grossesse*
pregnant prèg·nant *enceinte*
premenstrual tension pri·mèns·strou·eul tènn·cheunn *syndrome prémenstruel*
prepare pri·péîr *préparer*
prescription près·krip·cheunn *ordonnance*
present prè·zènnt n *cadeau* • n *présent*
president prè·zi·dènnt *président*
pressure prè·cheur *pression*
pretend pri·tènnd *faire semblant*
pretty pri·ti *joli(e)*
prevent pri·vènnt *empêcher*
previous pri·vi·eus *précédent(e)*
price praïs *prix*
priest prist *prêtre*
prime minister praïm mi·nis·teur *premier ministre*
printer prin·teur *imprimante*
prison pri·zonn *prison*
prisoner pri·zeu·neur *prisonnier/prisonnière*
private praï·veut *privé(e)*
private hospital praï·veut hos·pi·teul *clinique privée*
probable pro·ba·beul *probable*
problem pro·blèm *problème*
produce pro·dyous *produire*

professional pro·fè·cho·neul *professionnel/professionnelle*
profit pro·fit *bénéfice*
programme pro·gram *programme*
projector pro·djèk·teur *projecteur*
promise pro·mis n *promesse* • v *promettre*
promote pro·mot *promouvoir*
prostitute pro·sti·tyout *prostituée*
protect pro·tèkt *protéger*
protected (species) pro·tèkt·teud (spè·chiz) *espèces protégées*
protection pro·tèk·cheunn *protection*
protest pro·tèst n *manifestation* • v *manifester*
provisions pro·vi·jeunnz *provisions*
psychotherapy saï·ko·Sè·ra·pi *psychothérapie*
pub peub *bar*
public peu·blik *public*
  — **telephone** peu·blik tè·lè·fonn *téléphone public*
  — **toilet** peu·blik toï·lèt *toilettes*
pull poul *tirer*
pump peump *pompe*
puncture punk·tcheur *crevaison*
punish peu·nich *punir*
puppy peu·pi *chiot*
pure pyour *pur(e)*
purple peur·peul *violet/violette*
purpose peur·poz *objet*
purse pœrs *porte-monnaie*
push pouch *pousser*
  — **chair** pouch tchèr *poussette*
put pout *mettre*

Q

qualification kwa·li·fi·kéî·cheunn *qualification*
quality kwa·li·ti *qualité*
quantity kwan·ti·ti *quantité*
quarantine kwo·ran·tinn *quarantaine*
quarrel kwo·reul *dispute*
quarter koor·teur *quart*
queen kwiin *reine*
question kwès·tcheun *question*
queue kyouou *queue*
quick kwik *rapide*
quiet kwa·yeut *tranquille*
quit kwit *quitter*

R

rabbit *ra·*bit *lapin*
race réïs n *race* • n *course*
racetrack *réïs·*trak *champ de courses*
racism *réï·*si·zeum *racisme*
racquet *ra·*keut *raquette*
radiator *ra·di·a·*teur *radiateur*
radical *ra·*di·keul *radical(e)*
radio *rè·*di·o *radio*
rail réïl *garde-fou*
railway *réïl·*wéï *chemin de fer*
    — station *réïl·*wéï *stéï·*cheunn *gare
    ferroviaire*
rain réïn n *pluie* • v *pleuvoir*
raincoat *réïn·*koot *imperméable*
raise réïz *soulever*
rape réïp *violer*
rare réïr a *rare* • a *saignant(e)*
rash rach *rougeur*
rat rat *rat*
rave réïv *rave*
raw roo *cru(e)*
razor *réï·*zeur *rasoir*
razor blade *réï·*zeur bléïd *lame de rasoir*
reach riitch *atteindre*
read riid *lire*
ready *rè·*di *prêt(e)*
real riil *vrai(e)*
    — estate *riil* ès·*téït* *agent immobilier*
realise *ri·*eu·laïz *se rendre compte de*
realistic *ri·*eu·*lis·*tik *réaliste*
reality *ri·*a·li·ti *réalité*
really *ri·*li *vraiment*
rear rir *arrière*
reason *ri·*zeunn *raison*
receipt *ri·*siit *reçu*
receive *ri·*siiv *recevoir*
recently *ri·*sènn·tli *récemment*
recognise *rè·*kog·naïz *reconnaître*
recommend *rè·*keu·*mènnd
    recommander*
record *rè·*kord *enregistrer*
record *rè·*kord *disque*
recording *rè·*kor·dinng *enregistrement*
recyclable *ri·*saï·keul·beul *recyclable*
recycle *ri·*saï·keul *recycler*
recycling *ri·*saï·klinng *recyclage*
red rèd *rouge*
reduce *ri·*dyous *réduire*
referee *rè·*feu·rii *arbitre*
reference *rè·*frènns *référence*

refrigerator *ri·*fri·djè·rè·teur
    réfrigérateur
refugee *rè·*fjou·djii *réfugié(e)*
refund *re·*faond *remboursement*
refuse *ri·*fyouz *refuser*
region *rii·*djeunn *région*
registered mail/post (by) *rè·*djis·teurd
    méïl/post (baï) *en recommandé*
regular *rè·*gu·leur *normal(e)*
relationship *ri·*léï·cheunn·chip *relation*
relax *ri·*laks *se reposer*
relevant *rè·*leu·veunnt *pertinent(e)*
religion *ri·*li·djeunn *religion*
religious *ri·*li·djeus *religieux/religieuse*
remember *ri·*mèm·beur *se souvenir*
remote *ri·*mot *éloigné(e)*
remote control *ri·*mot konn·*trol
    télécommande*
rent rènnt *louer*
repair *ri·*pèr *réparer*
reply *ri·*plaï *répondre*
represent *rè·*pri·zènnt *représenter*
republic *ri·*peu·blik *république*
research *ri·*sœrtch *recherches*
reservation *rè·*zeu·véï·cheunn
    réservation
response *ris·*pons *réponse*
rest rèst *repos*
restaurant *rès·*trènnt *restaurant*
resumé *rè·*seu·mè *CV*
retired *ri·*taïrd *retraité(e)*
return *ri·*tœrn *revenir*
return (ticket) *ri·*tœrn (ti·keut)
    aller-retour
review *ri·*vyou *critique (article)*
revolution *rè·*vo·lou·cheunn *révolution*
rhythm *ri·*Zeum *rythme*
rice raïs *riz*
rich ritch *riche*
ride raïd n *promenade*
    • v *monter à cheval*
right raït *à droite*
    • v **be right** bi raït *avoir raison*
right-wing *raït·*wing *de droite*
ring ring n *anneau* • n **ring** ring *bague*
    • v **ring** ring *sonner*
    — road ring rood *boulevard
    périphérique*
rip-off *rip·*of *arnaque*
risk risk *risque*
river *ri·*veur *rivière*

road rood *route*
— **map** rood map *carte routière*
rob rob *voler (quelqu'un)*
robbery ro-beu-ri *vol*
rock rok n *rocher* • n *rock*
— **climbing** rok klaïm-binng *varappe*
— **group** rok group *groupe de rock*
rollerblading ro-leur-blé-dinng *roller*
romantic ro-man-tik *romantique*
roof rouf *toit*
room roum *chambre*
— **number** roum neum-beur *numéro de chambre*
rooster rous-teur *coq*
rope roop *corde*
round raond *rond(e)*
roundabout raond-eu-baout *rond-point*
route rouout *itinéraire*
rowing roo-inng *aviron*
rubbish reu-bich *ordures*
— **bin** reu-bich binn *poubelle*
— **dump** reu-bich deump *décharge*
rude rououd *impoli(e)*
rug reug *tapis*
rugby reug-bi *rugby*
ruins rouounz *ruines*
rules rououlz *règles*
run reun *courir*
— **out of** reun aout of *manquer de*

S

Sabbath sa-beuS *sabbat*
sad sad *triste*
saddle sa-deul *selle*
safe séïf a *sans danger*
• n *coffre-fort*
— **sex** séïf sèks *rapports sexuels protégés*
safety séïf-ti *sécurité*
sail séïl *voile*
sailing séï-linng *voile*
saint sènnt *saint(e)*
salary sa-leu-ri *salaire*
sale séïl *vente*
sales tax séïls taks *taxe à la vente*
salt solt *sel*
same séïm *même*
sand sand *sable*
sandals san-deulz *sandales*
sanitary napkin sa-ni-teu-ri nap-kinn *serviette hygiénique*

satisfied sa-tis-faïd *satisfait(e)*
Saturday sa-teur-déï *samedi*
sauna so-na *sauna*
save séïv *sauver*
say séï *dire*
scared skéïrd *effrayé(e)*
scarf skârf *écharpe*
scenery si-neu-ri *paysage*
school skoul *école*
science saï-ènns *science*
science-fiction saï-ènns fik-cheunn *science-fiction*
scientist saï-èn-tist *scientifique*
scissors si-zeurz *ciseaux*
score skoor *score*
scoreboard skoor-boord *tableau d'affichage*
Scotland skot-land *Écosse*
screen skriin *écran*
script skript *scénario*
scriptwriter skript-raï-teur *scénariste*
sculpture skeulp-tcheur *sculpture*
sea sii *mer*
seashell sii-chèl *coquillage*
seasick (be) sii-sik (bi) *avoir le mal de mer*
seaside sii-saïd *bord de la mer*
season si-zeunn *saison*
seat siit *place (assise)*
seatbelt siit-bèlt *ceinture de sécurité*
second sè-kond n *seconde*
• a *second(e)*
— **class** sè-kond klas *de seconde classe*
secondhand sè-kond-hand *d'occasion*
secret si-krèt *secret*
secretary sè-kreu-tè-ri *secrétaire*
security si-kyou-ri-ti *sécurité*
see sii *voir*
self-employed sèlf-im-ploïd *indépendant(e)*
selfish sèl-fich *égoïste*
self service sèlf sœr-vis *libre-service*
sell sèl *vendre*
seminar sè-mi-nâr *séminaire*
send sènnd *envoyer*
sensible sèn-si-beul *raisonnable*
sensual sènn-chou-eul *sensuel/sensuelle*
separate sè-peu-rèt *séparé(e)*
September sèp-tèm-beur *septembre*
series si-riiz *série*

serious *si·ri·eus* sérieux/sérieuse
service *sœr·*vis service
— **station** *sœr·*vis *stéï·*cheunn station-service
— **charge** *sœr·*vis tchârdj service
seven *sè·*veunn sept
several *sè·*veu·reul plusieurs
sow soo coudre
sex sèks sexe
sexism *sèk·*si·zeum sexisme
sexist *sèk·*sist sexiste
sexy *sèk·*si sexy
shade chéïd ombre (une)
shadow *cha·*doo ombre (l')
shake chéïk agiter (quelque chose)
shallow *cha·*loo peu profond
shampoo cham*·pou* shampooing
shape chéïp forme
shape chéïp façonner
share chèèr partager (une chambre, une sdb, etc.)
 • **share with** chèèr wiZ partager avec
sharp chârp tranchant(e)
shave chéïv se raser
shaving cream *chéï·*vinng kriim mousse à raser
she chi elle
sheep chiip mouton
sheet chiit drap • **sheet (of paper)** chiit (of *péï·*peur) feuille (de papier)
shelf chèlf étagère
shelter *chèl·*teur abri
ship chip navire
shirt chœrt chemise
shoe chouou chaussure
— **shop** chouou chop magasin de chaussures
shoot chout tirer • tirer (avec une arme à feu)
shop n chop magasin
 • v faire des courses
shopping centre cho*·*pinng *sènn·*teur centre commercial
short chort court(e)
shortage *chor·*tidj manque
shorts chorts short
shoulder *choul·*deur épaule
shout chaout crier
show choo v montrer • n spectacle
shower *cha·*weur douche
shrine chraïn lieu saint

shut cheut fermé(e)
shy chaï timide
sick sik malade
sickness *sik·*nès maladie
side saïd côté
sign saïn signe
signature *sig·*neu·tcheur signature
silk silk soie
silver *sil·*veur argent
similar *si·*mi·leur semblable
simple *sinn·*peul simple
since sinns depuis (une date précise)
sing sinng chanter
Singapore sinn·geu·por Singapour
singer *sinn·*geur chanteur/chanteuse
single *sinn·*geul célibataire
— **room** *sinn·*geul roum chambre pour une personne • chambre simple
singlet *sinn·*gleut maillot de corps
sister *sis·*teur sœur
sit sit s'asseoir
situation si·tou·*éï·*cheunn situation
six siks six
size saïz taille
skateboarding *skéït·*boor·dinng skateboard
ski skii skier
skiing *skii·*inng ski
skis skiiz skis
skill skil compétence
skin skin peau
skirt skœrt jupe
sky skaï ciel
sleep sliip n sommeil
 • v dormir
sleeping bag *slii·*pinng bag sac de couchage
sleeping car *slii·*pinng kâr wagon-lit
sleeping pill *slii·*pinng pil somnifère
sleepy (be) *slii·*pi (bi) avoir sommeil
slice slaïs tranche
slide slaïd diapositive
slow sloo lent(e)
slowly *sloo·*li lentement
small smool petit(e)
smaller *smoo·*leur plus petit(e)
smallest *smoo·*lèst le plus petit/la plus petite
smell smèl n odeur
 • v sentir
smile smaïl n sourire • v sourire

smoke smook n *fumée* • v *fumer*
snack snak *casse-croûte*
snail snéil *escargot*
snake snéík *serpent*
snorkeling (to go) snor·keul·ing *nager avec un tuba*
snow snoo n *neige* • v *neiger*
snowboarding snoo·boor·dinng *surf des neiges*
soap soop *savon*
soccer so·keur *football*
socialism so·cheu·li·zeum *socialisme*
socialist so·cheu·list *socialiste*
social welfare so·cheul wèl·fèr *sécurité sociale*
society so·saï·eu·ti *société*
socks soks *chaussettes*
soft soft *doux/douce*
software soft·wèr *logiciel*
soldier sol·djeur *soldat*
solid so·lid *solide*
some som *quelques* • *du/de la/des*
someone som·wann *quelqu'un*
something som·Sinng *quelque chose*
sometimes som·taïmz *quelquefois*
son sonn *fils*
song song *chanson*
soon sououn *bientôt*
sore soor *douloureux/douloureuse*
south saouS *sud*
southern hemisphere saou·Zeurn hè·mis·fir *hémisphère Sud*
souvenir sou·veu·nir *souvenir*
— shop sou·veu·nir chop *magasin de souvenirs*
space spéis *espace*
Spain spéin *Espagne*
speak spiik *parler*
special spè·cheul *spécial(e)*
specialist spè·cheu·list *spécialiste*
speech spiitch *discours*
speed spiid *vitesse*
— limit spiid li·mit *limitation de vitesse*
speedometer spi·do·mi·teur *compteur (de vitesse)*
spend spènnd v *dépenser*
• v *passer (du temps)*
spicy spaï·si *épicé(e)*
spider spaï·deur *araignée*
spine spaïnn *colonne vertébrale*

spirit spi·rit *esprit*
spoon spououn *cuillère*
sport spoort *sport*
sports ground spoorts graond *terrain de sport*
sportsperson spoorts·peur·sonn *sportif/sportive*
sports store/shop spoorts stor/chop *magasin de sports*
spot spot *endroit*
sprain spréïn *entorse*
spring sprinng n *ressort* • n *printemps*
square skwèr *place*
stadium stèï·di·eum *stade*
stage stè·ïdj *scène*
stairway stèr·wéï *escalier*
stale stéïl a *pas frais/fraîche* • a *rassis(e)*
stamp stamp *timbre*
stand-by ticket stand·baï ti·keut *billet stand-by*
star stârz *étoile*
start stârt *commencement*
• v *commencer*
station stéï·cheunn *gare* • *station*
stationer's (shop) stéï·cheu·neurz (chop) *papeterie*
stay stéï *rester*
steal stiil *voler*
steep stiip *raide*
step stèp *marche (d'escalier)*
stereo (system) stè·ri·o (sis·teum) *chaîne hi-fi*
stockings sto·kinngz *bas*
stolen sto·leunn *volé(e)*
stomach sto·meuk *estomac*
stomachache (have a) sto·meuk·èk (hav) *avoir mal au ventre*
stone stonn *pierre*
stop stop n *arrêt*
• v *(s')arrêter*
Stop! stop *Arrêtez !*
storm stoorm *orage*
story sto·ri *histoire*
stove stov *réchaud*
straight stréït *droit(e)*
— ahead stréït eu·hèd *tout droit*
strange strènndj *étrange*
stranger strènn·djeur *étranger/étrangère*
stream striim *ruisseau*

street striit *rue*
— **market** striit *mar*·keut *braderie*
strike (go on) straïk (go onn) *se mettre en grève*
string strinng *ficelle*
stroller stro·leur *poussette*
strong strong *fort(e)*
student styou·dènnt *étudiant(e)*
studio stou·di·o *atelier*
study steu·di *étudier*
stupid styou·pid *stupide*
style staïl *style*
subtitles seub·taï·teulz *sous-titres*
suburb seub·eurb *banlieue*
subway seub·wéï *métro*
suffer seu·feur *souffrir*
suitcase sout·kèz *valise*
summer seu·meur *été*
sun seunn *soleil*
sunblock seunn·blok *écran solaire total*
sunburn seunn·bœrn *coup de soleil*
Sunday seunn·déï *dimanche*
sunglasses seunn·gla·seuz *lunettes de soleil*
sunny seu·ni *ensoleillé(e)*
sunrise seunn·raïz *lever du soleil*
sunscreen seunn·skrinn *écran solaire*
sunset seunn·sèt *coucher du soleil*
supermarket sou·peur·mar·keut *supermarché*
superstition sou·peur·sti·cheunn *superstition*
support seu·poort *supporter*
sure chour *sûr(e)*
surf sœrf *surfer*
surface mail (land) seur·féïs méïl (land) *voie terrestre (envoi du courrier)*
surface mail (sea) seur·féïs méïl (sii) *voie maritime (envoi du courrier)*
surfboard sœrf·boord *planche de surf*
surname sœr·néïm *nom de famille*
surprise seur·praïz *surprise*
survive seur·vaïv *survivre*
sweater swè·teur *pull*
sweet swiit *sucré(e)*
swim swim *nager*
swimming pool swim·minng poul *piscine*
swimsuit swim·sout *maillot de bain*
Swiss swiss *Suisse (nationalité)*
Switzerland swi·dzeur·land *Suisse (pays)*

synagogue si·neu·gog *synagogue*
synthetic sin·Sè·tik *synthétique*
syringe seu·rindj *seringue*

T

table téï·beul *table*
table tennis téï·beul tè·nis *tennis de table*
tablecloth téï·beul·kloS *nappe*
tail téïl *queue (d'un animal)*
tailor téï·leur *tailleur*
take téïk *prendre*
— **a photo** téïk eu fo·to *prendre en photo*
talk took n *conversation* • n *exposé* • v *parler*
tall tool *grand(e)*
tampon tam·ponn *tampon hygiénique*
tanning lotion ta·ninng lo·cheunn *crème de bronzage*
tap (GB) tap *robinet*
tasty téïs·ti *délicieux/délicieuse*
tax taks *taxe*
taxi tak·si *taxi*
taxi stand tak·si stand *station de taxi*
teacher ti·tcheur *professeur*
team tiim *équipe*
teaspoon tii·spoun *petite cuillère*
technique tèk·niik *technique*
teeth tiiS *dents*
telegram tè·leu·gram *télégramme*
telephone tè·lè·fonn *téléphone*
• v *téléphoner*
— **box** tè·lè·fonn boks *cabine téléphonique*
telescope tè·leus·skop *télescope*
television tè·li·vi·jeunn *télévision*
tell tèl v *dire* • v *raconter*
teller tè·leur *caissier/caissière*
temperature tèm·preu·tcheur *température*
temple tèm·peul *temple*
ten tènn *dix*
tenant tè·nant *locataire*
tennis tè·nis *tennis*
tennis court tè·nis kourt *court de tennis*
tent tènt *tente*
tent peg tènt pègz *piquet de tente*
terrible tè·ri·beul *affreux/affreuse*

terrorism tè·ro·ri·zeum *terrorisme*
test tèst *essai*
thank Sank *remercier*
that Zat *ce/cette • cela*
theatre Si·eu·teur *théâtre*
their Zèr *leur/leurs*
then Zèn *puis • alors*
there Zèèr *là*
therefore Zèr·for *donc*
they Zéï *ils/elles*
thick Sik *épais/épaisse*
thief Siif *voleur/voleuse*
thin Siin *maigre*
thing Sing *chose*
think Sink *penser*
third Sœrd *troisième*
thirsty (be) Sœr·sti (bi) *avoir soif*
this Zis *ce/cette • ceci*
three Srii *trois*
throat Sroot *gorge*
throw Sroo *jeter*
thrush Sreuch *muguet (maladie)*
Thursday Sœrs·déï *jeudi*
ticket ti·keut *billet*
 — **collector** ti·keut ko·lèk·teur
 contrôleur
 — **machine** ti·keut meu·chinn
 distributeur de tickets
 — **office** ti·keut o·fis *guichet
 • billetterie*
tide taïd *marée*
tie taï *cravate*
tight taït *étroit(e)*
tights (GB) taïts *collants*
time taïm *heure • temps*
 — **difference** taïm di·frènns *décalage
 horaire*
timetable taïm·téï·beul *horaire*
tin tinn *boîte (de conserve)*
tin opener tinn o·peu·neur *ouvre-boîte*
tiny taï·ni *minuscule*
tip tip *pourboire*
tire taï·eur *pneu*
tired taï·eud *fatigué(e)*
tissues ti·chyouz *mouchoirs en papier*
to tou *à*
toast toost *pain grillé*
toaster too·steur *grille-pain*
tobacco teu·ba·ko *tabac*
tobacconist teu·ba·ko·nist *bureau
 de tabac*

today tou·déï *aujourd'hui*
toe too *orteil*
together tou·gè·Zeur *ensemble*
toilet toï·lèt *toilettes*
 — **paper** toï·lèt péï·peur *papier
 hygiénique*
tomorrow tou·mo·ro *demain*
 — **afternoon** tou·mo·ro af·teur·noun
 demain après-midi
 — **evening** tou·mo·ro iiv·ninng
 demain soir
 — **morning** tou·mo·ro moor·ninng
 demain matin
tonight tou·naït *ce soir*
too tou *trop*
 — **much (rain)** tou meutch (réïn)
 trop (de pluie) + sg
 — **many (people)** tou mè·ni (pi·peul)
 trop (de gens) + pl
tooth touS *dent*
toothache touS·èk *mal de dents*
toothbrush touS·breuch *brosse à dents*
toothpaste touS·péïst *dentifrice*
toothpick touS·pik *cure-dent*
torch toortch *lampe de poche*
touch teutch n *toucher (le)*
 • v *toucher*
tour touour *voyage*
tourist tou·rist *touriste*
 — **office** tou·rist o·fis *office du
 tourisme*
tournament tour·neu·meunnt *tournoi*
toward to·weurd *vers (lieu)*
 • *envers (quelqu'un)*
towel tao·weul *serviette*
tower tao·weur *tour*
town ta·onn *ville*
tow truck too treuk *dépanneuse*
toxic waste tok·sik wéïst *déchets
 toxiques*
toy toï *jouet*
track trak *chemin (de randonnée) • piste*
trade tréïd *commerce*
traffic tra·fik *circulation*
 — **jam** tra·fik djam *bouchon*
 — **lights** tra·fik laïts *feux de
 signalisation*
trail tréïl *piste*
train tréïn *train*
 — **station** tréïn stéï·cheunn *gare
 ferroviaire*

transfer *trans*-feur *transfert*
transit lounge *tran*-zit laondj *salle de transit*
translate *trans*-léït *traduire*
transport *trans*-poort *transport*
travel *tra*-veul *voyager*
— **agency** *tra*-veul è-djèn-si *agence de voyages*
— **sickness** *tra*-veul sik-nès *mal des transports*
travellers cheque *trav*-leurz tchèk *chèque de voyage*
treatment *trit*-mènnt *traitement*
tree trii *arbre*
trek trèk *randonnée*
trick trik n *ruse* • v *tromper*
trip trip *voyage*
trolley *tro*-li *chariot*
trouble *treu*-beul *peine*
trousers (GB) *traou*-zeurs *pantalon*
truck treuk *camion*
true trouou *vrai(e)*
trust treust n *confiance* • v *faire confiance à*
truth trouS *vérité*
try traï *essayer*
T-shirt *tii*-shœrt *T-shirt*
tube tyoub *chambre à air*
Tuesday *tyous*-déï *mardi*
tune tyoun *air*
turn tœrn *tourner*
TV tii-vii *télévision* • *TV*
— **series** tii-vii *sí*-riiz *série télévisée*
tweezers *twii*-zeurz *pince à épiler*
twice twaïs *deux fois*
twin beds twinn bèdz *lits jumeaux*
twins twinnz *jumeaux/jumelles*
two tou *deux*
type taïp *type*
typical *ti*-pi-keul *typique*
tyre *taï*-eur *pneu*

U

ugly *eu*-gli *laid(e)*
ultrasound *eul*-treu-saound *ultrason*
umbrella eum-*brè*-la *parapluie*
uncertain eunn-*sœr*-teunn *incertain(e)*
uncomfortable eunn-*komf*-teu-beul *inconfortable*
under eunn-*deur* *sous*

understand eunn-deur-*stand* *comprendre*
underwear eunn-deur-wèr *sous-vêtements*
unemployed eunn-im-*ploïd* *chômeur/chômeuse*
unemployment eunn-im-*ploï*-mènnt *chômage*
unfair eunn-*fèèr* *injuste*
unfurnished eunn-*fœr*-nicht *non meublé(e)*
uniform *you*-ni-foorm *uniforme*
union *you*-ni-eunn *union*
union (trade) *you*-ni-eunn (tréïd) *syndicat*
universe *you*-ni-vœrs *univers*
university *you*-ni-*veur*-si-ti *université*
unleaded eunn-*lè*-deud *sans plomb*
unsafe eunn-*séïf* *dangereux/dangereuse*
until eunn-*til* *jusqu'à (une date)*
unusual eunn-*you*-jeul *peu commun(e)*
up eup *en haut, vers le haut*
upstairs eup-*stèrz* *en haut, à l'étage*
uphill (to go) eup-*hil* (tou go) *monter*
urgent *eur*-djènnt *urgent(e)*
us eus *nous*
USA you-ès-è *les États-Unis*
use youz *utiliser*
useful *youz*-foul *utile*
usually *you*-jeu-li *habituellement*

V

vacancy *véï*-keunn-si *chambre libre*
vacant *véï*-keunnt *libre*
vacation (USA) vè-*kè*-cheunn *vacances*
vaccination vak-si-*néï*-cheunn *vaccination*
vagina veu-*dji*-neu *vagin*
validate *va*-li-déït *valider*
valley *va*-lii *vallée*
valuable *va*-lyou-è-beul *de valeur*
value *va*-lyou *valeur*
van vann *camionnette*
vegetable *vèdj*-téï-beul *légume*
vegetarian vè-dje-*tè*-ri-eunn *végétarien/végétarienne*
vehicle *vi*-hi-keul *véhicule*
vein véïn *veine*
venereal disease veu-*nir*-i-eul di-*ziz* *maladie vénérienne*

very *vè·*ri *très*
vest *vèst maillot de corps*
via *vi·*a *via*
video recorder *vi·*dè·o ri·*kor·*deur *magnétoscope*
video tape *vi·*dè·o *téïp bande-vidéo*
view *vyou vue*
village *vi·*lidj *village*
vine *vaïnn vigne*
vineyard *vi·*nyeurd *vignoble*
virus *vaï·*reus *virus*
visa *vii·*zeu *visa*
visit *vi·*zit **v** *visiter* • **v** *aller voir*
visitor *vi·*zi·teur **n** *visiteur/visiteuse* • **n** *invité(e)*
vitamin *vi·*teu·minn *vitamine*
volume *vo·*lyoum *volume*
voluntary *vo·*lon·teu·ri *bénévole*
volunteer *vo·*lon·tiir *bénévole*
vomit *vo·*mit *vomir*
vote *voot voter*

W

wage *wéïdj salaire*
wait (for) *wéït for attendre*
waiter *wéï·*teur *serveur/serveuse*
waiting room *wéï·*tinng *roum salle d'attente*
wake up *wéïk eup se réveiller* • **wake (someone) up** *wéïk (som·*wann) *eup réveiller (quelqu'un)*
walk *wook marcher*
wall *wool mur*
want *wont vouloir*
war *wor guerre*
wardrobe *word·*rob *penderie*
warm *woorm chaud(e)*
warn *worn prévenir*
warning *wor·*ninng *avertissement*
wash *woch se laver* • **wash (something)** *woch (som·*Sinng) *laver (quelque chose)*
washing machine *wo·*chinng *meu·*chinn *machine à laver*
wasp *wosp guêpe*
watch *wotch* **n** *montre* • **v** *regarder*
water *wo·*teur *eau*
— **bottle** *wo·*teur *bo·*teul *bouillotte*
waterfall *wo·*teur *fool cascade*

waterproof *wo·*teur·*prouf imperméable*
waterskiing *wo·*teur·*ski·*inng *ski nautique*
wave *wéïv vague*
way *wéï direction* • *façon* • *manière* • *chemin*
we *wi nous*
weak *wiik faible*
wealthy *wèl·*Si *riche*
wear *wèr porter (un vêtement)*
weather *wè·*Zeur *temps*
— **forecast** *wè·*Zeur *for·*kast *météo*
wedding *wè·*dinng *mariage*
Wednesday *wènns·*déï *mercredi*
week *wiik semaine*
weekend *wiik·*ènd *week-end*
weigh *wéï peser*
weight *wéït poids*
welcome *wèl·*kom *accueillir*
welfare (aid) *wèl·*fèr (èd) *assistance publique*
well *wèl bien*
west *wèst ouest*
wet *wèt mouillé(e)*
what *wat quel(le)*
wheel *wiil roue*
wheelchair *wiil·*tchèr *fauteuil roulant*
when *wènn quand*
where *wèr où*
which *witch quel/quelle* • *lequel/laquelle* • *qui*
whistle *wi·*seul *siffler*
white *waït blanc/blanche*
who *hou qui*
whole *hol tout entier/toute entière*
why *waï pourquoi*
wide *waïd large*
widow *wi·*doo *veuve*
widower *wi·*doo·*weur veuf*
wife *waïf femme*
wild *waïld sauvage*
win *winn gagner*
wind *winnd vent*
window *winn·*doo *fenêtre*
windscreen *winnd·*skriin *pare-brise*
windshield *winnd·*child *pare-brise*
windsurfer *winnd·*sœr·feur *planche à voile*
windsurfing (go) *winnd·*sœr·finng (go) *faire de la planche à voile*
wine *waïnn vin*

wings winngz *ailes*
winner *wi*-neur *gagnant(e)*
winter *winn*-teur *hiver*
wire wiir *fil de fer*
wish wich *souhaiter*
with wiZ *avec*
withdrawal *wiZ*-drol *retrait*
within (an hour) wi-*Zin* (eun a-oueur)
   avant, d'ici (une heure)
without wi-*Zaout sans*
witness *wi*-tnès *témoin*
woman *wou*-mann *femme*
wonderful *won*-deur-ful *merveilleux/*
   merveilleuse
wood woud *bois*
wool woul *laine*
word word *mot*
work woork *travail* • v *travailler*
   — experience *woork* iks-*pi*-ri-ènns
   stage en entreprise
   — permit woork *peur*-mit *permis de*
   travail
world wœrld *monde*
World Cup *wœrld* keup *Coupe du*
   monde
worms woormz *vers*
worried *weu*-rid *inquiet/inquiète*
worry *weu*-ri *s'inquiéter*
worse woors *pire*
worship *wor*-chip *faire ses dévotions*
   • **worship (someone)** *wor*-chip
   (som-wann) *adorer*

wrist rist *poignet*
write raït *écrire*
writer *raï*-teur *écrivain*
wrong rong *faux/fausse* • *mauvais(e)*
   (direction)
wrong (be) rong (bi) *avoir tort*

Y

year yeur *année*
yellow *yè*-loo *jaune*
yes yès *oui*
yesterday *yès*-teur-déï *hier*
yet yèt *encore*
yoga *yo*-geu *yoga*
you you *vous* pl et pol • *tu*
young yeunng *jeune*
your your *votre/vos* pl et pol
   • *ton/ta/tes*
youth hostel *youS* hos-*teul auberge*
   de jeunesse

Z

zero *zi*-ro *zéro*
zip/zipper zip/*zi*-peur *fermeture Éclair*
zoo zouou *zoo*

INDEX

U

V

Pour voyage
en V.O.

Et la collection
"Petite conversation en"
Allemand
Anglais
Espagnol
Italien

PORTUGAIS ET BRÉSILIEN

Guide de conversation

lonely planet

Dictionnaire bilingue inclus

ESPAGNOL

Guide de conversation

lonely planet

Dictionnaire bilingue inclus

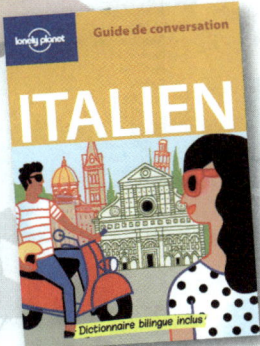

lonely planet

Guide de conversation

ITALIEN

Dictionnaire bilingue inclus

lonely planet

Guide de conversation

ANGLAIS

Dictionnaire bilingue inclus

lonely planet

Guide de conversation

ALLEMAND

Dictionnaire bilingue inclus

lonely planet

Guide de conversation

VIETNAMIEN

Dictionnaire bilingue inclus

CATALOGUE LONELY PLANET EN FRANÇAIS

Guides de voyage

Afrique de l'Ouest
Afrique du Sud,
   Lesotho et Swaziland
Algérie
Andalousie
Argentine
Asie centrale
Australie
Bali et Lombok
Barcelone
Berlin
Bolivie
Bretagne Nord
Bretagne Sud
Brésil
Bulgarie
Cambodge
Canaries
Chili et île de Pâques
Chine
Corée
Corse
Costa Rica
Côte d'Azur et arrière-pays
Crète
Croatie
Cuba
Écosse
Égypte
Équateur et îles Galápagos
Espagne, Nord et Centre
Floride
Guadeloupe et Dominique
Guatemala
Îles grecques et Athènes
Inde du Nord
Inde du Sud
Indonésie
Israël et les Territoires
   palestiniens
Islande
Italie
Japon
Jordanie
Kenya
Lacs italiens
Laos
Libye
Londres
Madagascar
Malaisie, Singapour et Brunei
Maldives
Malte et Gozo
Maroc
Marrakech, Essaouira
   et Haut Atlas
Martinique, Dominique
   et Sainte-Lucie

Mexique
Mongolie
Moscou et Saint-Pétersbourg
Myanmar (Birmanie)
Namibie
Naples et la côte amalfitaine
Népal
New York
Normandie
Norvège
Norvège, Suède,
   Danemark, Finlande
   et Îles Féroé
Nouvelle-Calédonie
Ouest américain
Ouest canadien et Ontario
Pays basque,
   France et Espagne
Pérou
Philippines
Portugal
Provence
Québec
République tchèque
   et Slovaquie
Réunion, Maurice et Rodrigues
Rome
Roumanie
Sardaigne
Sénégal et Gambie
Seychelles
Sicile
Sri Lanka
Suède
Tahiti et la Polynésie française
Tanzanie
Thaïlande
Thaïlande, îles et plages
Toscane et Ombrie
Transsibérien
Tunisie
Turquie
Turquie, İstanbul,
   Côte turque et Cappadoce
Ukraine
Venezuela
Venise
Vietnam

En quelques jours
Amsterdam
Barcelone
Berlin
Bordeaux
Boston
Bruxelles, Bruges, Anvers
   et Gand
Buenos Aires
Copenhague
Cracovie

Dubaï
Dublin
Édimbourg
Florence
Guadeloupe
Hong Kong
İstanbul
Las Vegas
Lille
Lisbonne
Londres
Lyon
Madrid
Marrakech
Marseille
Martinique
Milan
Montréal et Québec
New York
Paris
Pékin
Prague
Réunion
Rome
Sainte-Lucie
Shanghai
Singapour
Stockholm
Strasbourg
Tokyo
Toulouse
Valence
Venise
Vienne
Washington

Guides de conversation
Allemand
Anglais
Arabe égyptien
Arabe marocain
Croate
Espagnol
Espagnol latino-américain
Grec
Hindi, ourdou et bengali
Italien
Japonais
Mandarin
Polonais
Portugais et brésilien
Russe
Turc
Vietnamien

Petite conversation en
Allemand
Anglais
Espagnol
Italien